LEARNING BIBLICAL HEBREW WORKBOOK

A Graded Reader with Exercises

Karl V. Kutz and Rebekah L. Josberger

LEXHAM PRESS

Learning Biblical Hebrew Workbook: A Graded Reader with Exercises
Copyright 2019 Karl V. Kutz and Rebekah L. Josberger

Lexham Press, 1313 Commercial St., Bellingham, WA 98225
LexhamPress.com

Print ISBN 9781683592440
Digital ISBN 9781683592457

Lexham Editorial Team: Douglas Mangum, Haley Kirkpatrick, and Lynsey Stepan
Typesetting: Scribe Inc. and Anna Fejes
Cover Design: Lydia Dahl

LEARNING BIBLICAL HEBREW WORKBOOK

A Graded Reader with Exercises

Contents

PART 1: Grammar Exercises

Exercise numbers correspond to chapters in LBH Grammar (except for exercises 25–31)

PART 2: Beginning Graded Hebrew Reader

Chapter numbers correspond to chapters in LBH Grammar

PART 3: Intermediate Biblical Hebrew Reader

PART 4: Learning Aids

Abbreviations

abs.	absolute	juss.	jussive
acc.	accusative	lit.	literally
act.	active	m(.)	masculine
adj.	adjective	n.	noun
adv.	adverb	neg.	negative
BCE	before the common era	*niph.*	*niphal*
C	consonant	num.	number
c(.)	common	obj.	object
CE	common era	p/pl.	plural
ch(s).	chapter(s)	pass.	passive
coh.	cohortative	pers.	person
conj.	conjunction	pf.	perfect
consec.	consecutive	*pi.*	*piel*
cst.	construct	p.n.	proper name
def. art.	definite article	prep.	preposition
dir. obj.	direct object	pron.	pronoun
du.	dual	ptc.	participle
f(.)	feminine	*pu.*	*pual*
H	Hebrew	refl.	reflexive
hiph.	*hiphil*	rel.	relative
hithp.	*hithpael*	s/sg.	singular
hoph.	*hophal*	subj.	subject
impf.	imperfect	suff.	suffix
impv.	imperative	syll.	syllable
ind. obj.	indirect object	v(v).	verse(s)
inf. abs.	infinitive absolute	V	vowel
inf. cst.	infinitive construct	vb.	verb
irreg.	irregular	*	historic form of a word

Introduction: How to Use This Workbook

This workbook includes exercises and translations that correspond to the material covered in the grammar—*Learning Biblical Hebrew*.

Part 1: Grammar Exercises

The exercises allow the student to practice new material while providing multiple examples of the concepts covered in the grammar. More importantly, the exercises help students identify areas of confusion when they lack the ability to articulate their questions. Exercises 1-24 are numbered according to the grammar chapters with which they correspond, though not all chapters have corresponding exercises. Exercises 25-31 are strong verb paradigm reviews to be completed where indicated by the instructor.

Part 2: Beginning Graded Hebrew Reader

The graded reader allows students to begin translation by the fourth chapter of the grammar, to practice new concepts inductively, and to read extended sections of uninterrupted narrative. This graded reader is adapted from the Joseph narrative (based on Genesis 37–50) and is tailored to the student's skill level. Each chapter of this graded reader incorporates only grammatical concepts covered up to that point in the *LBH* grammar and includes glosses for proper nouns, low frequency vocabulary, and weak verbs.

Part 3: Intermediate Biblical Hebrew Reader

The intermediate reader gives students access to biblical texts that are formatted specifically for translation. This reader includes the text of the books of Ruth, Jonah, and Esther taken directly from the Hebrew Bible. For Ruth, the reader includes glosses of low frequency vocabulary and identifies the roots for weak verbs until students have covered that material in the grammar lessons. For Jonah and Esther, glosses are provided for low frequency vocabulary, and footnotes help students understand more difficult grammatical constructions. The combined vocabulary of parts 2 and 3 cover all Hebrew verbs occurring more than fifty times in the Hebrew Bible, nouns and adjectives occurring more than one hundred times, and words from the translations that occur twenty- five times or more in the Hebrew Bible. Finally, the intermediate reader requires students to begin using a Hebrew Lexicon.

Part 4: Learning Aids

Glossary: The glossary includes all vocabulary learned in the workbook. Each vocabulary word includes a definition and the chapter or list in which it is presented.

Answer Keys: Keys to the exercises and Joseph narrative appear at the end of the workbook. The translation key includes parsing of verb forms. The workbook does not include a key for Ruth, Jonah, or Esther since other resources are available for handling the Hebrew of biblical texts.

When completing (or assigning) the exercises, think of them as learning tools, and do not worry if you do not get an exercise correct on the first try.

Our greatest fear in publishing this work has been that the grammar and exercises alone might fail to capture the ethos of the learning environment that so benefits our students. Some might even get the impression that this approach is best for "more gifted" students. However, this is neither our goal nor has it been our experience. In our combined forty years of teaching Biblical Hebrew, we have found that the greatest impediments to student success are the student's own fear of making a mistake and a lack of familiarity with language learning in general. To combat these realities, we suggest the following:

(1) Allow yourself space to fail, and seek to understand what you missed.

Because of how the brain assimilates languages and because the pace of language acquisition is different for each person, it is essential that you both allow yourself space to fail and that you seek to understand what you missed. We highly encourage you to self-correct all assignments and to grade your success in terms of completion, regardless of the number of errors you made in the process. If you are like our students, you may complete entire exercises without getting one problem fully correct. Or you might understand a grammar lecture well but only make it through a few verses in your early translations. As you move through each assignment, apply the following steps:

- Complete the exercise or translation,

- Correct it against the key using a different colored pen,

- Use highlighter to mark any part of the exercise or translation you do not understand even after you have looked at the answer key.

- Set achievable goals. In our program we set a weekly time limit so that students get full credit for practice, not performance. Students either complete the translation or spend 5 hours per week working on it, whichever comes first. This time limit includes translation, corrections, and oral reading.

(2) Practice reading Hebrew aloud.

As with all learning, the more senses you engage, the more readily you will learn the material. Probably the single most helpful thing you can do to improve your language learning is to force yourself to read the text aloud. Thus, we strongly encourage you to:

- Learn your vocabulary orally as well as by sight (also write it out if possible).

- Read through each translation aloud as you are translating.

- Upon completion of each translation, reread the text aloud assimilating as much meaning as you can without translating into English (in the beginning, you may only catch a few common words or phrases).

(3) Find the balance between allowing yourself to struggle and setting yourself up for frustration.

Every time you force yourself to come up with an answer on your own, you strengthen the path in your brain leading to that knowledge. While struggle is good and necessary, it also can lead to discouragement. Do not feel badly if you consult the key. As a rule of thumb, allow yourself to struggle at least 1–2 minutes to find an answer on your own (one to two minutes of actual thought—not gazing-out-the-window thinking). Also, allow yourself to leave blanks in your translations and to push through at least a few verses at a time before consulting the key.

(4) Learn in Community

Finally, we strongly encourage you to work in groups as you complete your exercises. Language is communal by nature, and you will glean from one another's strengths.

Part 1: Grammar Exercises

Exercise 1A: Writing the Hebrew Square Script

Using the examples at the right, practice writing out the Hebrew characters on the lines provided for you. Be sure to accurately reflect the position of the letter in relation to the base line. Boxes are used to indicate final forms.

	Letter	Name
אאאאאאאאאא	א	aleph
בבבבבבבבבב	ב	bet
גגגגגגגגגג	ג	gimel
דדדדדדדדדד	ד	dalet
ההההההההה	ה	heh
וווווווווו	ו	vav
זזזזזזזזזז	ז	zayin
חחחחחחחחח	ח	ḥet
טטטטטטטטטט	ט	tet
יייייייייי	י	yod
כככככככככ	כ	kaph
דדדדדדדדדד	ך	
לללללללללל	ל	lamed
מממממממממ	מ	mem
סססססססססס	ם	

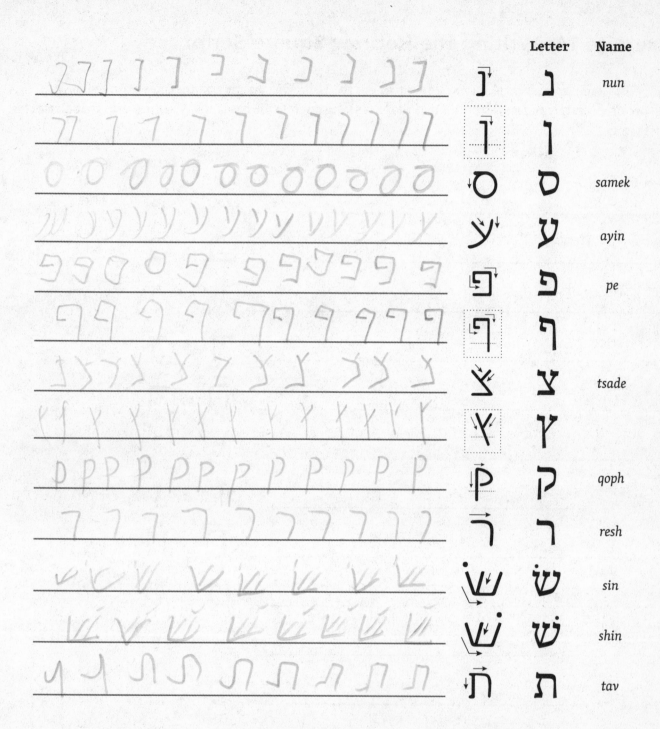

Letter	Name
נ	*nun*
ן	
ס	*samek*
ע	*ayin*
פ	*pe*
ף	
צ	*tsade*
ץ	
ק	*qoph*
ר	*resh*
שׂ	*sin*
שׁ	*shin*
ת	*tav*

NAME: ______________________________

Exercise 1B: Reading Proper Names

In this exercise you will practice identifying the Hebrew consonants by reading familiar proper names. Write the English name in the space to the left of the Hebrew name. Since the alphabet has no vowels, you will have to provide vowel sounds to recognize each word. Start by trying an "a" vowel between each consonant. The "a" vowel is the most common vowel in Hebrew and, while it will not always be the correct one, it should help you recognize these names.

English	Hebrew	English	Hebrew
Yakov	יעקב	*Laban*	לבן
Avraham	אברהם		אסתר
Yitzhak	יצחק	Avde?	עבדיה
Yisrael	ישראל	Ezekiel	יחזקאל
Rivkah	רבקה	David	דוד
Nebuchadnezzar	נבכדנאזר	Nechama	נחמיה
	ירדן		ירבעם
Moshe	משה	Mordechei	מרדכי
	גלית		דברה
	עשו	Ishmael	ישמעאל

Exercise 1C: Hebrew Cursive (Optional)

Using the examples shown, practice writing out the cursive Hebrew characters on the lines provided for you. Be sure to accurately reflect the position of the letter in relation to the base line. Boxes are used to indicate final forms.

	Letter	Name
	א	aleph
	ב	bet
	ג	gimel
	ד	dalet
	ה	heh
	ו	vav
	ז	zayin
	ח	ḥet
	ט	tet
	י	yod
	כ	kaph
	ך	
	ל	lamed

מ	*mem*
ם	
נ	*nun*
ן	
ס	*samek*
ע	*ayin*
פ	*pe*
ף	
צ	*tsade*
ץ	
ק	*qoph*
ר	*resh*
שׂ	*sin*
שׁ	*shin*
ת	*tav*

NAME: ______________________

Exercise 2: Vowel Identification

In this exercise you will practice identifying each vowel, *shewa*, and dot in a given word. Each vowel is treated in its own line, although you should also note any "dots" within a consonant. It is your task to identify three pieces of information:

1. **VOWEL NAME:** What is the name of the vowel or *shewa*? Be sure to distinguish between silent *shewa*, vocal *shewa*, and composite *shewa*.
2. **VOWEL SOUND:** What sound do you hear? Identify both length (vowels: long or short, *shewa*: abrupt sound or no sound) and class (a, e, i, o, u). Since long /ā/ and short /o/ look the same, for this exercise you should assume that ָ marks a long /ā/ unless you are specifically told otherwise.
3. **DOT:** Does the consonant have a dot? If so, is it *dagesh lene* (BeGaD KePhaT dot), *dagesh forte* (doubling dot), or *mappiq* (H-dot)?

		VOWEL NAME	VOWEL SOUND	DOT
1a	דְּבִיר	vocal *shewa*	abrupt sound	*dagesh lene* (BGDKPT)
1b	דְּבִיר	*ḥireq yod*	long i	
2a	מַאֲכָל	*pataḥ*	short a	
2b	מַאֲכָל	composite *shewa*	abrupt a	
2c	מַאֲכָל	*qamets*	long a	
3a	מָתְנַיִם	Kamatz katan	short o	
3b	מָתְנַיִם	Silent Shwa	abrupt sound	
3c	מָתְנַיִם	Patah	Short A	
3d	מָתְנַיִם	Hireq yod	Long I	
4a	תְּבוּאָה	Vocal Shwa	abrupt sound	Dagesh lene
4b	תְּבוּאָה	Shureq	Long oo	
4c	תְּבוּאָה	~~Patah~~ Kamatz	Short A	

		VOWEL NAME	VOWEL SOUND	DOT
5a	אֹכֶל	Holem	long O	
5b	אֹכֶל	segol	short	
6a	תּוֹלֵדוֹת	Holem	Long O	lene
6b	תּוֹלֵדוֹת	Tsere	short e	
6c	תּוֹלֵדוֹת	Holem	long o	
7a	עֵבֶר	Tsere		
7b	עֵבֶר	Segol		
8a	טֻמְאָה	[illegible]		
8b	טֻמְאָה	Silent Shwa		
8c	טֻמְאָה	[illegible]	Short A	
9a	אַרְצָה	Patah	Short A	
9b	אַרְצָה	Shwa		
9c	אַרְצָה	[illegible]	short A	[illegible]-dot
10	רוּץ	Shureq	ooo	
11a	כְּלִמָּה	Vocal Shwa	Short e	dagesh lene
11b	כְּלִמָּה	Hireq	long i	
11c	כְּלִמָּה	Patah	short a	Dagesh forte

		VOWEL NAME	VOWEL SOUND	DOT
12a	אֱלֹהִים	vocal Shwa	I	
12b	אֱלֹהִים	Holem	Long o	
12c	אֱלֹהִים	Hireq yod	Long e	
13a	יַלְדָּה	Patah	Short A	
13b	יַלְדָּה	Silent Shwa	X	
13c	יַלְדָּה	Patah	Short a	Dagesh Lene
14a	יֶחֱזַק	Segol	Short e	
14b	יֶחֱזַק	Composite Shwa	Short eh	
14c	יֶחֱזַק	Patah	Short a	
15a	גִּלּוּלִים	Hireq	Long e	Dagesh Lene
15b	גִּלּוּלִים	Shureq	ooo	Dagesh Forte
15c	גִּלּוּלִים	Hiriq yod	long i	
16a	גֹּבַהּ	Holem	Long o	Dagesh Lene
16b	גֹּבַהּ	Patah	Short a	Dagesh Forte
17a	מַטֶּה	Patah	Short A	
17b	מַטֶּה	Segol	Short e	Dagesh Forte

		VOWEL NAME	VOWEL SOUND	DOT
18a	מָעֳמָד		short o	
18b	מָעֳמָד			
18c	מָעֳמָד			

NAME: ______________________________

Exercise 3A: Syllable Division

Practice dividing the following words into syllables and pronouncing them. Remember that the accent in a Hebrew word usually falls on the last syllable of the word. If the accent is not on the last syllable, the symbol < will appear above the accented syllable. When you encounter a *dagesh forte* (doubling dot) in a word, use a strike-through (as in the advanced examples below) to remind you that the letter is doubled and that one consonant closes the preceding syllable while the second consonant opens the next syllable.

EXAMPLES: דָּ | בָר

יָמִים	יְרוּשָׁלַ֫יִם	דְּבָרִים
נְבֵלָה	מִדְבָּר	וּמֵאֶ֫רֶץ
מִלְחָמָה	יִשְׁכְּבוּ	שֻׁלְחֲנוֹתֵיהֶם
לְשָׁלוֹם	וִיהוּדָה	שָׁמַ֫רְתִּי
בִּגְדֵי	יִכְתָּב־שָׁם	בָּקָר

ADVANCED EXAMPLES:

הַדְּמ|יוֹן	פָּעֳ|לוֹ	יְ|בָֽ|רְ|כוּ
with *dagesh forte*	composite *shewa* for silent *shewa*	with *meteg*

הַטְּהוֹרָה   חֻקֹּתֵ֫ינוּ   חָֽכְמָה

הַכֶּ֫רֶם   שַׁבְּחוּ   יַעֲבֹד

יִכְבַּד   נֶאֱמָן   וַיָּ֫מָת

קָֽטְלוּ   צַדִּיקִים   הָאִשָּׁה

Name: ______________________________

Exercise 3B: Oral Reading for Semester One (Genesis 1 and Deuteronomy 6)

Now that you know how to pronounce Hebrew consonants and vowels, try reading aloud the texts of Genesis 1:1–5 and Deuteronomy 6:4–9 using proper syllable division and pronunciation. You will read these two passages daily during the first semester for your prepared oral reading.

GENESIS 1:1–5

1 בְּרֵאשִׁית[a] בָּרָא אֱלֹהִים אֵת הַשָּׁמַ֫יִם וְאֵת הָאָ֫רֶץ׃ 2 וְהָאָ֫רֶץ הָיְתָה[b]
תֹהוּ וָבֹ֫הוּ וְחֹ֫שֶׁךְ עַל־פְּנֵי תְהוֹם וְר֫וּחַ אֱלֹהִים מְרַחֶ֫פֶת עַל פְּנֵי הַמָּ֫יִם׃[c]
3 וַיֹּ֫אמֶר אֱלֹהִים יְהִי־אוֹר וַֽיְהִי־אוֹר׃[d] 4 וַיַּ֫רְא[e] אֱלֹהִים אֶת־הָאוֹר כִּי־
טוֹב וַיַּבְדֵּל אֱלֹהִים בֵּין הָאוֹר וּבֵין הַחֹ֫שֶׁךְ׃ 5 וַיִּקְרָא אֱלֹהִים לָאוֹר
יוֹם וְלַחֹ֫שֶׁךְ קָרָא לָ֫יְלָה[f] וַֽיְהִי־עֶ֫רֶב וַֽיְהִי־בֹ֫קֶר יוֹם אֶחָד׃

a. The *aleph* in the word בְּרֵאשִׁית ("in the *beginning*") is not pronounced. Its presence in the text informs you that this word is from the same root as רֹאשׁ ("head").

b. The first vowel in הָיְתָה is a long /ā/ (not short /o/).

c. The syllable started by the ר seems to violate rule 3 (*closed unaccented syllables take short vowels*). But the ח is one of the H-consonants (ה and ח) and takes implicit or "h"onorary doubling so that the guttural acts as if it is doubled.

d. Although it looks like the first syllable is closed, the *metheg* (discussed in *LBH*, page 37) tells you to slow down and not rush on to the next consonant. This *yod* would normally be doubled. However, the doubling was dropped because it is hard to hear a doubled *yod* with *shewa*. The original vocal *shewa* is preserved, even without the doubling. Thus, וַֽיְהִי is pronounced *va-y^{e}-hi*.

e. In this verb form the *shewa* and *aleph* are silent (pronounced *vay-yar*).

f. Remember, short /o/ occurs only in closed unaccented syllables. The first ָ appears in an accented syllable and the second in an open syllable (the ה is a vowel marker). Thus, both *qamets* vowels are long /ā/.

Continue your reading practice with this second passage from Deut 6:4-9. As you read, make sure you strive for proper syllable division and pronunciation.

DEUTERONOMY 6:4–9

4 שְׁמַע יִשְׂרָאֵל יְהוָה אֱלֹהֵינוּ יְהוָה אֶחָד׃ [a] 5 וְאָהַבְתָּ אֵת יְהוָה אֱלֹהֶיךָ[b]

בְּכָל־לְבָבְךָ[c] וּבְכָל־נַפְשְׁךָ וּבְכָל־מְאֹדֶךָ׃ 6 וְהָיוּ הַדְּבָרִים הָאֵלֶּה אֲשֶׁר

אָנֹכִי מְצַוְּךָ[d] הַיּוֹם עַל־לְבָבֶךָ׃ 7 וְשִׁנַּנְתָּם לְבָנֶיךָ וְדִבַּרְתָּ בָּם בְּשִׁבְתְּךָ

בְּבֵיתֶךָ וּבְלֶכְתְּךָ בַדֶּרֶךְ וּבְשָׁכְבְּךָ[e] וּבְקוּמֶךָ׃ 8 וּקְשַׁרְתָּם לְאוֹת עַל־יָדֶךָ

וְהָיוּ לְטֹטָפֹת בֵּין עֵינֶיךָ׃ 9 וּכְתַבְתָּם עַל־מְזוּזֹת בֵּיתֶךָ וּבִשְׁעָרֶיךָ׃

NAME: ______________________________

a. Pronounced *Adonai*. See the discussion about the names of God on the following page.

b. The *maqqeph* (dash) joins these two words into a single unit. Thus, the ָ in בְּכָל is in a closed unaccented syllable and must be a short vowel (pronounced b^e-*kol*).

c. Based on the dictionary form of this word (לֵבָב), we know that the vowel under the ב of לְבָבְךָ is an a-class vowel. Since the a-class ָ is a long vowel, this unaccented syllable must be open, indicating that the following *shewa* is vocal (pronounced l^e-*va*-v^e-*ka*).

d. Pay very close attention to the consonants and vowels in this word. Since the צ has a vowel, the ו cannot be a second vowel and must be a doubled consonant (pronounced m^e-*tsav*-v^e-*ka*).

e. Remember that the *dagesh lene* (BeGaD KePhaT dot) indicates that the syllable in front of it is closed. Thus, the ָ stands in a closed unaccented syllable and must be a short vowel (pronounced *u*-v^e-*shok*-b^e-*ka*).

GOD'S PERSONAL NAME (YHWH)

In Exodus 3:14–15, God identifies himself as אֶהְיֶה אֲשֶׁר אֶהְיֶה ("I am who I am") and invites Moses to call him יהוה ("he is"). Based on what we know about Hebrew word formation, God's personal name יהוה would have been pronounced יַהְוֶה (*Yahweh*). However, out of respect for the holiness of God's name, this name is never pronounced aloud in the Jewish reading tradition. The name יהוה appears in the text, but another title for God is read aloud in its place, either אֲדֹנָי (Lord) or אֱלֹהִים (God).

The Hebrew word for "Lord" (אֲדֹנָי) is used most often. To indicate this reading, the word יהוה is pointed with the vowels for *Adonai* (אֲדֹנָי → יְהֹוָה). So when you see:

יְהֹוָה   Read: **Adonai** (אֲדֹנָי)

On rare occasions, God's personal name is already paired with *Adonai* (אֲדֹנָי יהוה). To avoid the awkward phrase *Adonai Adonai*, the scribes point God's personal name with the vowels for *Elohim* (אֱלֹהִים → יְהֹוִה).

Thus the phrase אֲדֹנָי יְהֹוִה is read aloud as *Adonai Elohim.* Since the *ḥolem* is common to both substitute names (*Adonai* and Elohim), it can be omitted in either form. Thus, the Divine Name often appears as יְהוָה and יְהוִה.

To non-Jewish students: Though you may have no personal reservation pronouncing God's name and even find religious significance in using it, voicing God's personal name can cause extreme offense. We encourage all our students to read according to the reading tradition, using *Adonai* and *Elohim,* out of respect for others.

THE MEANING OF GOD'S PERSONAL NAME

Many assume that the designation אֶהְיֶה אֲשֶׁר אֶהְיֶה ("I am who I am" Exod 3:14) emphasizes God's eternal nature. Even the Septuagint (LXX) translates the phrase in 3:14 as Ἐγώ εἰμι ὁ ὤν ("I am the one who is"), suggesting existence. However, the Hebrew text does not say merely "I am" (e.g., I exist), but rather "I am *who* I am." The Hebrew suggests that God is self-defining. God will be all that he is. This presentation of the LORD as a self-defining God is captured in God's articulation of his nature in Exodus 34:

> The LORD is the LORD[2]—a gracious and compassionate God, slow to become angry, abounding in lovingkindness and truth; maintaining lovingkindness for thousands, and forgiving offenses, transgression and sin; yet he will in no way exonerate the guilty, calling to account the offenses of the fathers on their children and grandchildren to even the third and fourth generations. (Exod 34:6–7)

1. This reading tradition is preserved in many English Bibles by using all capital letters to indicate the presence of the divine name—e.g., ***LORD*** (יְהוָה) and *Lord* ***GOD*** (אֲדֹנָי יְהוִה).

2. The emphatic restatement of God's name יהוה יהוה ("LORD, LORD") is translated here as a noun clause rather than a simple restatement. This translation reflects the earlier statement about God being self-defining (i.e., "I am *who* I am").

Exercise 3C: Oral Reading and Poetics

In many cases the authors of Scripture take advantage of poetic wordplay to enhance the effectiveness of their message. Though you cannot yet translate, your ability to sound out Hebrew words allows you to hear wordplay that is almost impossible to reproduce in English. Practice reading the following passages from Isaiah aloud. Notice the way he pairs words that sound similar to intensify the effect of his message.

READING EXERCISE (ISAIAH 5:7)

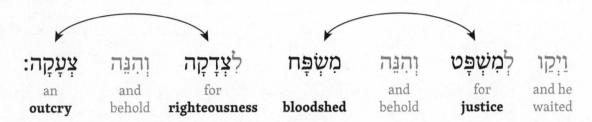

צְעָקָה:	וְהִנֵּה	לִצְדָקָה	מִשְׂפָּח	וְהִנֵּה	לְמִשְׁפָּט	וַיְקַו
an **outcry**	and behold	for **righteousness**	**bloodshed**	and behold	for **justice**	and he waited

In this verse, the similarity of sound provides stark contrast to the dissonance of meaning. In other words, the incongruity of ideas (waiting for *justice* but getting *bloodshed*) is heightened by the irony of similar sounds. Conversely, the distortion in sound (the subtle difference between the similar sounding words) underscores the distortion of justice and righteousness.

READING EXERCISE (ISAIAH 24:17-18)

הָאָרֶץ:	יוֹשֵׁב	עָלֶיךָ	וָפָח	וָפַחַת	פַּחַד	17
of the land	inhabi-tant	are against you	**and trap**	**and trench**	**Terror**	

אֶל־הַפַּחַת	יִפֹּל	הַפַּחַד	מִקּוֹל	הַנָּס	וְהָיָה	18
the trench into	will fall	**the terror**	from the sound of	the one fleeing	and it will be	

... בַּפָּח	יִלָּכֵד	הַפַּחַת	מִתּוֹךְ	וְהָעוֹלֶה	
by the trap	will be caught	**the trench**	from the midst of	and the one ascending	

In Isa 24:17-18, the relentlessness of God's judgment is heightened by the repetition of sound (alliteration and assonance) in the phrase פַּחַד וָפַחַת וָפָח. It even sounds like one is being pursued. The initial phrase is commonly translated "terror and pit and snare," but the translation above offers a closer approximation of the Hebrew wordplay.

NAME: _____

Exercise 4A: Definite Article

Memorize the principles related to the vocalization of the definite article in table 4.2 of the grammar (page 51), and then practice adding the definite article to the words below.

"king"	מֶ֫לֶךְ	"head"	רֹאשׁ
"darkness"	חֹ֫שֶׁךְ	"grass"	עֵ֫שֶׂב
"men"	אֲנָשִׁים	"messiah" (anointed one)	מָשִׁ֫יחַ
"good (man)"	טוֹב	"peace"	שָׁלוֹם
"field"	שָׂדֶה	"temple"	הֵיכָל
"dream"	חֲלוֹם	"wilderness"	מִדְבָּר
"flock"	צֹאן	"voice"	קוֹל

ADVANCED PRACTICE

For words that begin with gutturals with *qamets* (ָ), you will need to rely on the more detailed description in chapter 4 of the grammar (see page 50, footnote 6).

"mountains"	הָרִים	"mountain"	הָר
"wise (man)"	חָכָם	"dust"	עָפָר

NAME: _____

Exercise 4B: The Conjunction

Memorize the principles related to the vocalization of the conjunction in table 4.3 of the grammar (see page 56). Then add the conjunction to each of these words. Use an arrow to indicate where the addition of a conjunction requires the removal of a *dagesh lene.*

EXAMPLES: "word"	וְדָבָר	"peace"	וְשָׁלוֹם
"truth"	אֱמֶת	"he sent"	שָׁלַח
"man"	אִישׁ	"he found"	מָצָא
"dream"	חֲלוֹם	"silver"	כֶּסֶף
"places"	מְקוֹמוֹת	"sickness"	חֳלִי
"Samuel"	שְׁמוּאֵל	"son"	בֵּן
"men"	אֲנָשִׁים	"voice"	קוֹל

ADVANCED PRACTICE

Further practice is available on the back of this page. We encourage students to become familiar with all the ways a conjunction attaches. It is up to the individual instructor to decide what level of memorization is required.

	Add conjunction		Apply secondary adjustment
"Jerusalem"	יְרוּשָׁלִַם	→	
"God"	אֱלֹהִים	→	
"Lord"	אֲדֹנָי	→	
Also applies to Divine Name	יְהוָה	→	

Use the conjunction to connect the following two words:

*"formless **and** void"*   תֹּהוּ   בֹּהוּ

Name: ______________________________

Exercise 5 Instructions: Adding Gender and Number Endings

Attach the gender and number endings you have memorized to the historic form of the word and adjust the vowels according to the vowel rules. As you do so, refer to the detailed steps listed below and work through the sequence one step at a time.

1. Determine the Historic Form.
   - Rewrite the word using historically long and historically short vowels (see *LBH*, Ch. 5).
   - Since you will be adding endings, convert final forms to regular letters (e.g., חָכָם → חַכַמ*).
2. Add Endings and Syllabify.
   - Add the appropriate endings.
   - Divide into syllables.
   - Mark the syllables: ‹ (accented), N (near), D^1, D^2, D^3 (distant).
3. Adjust the Vowels but NOT the Gender and Number Endings.
   - Work backwards to the front of the word.
   - Historic long vowels do not change.
   - Historic short vowels follow the vowel rules:

     Closed unaccented syllables take **short vowels**.
     Near open syllables (the one before the accent)—**lengthen** for nouns.
     Distant open syllables (two or more before the accent) **reduce**.

   - Vowel changes do not affect dagesh. (Do not insert a new dagesh regardless of the resulting structure of the word.)
4. Add Any Necessary Prefixes to the Word Created in Steps 1-3.
   - Follow the rules for adding definite articles and conjunctions (see *LBH*, tables 4.2 and 4.3).
   - If the prefix precedes a BeGaD KePhaT letter, remove the dagesh lene. Otherwise, the addition of a prefix does not result in any further changes.

Exercise 5: Adding Gender and Number Endings

Desired Phrase	Historic form	Add ending & syllabify	Apply rules (& add prefixes)
and great women (גָּדוֹל)	גַדוֹל*	N D[1] גַ | דוֹ | לוֹת*	וּגְדוֹלוֹת
the righteous woman (צַדִּיק)			
and a wise woman (חָכָם)			
the judgments (מִשְׁפָּט)			
the elders (זָקֵן)			
and the prophetesses (נָבִיא)			

ADVANCED PRACTICE

Segolate Nouns (base = one-syllable singular & two-syllable plural)[1]

Desired Phrase	Historic form	Add ending & syllabify	Apply rules (& add prefixes)
the queen (מֶ֫לֶךְ)	*מַלְכּ (historic sg. base)		
and kings (מֶ֫לֶךְ)	*מַלַכ (historic pl. base)		

1. See *LBH*, pages 76-79.

NAME: ______________________________

Exercise 7: Vowel Changes with Construct Nouns

INSTRUCTIONS

Practice creating construct forms using the nouns and adjectives listed below. Attach the construct endings you have memorized to the historic form of the word and adjust the vowels according to the vowel rules. (See Exercise 5 Instructions: Adding Gender and Number Endings on page 25.) Remember that vowels in construct nouns adjust as if the accent is on the following word. Though construct nouns are not always marked with the maqqeph (hyphen), use the symbol ◌ ‐ in the exercises below to remind you of this shift in accent.

EXERCISE 7: CONSTRUCT NOUN ENDINGS

Desired Phrase	Historic form	Add ending & syllabify	Apply rules (& add prefixes)
hands of (יָד)	יַד*	‹ יַ|דֵי‐*	‹ יְדֵי‐

wise women of

(חָכָם)

wise woman of

(חָכָם)

judgments of

(מִשְׁפָּט)

hand of

(יָד)

ADVANCED PRACTICE

Segolate Nouns (base = one-syllable singular & two-syllable plural)[1]

Desired Phrase	Historic form	Add ending & syllabify	Apply rules (& add prefixes)
queen of (מֶ֫לֶךְ)	*מַלְכ (historic sg. base)		
kings of (מֶ֫לֶךְ)	*מַלַכ (historic pl. base)		
books of (סֵ֫פֶר)	*סִפַר (historic pl. base)		

Name: ________________________________

1. Remember that segolate nouns have some unique characteristics. These are presented in *LBH*, pp. 76-79.

Exercise 8 Instructions: Nouns with Pronominal Suffixes

1. Circle, identify, and translate the suffix.

2. Identify the vocabulary word.
   - Look for consonants consistent with vocabulary words you know. Remember that vowel rules may alter the vowels you expect.
   - If you get stuck identifying a vocabulary word, complete step #3 first.
   - Consider irregular plural forms if a word still seems unfamiliar (e.g., sg. אִישׁ and pl. אֲנָשִׁים).

3. Identify components that mark the noun for gender and/or number.
   - Remember that plural nouns will always have a *yod* in the suffix.
   - Remember that suffixes attach to the construct form of the word. Thus the endings ַת and וֹת may precede the suffix and indicate a vocabulary word ending in ָה.

Circle suffix (with vowels)	Identify Vocabulary Word +	Endings	Translation
קוֹלְךָ 2ms ("your")	קוֹל voice	None = m. sg.	"your (ms) voice"
בִּרְכוֹתֶיהָ 3fs ("her")	בְּרָכָה blessing	• *yod* marks pl. noun • f. cst. pl. וֹת (suggests ָה ending)	"her blessings"

Exercise 8: Nouns with Pronominal Suffixes

Circle suffix (with vowels)	Identify Vocabulary Word + Endings	Translation
טַבָּחָיו		
דְּבָרִי		
חֲלוֹמוֹתֵ֫ינוּ		
מְקוֹמֵךְ		
עֲבָדָ֫יו		
כַּסְפֵּ֫נוּ		

Circle suffix (with vowels)	Identify Vocabulary Word + Endings	Translation
אַרְצָהּ		
אֲנָשַׁ֫יִךְ		
יְמֵיהֶן		
בְּנוֹתַי		
אַנְשֵׁיכֶם		
נְשֵׁיהֶם		

Name: ________________________________

Exercises 13–20: Verb Practice Sheets

INSTRUCTIONS

Exercises 13–16 provide worksheets for mastering the *qal* paradigm. Exercises 18–20 help you review the representative forms of the *niphal-hithpael* stems. Complete each chart from memory and then correct your work against the paradigms in the grammar to learn from your mistakes.

For reference when checking your work:

QAL PARADIGM . . . . LBH, P. 217
REPRESENTATIVE FORMS: *NIPHAL* . . . . LBH, P. 232
REPRESENTATIVE FORMS: *PIEL-HITHPAEL* . . . . LBH, P. 242
REPRESENTATIVE FORMS: *HIPHIL-HOPHAL* . . . . LBH, P. 253

EXERCISE 13: QAL VERB PRACTICE SHEET

	Inf. Cst.		*Inf. Abs.*		
	Pf.	*Impf.*	*Juss.*	*Impv.*	*Active Ptc.*
he (3ms)					
she (3fs)					
you (2ms)					
you (2fs)					
I (1cs)					
					Passive Ptc.
they (3mp)					
they (3fp)					
you (2mp)					
you (2fp)					
we (1cp)					

Name: _____

EXERCISE 14: QAL VERB PRACTICE SHEET

Inf. Cst.

Inf. Abs.

	Pf.	*Impf.*	*Juss.*	*Impv.*	*Active Ptc.*
he (3ms)					
she (3fs)					
you (2ms)					
you (2fs)					
I (1cs)					

Passive Ptc.

they (3mp)					
they (3fp)					
you (2mp)					
you (2fp)					
we (1cp)					

EXERCISE 15: QAL VERB PRACTICE SHEET

Inf. Cst. *Inf. Abs.*

	Pf.	*Impf.*	*Juss.*	*Impv.*	
he (3ms)					*Active Ptc.*
she (3fs)					
you (2ms)				→	
you (2fs)				→	
I (1cs)					
					Passive Ptc.
they (3mp)					
they (3fp)					
you (2mp)				→	
you (2fp)				→	
we (1cp)					

NAME: _____

EXERCISE 16: QAL VERB PRACTICE SHEET

Inf. Cst.		*Inf. Abs.*	

	Pf.	*Impf.*	*Juss.*	*Impv.*	*Active Ptc.*
he (3ms)					ms
she (3fs)					fs
you (2ms)			→		
you (2fs)			→		mp
I (1cs)					fp
					Passive Ptc.
they (3mp)					ms
they (3fp)					fs
you (2mp)			→		mp
you (2fp)			→		fp
we (1cp)					

Name: _____

EXERCISE 18: REPRESENTATIVE VERB FORMS

QAL

Pf.	Inf. Cst.	Inf. Abs.	Ptc. (act.)	Ptc. (pass.)

NIPHAL

Pf.	Inf. Cst.	Inf. Abs.	Ptc.

PIEL

Pf.	Inf. Cst.	Inf. Abs.	Ptc.

PUAL

Pf.	Inf. Cst.	Inf. Abs.	Ptc.

HITHPAEL

Pf.	Inf. Cst.	Inf. Abs.	Ptc.

HIPHIL

Pf.	Inf. Cst.	Inf. Abs.	Ptcpl.

HOPHAL

Pf.	Inf. Cst.	Inf. Abs.	Ptc.

NAME: _____

EXERCISE 19: REPRESENTATIVE VERB FORMS

QAL

Pf.	Inf. Cst.	Inf. Abs.	Ptc. (act.)	Ptc. (pass.)

NIPHAL

Pf.	Inf. Cst.	Inf. Abs.	Ptc.

PIEL

Pf.	Inf. Cst.	Inf. Abs.	Ptc.

PUAL

Pf.	Inf. Cst.	Inf. Abs.	Ptc.

HITHPAEL

Pf.	Inf. Cst.	Inf. Abs.	Ptc.

HIPHIL

Pf.	Inf. Cst.	Inf. Abs.	Ptcpl.

HOPHAL

Pf.	Inf. Cst.	Inf. Abs.	Ptc.

NAME: _____

EXERCISE 20: REPRESENTATIVE VERB FORMS

QAL

Pf.	
Inf. Cst.	
Inf. Abs.	
Ptc. (act.)	
Ptc. (pass.)	

NIPHAL

Pf.	
Inf. Cst.	
Inf. Abs.	
Ptc.	

PIEL

Pf.	
Inf. Cst.	
Inf. Abs.	
Ptc.	

PUAL

Pf.	
Inf. Cst.	
Inf. Abs.	
Ptc.	

HITHPAEL

Pf.	
Inf. Cst.	
Inf. Abs.	
Ptc.	

HIPHIL

Pf.	
Inf. Cst.	
Inf. Abs.	
Ptcpl.	

HOPHAL

Pf.	
Inf. Cst.	
Inf. Abs.	
Ptc.	

Exercise 23 Instructions: Verbs with Direct Object Suffixes

In this exercise you will practice identifying direct object suffixes and using the features discussed in chapters 22-23 to identify information about the verb.

1. Identify the components on the end of each verb form.
    - Circle the direct object suffix.
    - Identify the vowel class of the connecting vowel.
    - Draw an arrow to the sufformative (if present).
2. Identify the suffix for person, gender, and number and translate.
3. Determine if the connecting vowel gives clues to parsing.
    - a-class = perfect
    - i-class = not perfect
    - all 2nd person = indeterminate
4. Identify the sufformative. Remember some sufformatives have historic forms (see *LBH*, p. 282).
5. Optional parsing practice.

Endings	**Suffix**	**Connecting Vowel**	**Sufformative**	**Optional Parsing Practice**
שְׁמָרָ֫תֶךְ i-class	2fs ("you")	2nd pers. = inconclusive	historic 3fs ("she ___")	*Qal* 3fs pf. + 2fs suffix ("she kept you")

Exercise 23: Verbs with Direct Object Suffixes

Endings	Suffix	Vowel	Sufformative	Optional Parsing Practice
שְׁמָרָ֫תֶךְ i-class	2fs ("you")	2nd pers. = inconclusive	historic 3fs ("she ___")	*Qal* 3fs pf. + 2fs suffix ("she kept you")

נְכַבְּדֵךְ

בִּקְשָׁם

תְּבַקְשֶׁ֫הָ

שְׁפָטֵ֫נוּ

הַמְשִׁילֻ֫והוּ

שְׁמָר֫וּהָ

זְכָרַ֫תְנִי

בְּשָׁמְרְכֶם

רְדַפְתִּ֫יךְ

כִּבְּדַ֫תּוּ

הִלְבַּשְׁתּ֫וּנוּ

Endings	Suffix	Vowel	Sufformative	Optional Parsing Practice
תַּשְׁמִיעוּם				
הִלְבִּישַׁ֫תְךָ				
יִשְׁמָעֵ֫נִי				
הִמְשַׁלְתָּ֫הוּ				
אֶשְׁמָרְךָ				
זְכָרַ֫תָּה				
פִּלְּטוּכֶם				
לְשָׁמְרִי				
לְשָׁמְרֵ֫נִי				
בִּקֶּשְׁךָ				
מְכָרָ֫תַן				
בַּקְּשֵׁם				

Name: ______________________________

Exercise 24A: General Principles for Weak Verbs

The left column in the table below presents the form that the verb would have if it reflected the strong pattern. The middle column gives the form you will actually encounter in the Hebrew Bible. Based on the general principles you learned for the weak verbs: 1) identify what type of weak verb it is by circling the weak letter in the left column and then 2) explain in the right column why this verb departs from the standard pattern (see example below).

Hypothetical form (strong verb)	Actual form	Explain What Is Happening
*נִנְטַשׁ	נִטַּשׁ	Vowelless *nun* likes to assimilate
*יַיְטִיב	יֵיטִיב	
*מִאֵּן	מֵאֵן	
*הֻוְשַׁב	הוּשַׁב	
*נִחֵּשׁ	נִחֵשׁ	
*מְבֻרָּךְ	מְבֹרָךְ	

Hypothetical form (strong verb)	Actual form	Explain What Is Happening
*יִחְזַק	יֶחֱזַק	
*בָּרַאְתִּי	בָּרָאתִי	
*יִיְטַב	יִיטַב	
*יִנְשְׂאוּ	יִשְׂאוּ[1]	
*יַוְשִׁיב	יוֹשִׁיב	
*סָבְבוּ	סַבּוּ	

Name: ______________________________

1. Remember that *dagesh forte* is occasionally dropped from certain consonants when they have a vocal *shewa* because it is difficult to hear doubling. The catch-phrase *Skin 'em Levi* reminds you that the *dagesh forte* is often *stripped off* when the "s" sounds (ס, צ, שׂ, שׁ) or the consonants ק, נ, מ, ל, ו, י (*Skin 'em Levi*) appear with a vocal *shewa*.

Exercise 24B: Original A-Class Preformative Vowels

The left column of the table below presents a form of the weak verb with the short a-class preformative vowels of the historic *qal* and *niphal*. The middle column gives you the form that you will actually find in the Hebrew Bible. For each example answer two questions: (1) Did the change from a → i take place , yes or no? (2) Why or why not?

Hypothetical form (strong verb)	Actual form	Did shift occur? Why or why not?
*יַקְטֹל	יִקְטֹל	(1) Yes, shift occurs (a → i) (2) Closed unaccented syllable allows shift
*יַסֹב (סבב)	יָסֹב	(1) No shift (2) Open syllable prevents shift
*יַגַּשׁ (נגשׁ)	יִגַּשׁ	
*יַתֵּן (נתן)	יִתֵּן	
*יַפֹּל (נפל)	יִפֹּל	
*יַעֲמֹד	יַעֲמֹד	
*יַשְׁלַח	יִשְׁלַח	
*יַמְצָא	יִמְצָא	

וַיָּ֫קָם	*וַיַּ֫קָם (קום)

NIPHAL

נִקְטַל	*נַקְטַל
נוֹשַׁב	*נַוְשַׁב
נָסַב	*נַסַב (סבב)

Exercise 25–31: Review of the Strong Verb

Since weak verbs are natural accommodations to the strong verb patterns, it is essential that you master the strong verb paradigms. In our program students review one strong verb paradigm each week in addition to their study of weak verbs.

Review the strong paradigms the same way you learned them. For the *qal*, study until you can write out the entire paradigm from memory. For the *niphal* through *hophal*, begin with the four representative forms you memorized and use the *qal* paradigm as a template to create the rest of the paradigm (see *LBH* chapter 18). When you are finished, correct your work against the printed paradigms in the grammar to learn from your mistakes. For reference when checking your work see the paradigms in *LBH* Appendix 6 (pp. 450-456).

EXERCISE 25: QAL STRONG VERB

Inf. Cst.		**Inf. Abs.**	

↓

	Pf.	**Impf.**	**Juss.**	**Impv.**
he (3ms)				
she (3fs)				
you (2ms)			→	
you (2fs)			→	
I (1cs)				
they (3mp)				
they (3fp)				
you (2mp)			→	
you (2fp)			→	
we (1cp)				

Active Ptc.	
ms	
fs	
mp	
fp	

Passive Ptc.	
ms	
fs	
mp	
fp	

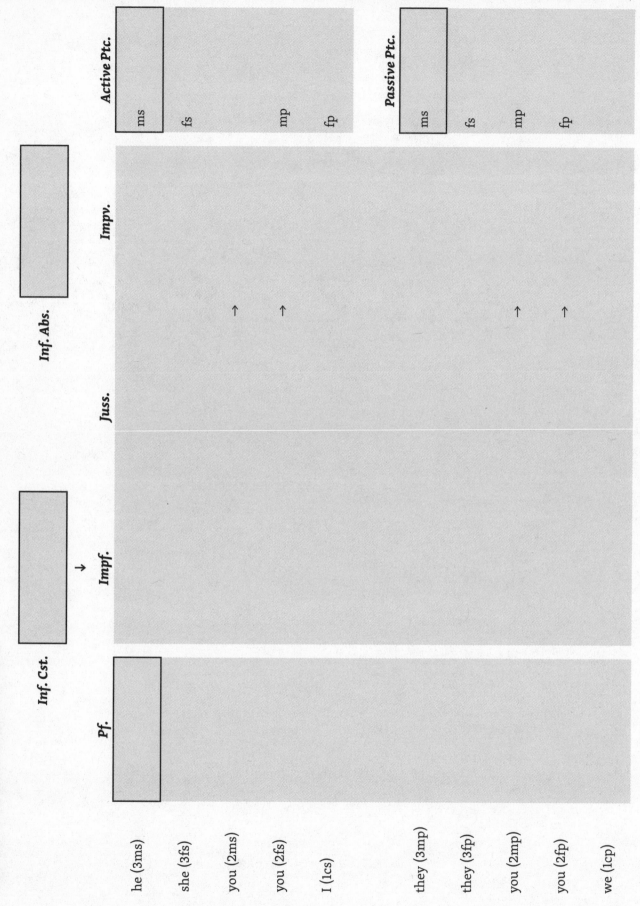

EXERCISE 26: NIPHAL STRONG VERB

Inf. Cst. ↓ ***Inf. Abs.***

	Pf.	*Impf.*	*Juss.*	*Impv.*	*Ptc.*
he (3ms)					ms
she (3fs)					fs
you (2ms)			→		mp
you (2fs)			→		fp
I (1cs)					
they (3mp)					
they (3fp)					
you (2mp)			→		
you (2fp)			→		
we (1cp)					

EXERCISE 27: PIEL STRONG VERB

Inf. Cst. ↓ **Inf. Abs.**

	Pf.	*Impf.*	*Juss.*	*Impv.*	*Ptc.*
he (3ms)					ms
she (3fs)					fs
you (2ms)			→		mp
you (2fs)			→		fp
I (1cs)					
they (3mp)					
they (3fp)					
you (2mp)			→		
you (2fp)			→		
we (1cp)					

EXERCISE 28: PUAL STRONG VERB

Inf. Cst. ↓ ***Inf. Abs.***

	Pf.	*Impf.*
he (3ms)		
she (3fs)		
you (2ms)		
you (2fs)		
I (1cs)		
they (3mp)		
they (3fp)		
you (2mp)		
you (2fp)		
we (1cp)		

Ptc.

ms
fs
mp
fp

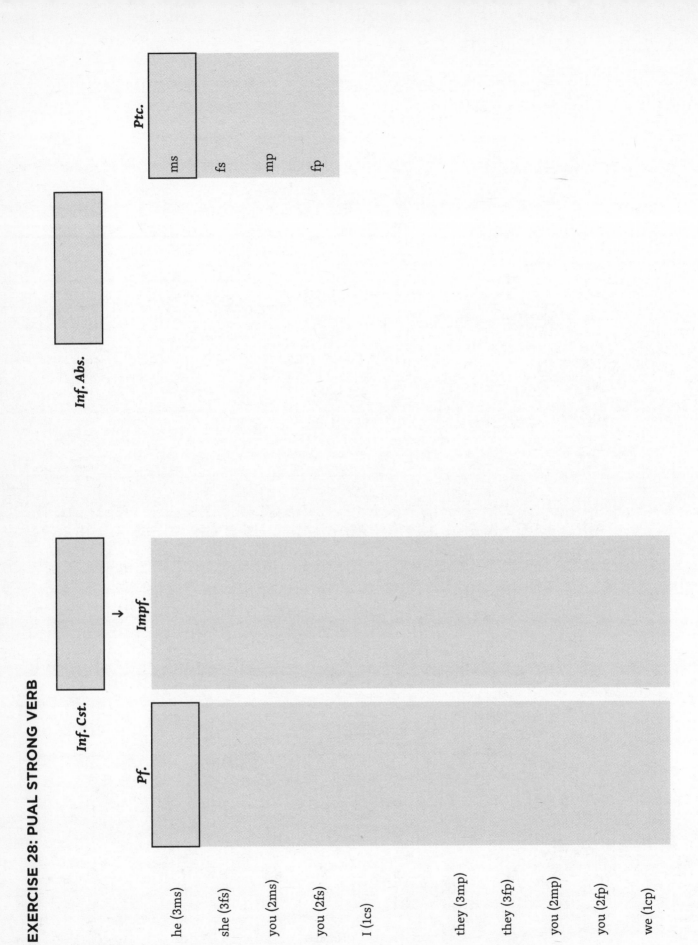

EXERCISE 29: HITHPAEL STRONG VERB

Inf. Cst. ______ ↓

Inf. Abs. ______

	Pf.	*Impf.*	*Juss.*	*Impv.*	*Ptc.*
he (3ms)					ms
she (3fs)					fs
you (2ms)			→		mp
you (2fs)			→		fp
I (1cs)					
they (3mp)					
they (3fp)					
you (2mp)			→		
you (2fp)			→		
we (1cp)					

Name: _____

EXERCISE 30: HIPHIL STRONG VERB

Inf. Cst. ↓   ***Inf. Abs.***

	Pf.	*Impf.*	*Juss.*		*Impv.*	*Ptc.*
he (3ms)						ms
she (3fs)						fs
you (2ms)				→		mp
you (2fs)				→		fp
I (1cs)						
they (3mp)						
they (3fp)						
you (2mp)				→		
you (2fp)				→		
we (1cp)						

NAME: _____

EXERCISE 31: HOPHAL STRONG VERB

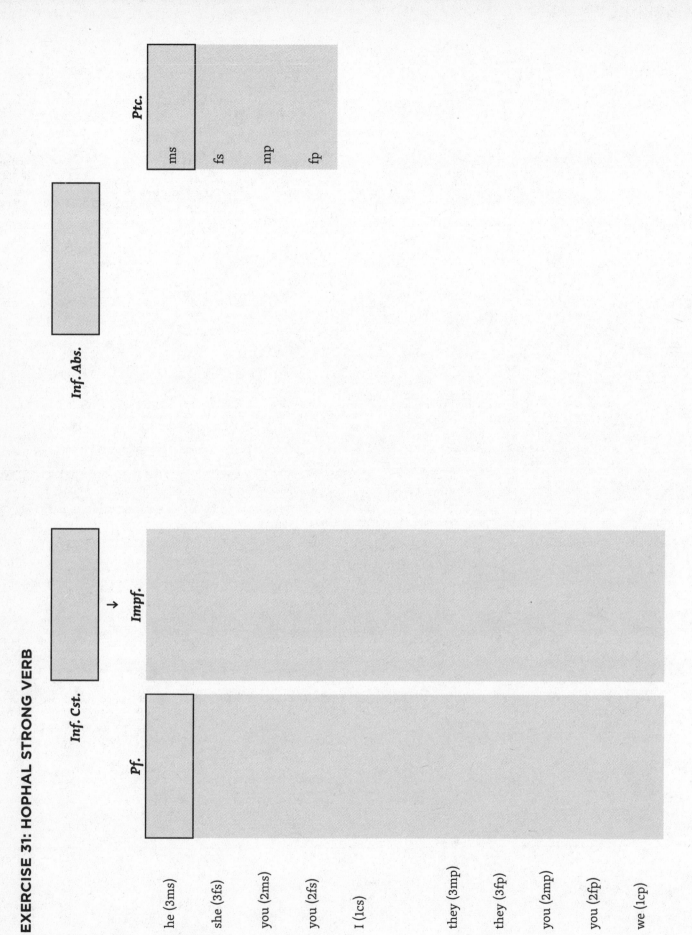

Inf. Cst. ↓ ***Inf. Abs.***

	Pf.	***Impf.***
he (3ms)		
she (3fs)		
you (2ms)		
you (2fs)		
I (1cs)		
they (3mp)		
they (3fp)		
you (2mp)		
you (2fp)		
we (1cp)		

Ptc.
ms
fs
mp
fp

Exercise AP-5: Transliteration Exercise

Memorize the transliteration chart in Appendix 5 of *Learning Biblical Hebrew* and transliterate the passage that appears below. Anything that does not look like a vowel you have learned will be an accent mark.

Transliterate the following passage from Psalm 1:1-3:

1 אַשְׁרֵי־הָאִישׁ אֲשֶׁר לֹא הָלַךְ בַּעֲצַת רְשָׁעִים

וּבְדֶרֶךְ חַטָּאִים לֹא עָמָד וּבְמוֹשַׁב לֵצִים לֹא יָשָׁב׃

2 כִּי אִם בְּתוֹרַת יְהוָה חֶפְצוֹ וּבְתוֹרָתוֹ יֶהְגֶּה

יוֹמָם וָלָיְלָה׃ 3 וְהָיָה כְּעֵץ שָׁתוּל עַל־פַּלְגֵי מָיִם

אֲשֶׁר פִּרְיוֹ יִתֵּן בְּעִתּוֹ וְעָלֵהוּ לֹא־יִבּוֹל

וְכֹל אֲשֶׁר־יַעֲשֶׂה יַצְלִיחַ׃

Convert the following transliteration from Psalm 23:1-4 back into Hebrew:

1 mizmôr l^{e}ḏāwiḏ. YHWH rōʿî lōʾ ʾeḥsār.

2 binʾôt dešeʾ yarbîṣēnî, ʿal mê m^{e}nuḥôt y^{e}nahălēnî.

3 nap̱šî y^{e}šôḇēḇ. yanḥēnî ḇ^{e}maʿg^{e}lê ṣeḏeq l^{e}maʿan š^{e}mô.

4 gam kî ʾēlēḵ b^{e}ḡêʾ ṣalmāweṯ lōʾ ʾîrāʾ rāʿ, kî ʾattâ ʿimmāḏî.

šiḇṭ^{e}ḵā ûmišʿanteḵā hēmmâ y^{e}naḥămunî.

NAME: _____

Part 2: Beginning Graded Hebrew Reader

Introduction to the Graded Joseph Reader (*LBH* Chapters 4-23)

This Beginning Graded Hebrew Reader is based on the biblical narrative of Joseph from Genesis 37–50 and is designed to accompany chapters 4 to 23 in *Learning Biblical Hebrew.* These translation exercises: (1) offer substantial translation practice with context and continuity, (2) adhere to the biblical text as closely as possible while accommodating the grammar and vocabulary to the current skill level of the student, (3) include examples that illustrate the grammatical focus for each chapter, and (4) preserve idioms, word order, and idiosyncrasies of the Hebrew language as reflected in the biblical text.

TEXT

The translation exercises follow the biblical text as closely as possible.[1] Though the text is adapted to accommodate the student's skill level, chapter and verse numbers within the graded reader link the translation exercises with the biblical narrative. Beginning in chapter 11, text taken directly from the Hebrew Bible appears with the Masoretic accents (e.g., וַֽיְהִ֗י אַחַר֙ הַדְּבָרִ֣ים הָאֵ֔לֶּה).[2] For text that has been adjusted, Masoretic accents are omitted and an alternate mark is added if the accent does not fall on the final syllable (e.g., הַדֶּ֫רֶךְ).

VOCABULARY

Vocabulary lists appear at the beginning of each translation exercise. These lists include words from the translation that occur over fifty times in the Hebrew Bible or words of lower frequency that are derived from a high frequency root. For your convenience, the vocabulary lists include the corresponding card numbers from the VIS-ED *Biblical Hebrew Vocabulary Cards*.[3] You may need to modify or create some cards as they do not line up perfectly with this grammar. You are strongly encouraged to learn the vocabulary the week before you do the translation. Doing so enables you to translate more quickly, reinforces your vocabulary, and allows you to focus on the grammatical concepts of each chapter.

FEATURES TO NOTE

- Low frequency words appear in gray and are glossed.
- Newly introduced proper names are noted by the abbreviation "p.n."
- Some verbs do not follow the patterns you will come to expect. These verb forms are glossed with the vocabulary root and the verb pattern you memorized.
- All vocabulary words are found in the glossary at the end of the workbook.

1. The Hebrew text used in the translation exercises (Parts 2 and 3 of this workbook) is based on *The Lexham Hebrew Bible* (Bellingham, WA: Lexham Press, 2012), a digital transcription of the Leningrad Codex. It reflects the text found in most modern Hebrew Bibles used today (in both print and digitial media) which follow the Leningrad Codex. Any annotations related to *qere/ketiv* readings or other Masoretic notes are based on the Masorah found in the standard critical edition of the Hebrew Bible—*Biblia Hebraica Stuttgartensia* (Stuttgart: Deutsche Bibelgesellschaft, 1977).

2. While the accents on individual words line up with the Masoretic Text, the overall accent structure of the verse is disrupted wherever words have been omitted or substituted.

3. Raymond B. Dillard, *Biblical Hebrew Vocabulary Cards*, VIS-ED (Springfield, OH: Visual Education, 1981).

SAMPLE

37:2b וַיָּבֹא יוֹסֵף אֶל־יַעֲקֹב בְּדָבָר רָע עַל־הָאַחִים

עַל־הָאַחִים	רָע	בְּדָבָר	אֶל־יַעֲקֹב	יוֹסֵף	וַיָּבֹא	37:2b
	bad		p.n.	p.n.	(בוא =יִקְטֹל)	

HOW TO COMPLETE TRANSLATIONS

In the introduction we set forth a procedure for completing the translations that creates an environment where you are invited to engage the learning process without being intimidated by the need to perform, held back by perfectionism, or tempted to doctor your work using the key. The goal of this procedure is *to allow yourself space to make mistakes and seek to understand what you missed*, all while allowing your mind to assimilate the information at its own pace.

Step #1: Complete the exercise or translation. Do not be afraid to leave gaps or write ?'s where you are stuck.

Step #2: Correct your translation against the key. Use a different colored pen or pencil to fill in or correct your work. Use a highlighter to mark any part of the exercise or translation you do not understand even after you have looked at the answer key.

Step #3: When you have completed the translation, read through the text aloud in Hebrew assimilating as much meaning as you can without translating to English.

the brothers	on, over, against, concerning		in a word	to Jacob		to come ~~yod = "he"~~ impf.	waw cons.	
הָאַחִים	עַל־	רָע	בְּדָבָר	אֶל־יַעֲקֹב	יוֹסֵף	וַיָּבֹא		37:2b
		bad		p.n.	p.n.	(בוא)		

how do I know which word "bad" goes with?

came / bad word

And Joseph ~~will come~~ to Jacob ~~in~~ with a word

~~on~~ | against | concerning the ~~bad~~ brothers.

Chapter 4: Joseph is hated by his brothers (Genesis 37:1–17)

GRAMMAR

Gender and Number, Definite Article, and the Conjunction

VOCABULARY

- אָח brother (pl. אַחִים) (#372)
- אִישׁ man (pl. אֲנָשִׁים) (#375)
- אֶל to, towards (#883)
- אָמַר to say (#2)
- אֲשֶׁר which, that (#888)
- אֵת 1) *dir. obj. marker;* 2) with (prep.) (#889)
- בְּ in, on, with[a] (#890)
- בּוֹא to go in, come (#3)
- דָּבָר word, thing (#381)
- הָלַךְ to walk, go (#6)
- חָלַם to dream (#261)
- חֲלוֹם a dream (#618)
- יָלַד to give birth (#8)
- יָשַׁב to sit, dwell (#10)
- כִּי because, that, when (#911)
- כָּרַע to kneel, bow (#290)
- לְ to, towards, for[a] (#915)
- לֹא no, not (#916)
- מִן from (#931)
- מָצָא to find (#48)
- עוֹד yet, still, again (#940)
- עַל on, over, against, concerning (#941)
- צֹאן flock (#479)
- קָצַר to reap (#346)
- רָאָה to see (#22)
- שָׂדֶה field (#441)
- שָׂנֵא to hate (#110)
- שָׁאַל to ask (#112)
- שָׁלוֹם peace, well-being (#484)
- שָׁלַח to send (#25)
- שָׁמַר to keep, guard (#61)

Grammar Cards

- □□□ (m. s.)
- □□□ִים (m. pl.)
- □□□ָה (f. s.)
- □□□וֹת (f. pl.)
- □□□ַ֫יִם (m. dual)
- □□□ָתַ֫יִם (f. dual)

SUMMARY

Joseph is shown favoritism by his father Jacob. This favoritism and the dreams that Joseph receives produce a growing hatred of him among his brothers.

TRANSLATION EXERCISE (BASED ON GENESIS 37:1–17)

37:1 יָשַׁב יַעֲקֹב בִּכְנָ֫עַן׃ 2 וְיוֹסֵף וְהָאַחִים שָׁמְרוּ אֶת־הַצֹּאן לְיַעֲקֹב וַיָּבֹא יוֹסֵף

Jacob · Canaan (בְּ) · Joseph · p.n. · (בוא) · p.n.

a. The prepositions בְּ and לְ are attached to the front of words (e.g., בְּשָׂדֶה = "in a field").

אֶל־יַעֲקֹב בְּדָבָר רָע עַל־הָאַחִים׃ 3 וְיַעֲקֹב אָהַב אֶת־יוֹסֵף כִּי רָחֵל יָלְדָה אֶת־יוֹסֵף

p.n. Rachel p.n. to love p.n. bad p.n.

לְיַעֲקֹב׃ 4 וַיִּרְאוּ הָאַחִים כִּי אָהַב יַעֲקֹב אֶת־יוֹסֵף וַיִּשְׂנְאוּ אֶת־יוֹסֵף וְלֹא אָמְרוּ לְיוֹסֵף

p.n. p.n. p.n. to love (ראה) p.n.

לְשָׁלוֹם׃ 5 וַיַּחֲלֹם יוֹסֵף חֲלוֹם וַיֹּאמֶר אֶל־הָאַחִים עַל־הַחֲלוֹם אֲשֶׁר חָלָם[b]׃ 7 וּבַחֲלוֹם

(=חָלַם)

קָצְרוּ יוֹסֵף וְהָאַחִים בְּשָׂדֶה בְּחֶבְרוֹן וְהָאֲלֻמּוֹת אֲשֶׁר קָצְרוּ הָאַחִים כָּרְעוּ לָאֲלֻמָּה

sheaf sheaf Hebron

(אֲלֻמָּה)

אֲשֶׁר קָצַר יוֹסֵף׃ 8 וַיֹּאמְרוּ הָאַחִים לֹא יִמְשֹׁל יוֹסֵף וַיִּשְׂנְאוּ אֶת־יוֹסֵף עוֹד עַל־הַחֲלוֹם׃

to rule

9 וַיַּחֲלֹם עוֹד וַיֹּאמֶר אֶל־הָאַחִים עַל־הַחֲלוֹם וַיֹּאמֶר כִּי בַחֲלוֹם הַשֶּׁמֶשׁ וְהַיָּרֵחַ וְאַחַד

one moon sun

b. Hebrew often lengthens short vowels when the word appears at a major pause in the verse (e.g., חָלַם appears as חָלָם). Words that adjust at a major break in the sentence are called pausal forms.

עֶשֶׂר כּוֹכָבִים כָּרְעוּ לְיוֹסֵף׃ 10 וַיֹּאמֶר אֶל־יַעֲקֹב עַל־הַחֲלוֹם וַיִּגְעַר יַעֲקֹב אֶת־יוֹסֵף

p.n. to rebuke p.n. star ten

וַיֹּאמֶר הֲיַעֲקֹב וְרָחֵל וְהָאַחִים יִכְרְעוּ לְיוֹסֵף׃ 11 וַיִּשְׂנְאוּ הָאַחִים אֶת־יוֹסֵף וְיַעֲקֹב

p.n. p.n. p.n. "?"

שָׁמַר אֶת־הַדָּבָר׃ 12 וְהָאַחִים שָׁמְרוּ אֶת־הַצֹּאן בִּשְׁכֶם׃ 13 וַיֹּאמֶר יַעֲקֹב אֶל־יוֹסֵף

Shechem

הֲלוֹא הָאַחִים בִּשְׁכֶם׃ 14 וַיִּשְׁלַח יַעֲקֹב אֶת־יוֹסֵף מִן חֶבְרוֹן לְמַעַן יִשְׁאַל יוֹסֵף

so that p.n. p.n. "?"

עַל־הָאַחִים וְעַל־הַצֹּאן וְשָׁלַח דָּבָר אֶל־יַעֲקֹב וַיֵּלֶךְ אֶל־שְׁכֶם 15 וַיִּמְצָא אִישׁ

p.n. (הלך)

אֶת־יוֹסֵף בַּשָּׂדֶה בִּשְׁכֶם׃ 16 וַיִּשְׁאַל יוֹסֵף אֶת־הָאִישׁ עַל הָאַחִים׃ 17 וַיֹּאמֶר הָאִישׁ

p.n.

כִּי הָלְכוּ הָאַחִים אֶל־דֹּתָן וַיֵּלֶךְ יוֹסֵף וַיִּמְצָא אֶת־הָאַחִים בְּדֹתָן׃

p.n. (הלך) Dothan

Chapter 6: Joseph is sold into slavery (Genesis 37:18–36)

GRAMMAR

Adjectives and Demonstrative Pronouns

VOCABULARY

אַ֫יִן / אֵין	there is not (#879)
אָכַל	to eat (#1)
אֵ֫לֶּה	these (#869)
אִם	if (אִם . . . אִם = whether . . . or) (#884)
בּוֹר	pit, well (#588)
בֵּן	son (pl. בָּנִים) (#380)
גָּדוֹל	great, large (#415)
דָּם	blood (#417)
דֶּ֫רֶךְ	way, path (#382)
הוּא	he, it; that one (#860)
הִיא	she, it; that one (#861)
הָיָה	to be, happen (#5)
הִנֵּה	behold! (#903)
הָרַג	to kill (#76)
זֹאת	this (f. sg.) (#868)
זֶה	this (m. sg.) (#xz867)
חָשַׁב	to think, plan (#80)
טוֹב	good, pleasing (#385)
יָד	hand (f.) (#386)
יוֹם	day (pl. יָמִים) (#387)
כֹּל	all, every (#389)
כֶּ֫סֶף	silver, money (#424)
לָקַח	to take (#11)
מוּת	to die (#12)
מָכַר	to sell (#166)
קוֹל	voice, sound (#400)
קָרָא	to call out, read (#21)
רַב	much, many, great (pl. רַבִּים) (#439)
רַע	evil, bad
שִׂים	to put, place (#23)
שָׁמַע	to hear (#26)
שָׁפַךְ	to pour out (#122)

SUMMARY

The brothers attack Joseph and sell him to a passing Ishmaelite caravan. Joseph is taken to Egypt and sold into slavery to a master named Potiphar.

TRANSLATION EXERCISE (BASED ON GENESIS 37:18–36)

18 וַיִּרְאוּ הָאַחִים אֶת־יוֹסֵף בְּעוֹד הוּא עַל הַדֶּ֫רֶךְ וַיַּחְשְׁבוּ עַל־יוֹסֵף רָע: 19 וַיֹּאמְרוּ

(ראה)

הָאַחִים הִנֵּה הַחֹלֵם הַזֶּה בָּא: 20 וַיֹּאמְרוּ כִּי יַהַרְגוּ אֶת־יוֹסֵף וְשָׂמוּ אֶל־בּוֹר עָמוֹק

dreamer (בוא) (שׂים) deep

וְאָמְרוּ אֶל־יַעֲקֹב כִּי חַיָּה רָעָה אֲכָלָה אֶת־יוֹסֵף וְאָז כָּל־הַחֲלוֹמוֹת אֲשֶׁר חָלַם יִהְיוּ אָֽפֶס[a]:

nothing (היה) then beast

21 וַיִּשְׁמַע רְאוּבֵן וַיֹּאמֶר לֹא יָמוּת יוֹסֵף: 22 וַיֹּאמֶר רְאוּבֵן אֶל־הָאַחִים כִּי יָשִׂימוּ אֶת־יוֹסֵף

(שים) p.n. (מות) Reuben

אֶל־בּוֹר וְלֹא יִשְׁפְּכוּ דָם וְלֹא יִשְׁלְחוּ יָד עַל־יוֹסֵף וַיַּחְשֹׁב רְאוּבֵן טוֹב עַל־יוֹסֵף לְמַעַן

so that p.n.

יִשְׁלַח אֶת־יוֹסֵף אֶל־יַעֲקֹב בְּחֶבְרוֹן: 23 וַיָּבוֹא יוֹסֵף אֶל־הָאַחִים וַיִּקְחוּ אֶת־הַכְּתֹנֶת מִן יוֹסֵף:

coat (לקח) (בוא) p.n.

24 וַיָּשִׂימוּ אֶת־יוֹסֵף אֶל־בּוֹר וְהַבּוֹר רֵק וְאֵין מַיִם בַּבּוֹר: 25 וַיֵּשְׁבוּ וַיֹּאכְלוּ וַיִּרְאוּ וְהִנֵּה

(ראה) (ישב) water empty (שים)

יִשְׁמְעֵאלִים בָּאוּ מִן גִּלְעָד עַל־הַדֶּרֶךְ אֶל־מִצְרָיִם: 26 וַיֹּאמֶר יְהוּדָה אֶל־הָאַחִים כִּי אֵין

Judah Egypt Gilead (בוא) Ishmaelites

a. Pausal form of the segholate noun אֶפֶס. When Hebrew words occur at a major break, the stressed syllable is more clearly enunciated. With segholate nouns, the emphasis on the accented syllable preserves the historic spelling (see discussion of מַלְךְ → מֶלֶךְ in chapter 5 of the grammar).

בֶּ֫צַע אִם יִשְׁפְּכוּ דָם וְהָרְגוּ אֶת־יוֹסֵף: 27 וְאִם יִמְכְּרוּ אֶת־יוֹסֵף בְּכֶ֫סֶף לַיִּשְׁמְעֵאלִים

gain p.n.

וְהָיָה בֶּ֫צַע וְיָד לֹא־תִהְיֶה בְּיוֹסֵף כִּי־אָח הוּא וַיִּשְׁמְעוּ הָאַחִים אֶל־יְהוּדָה: 28 וַיָּבֹ֫אוּ

gain p.n. (בוא)

הָאֲנָשִׁים הַיִּשְׁמְעֵאלִים וַיִּקְחוּ אֶת־יוֹסֵף מִן־הַבּוֹר וַיִּמְכְּרוּ אֶת־יוֹסֵף לַיִּשְׁמְעֵאלִים

p.n. (לקח) p.n.

בְּכָ֫סֶף וַיָּבוֹא יוֹסֵף אֶל־מִצְרָ֫יִם: 29 וַיֵּ֫לֶךְ רְאוּבֵן אֶל־הַבּוֹר וְהִנֵּה אֵין־יוֹסֵף בַּבּוֹר וַיִּקְרָא

(כֶּ֫סֶף) p.n. (הלך) p.n.

רְאוּבֵן בְּקוֹל גָּדוֹל: 30 וַיֵּ֫לֶךְ אֶל־הָאַחִים וַיֹּאמֶר יוֹסֵף אֵין בַּבּוֹר אַיֵּה הוּא: 31 וַיִּקְחוּ

p.n. (הלך) where? (לקח)

אֶת־הַכֻּתֹּ֫נֶת אֲשֶׁר לְיוֹסֵף וַיַּהַרְגוּ שְׂעִיר וַיָּשִׂימוּ דָם עַל־הַכֻּתֹּ֫נֶת: 32 וַיְשַׁלְּחוּ

coat male goat (שׂים) coat

אֶת־הַכְּתֹנֶת אֶל־יַעֲקֹב וַיֹּאמְרוּ הַכֶּר־נָא[b] הֲזֹאת הַכְּתֹנֶת אֲשֶׁר לְיוֹסֵף אִם־לֹא: 33 וַיֹּאמֶר

coat “?” “recognize!” coat

יַעֲקֹב הִנֵּה זֹאת הַכְּתֹנֶת אֲשֶׁר לְיוֹסֵף חַיָּה רָעָה אָכְלָה אֵת יוֹסֵף: 34 וַיִּקְרָא יַעֲקֹב

beast coat

בְּקוֹל גָּדוֹל וַיָּשֶׂם שַׂק יָמִים רַבִּים: 35 וַיֹּאמְרוּ כָּל־הַבָּנִים דְּבָרִים טוֹבִים אֶל־יַעֲקֹב

sack-cloth (שׂים)

וְלֹא שָׁמַע אֶל־הַדְּבָרִים הַטּוֹבִים הָאֵלֶּה וַיֹּאמֶר כִּי הוּא־יֵלֵךְ אֶל־יוֹסֵף בִּשְׁאוֹל[c]:

Sheol (הלך)

36 וְהַיִּשְׁמְעֵאלִים מָכְרוּ אֶת־יוֹסֵף אֶל־מִצְרַיִם לְפוֹטִיפַר:

Potiphar p.n. p.n.

b. This phrase הַכֶּר־נָא is beyond your current level of Hebrew, but it is preserved here because the identical phrase occurs in the Judah and Tamar narrative in the next chapter (Gen 38:25).

c. The imperfect sometimes captures the sense of desire (“he would”) rather than fact (“he will”).

Chapter 7: Judah and Tamar (Genesis 38)

GRAMMAR

Constructs, Prepositions, Directional *Heh* and Interrogative *Heh*

VOCABULARY

אָב father (cst. אֲבִי; pl. אָבוֹת) (#369)

אַחַר behind, after (#874)

אַחֵר other, another (#489)

אֶ֫רֶץ land, ground (f.) (#378)

אִשָּׁה woman (cst. אֵ֫שֶׁת; pl. נָשִׁים; pl. cst. נְשֵׁי)[a] (#412)

בֶּ֫גֶד garment (#455)

בַּ֫יִת house (cst. בֵּית, pl. בָּתִּים) (#379)

בַּת daughter (pl. בָּנוֹת) (#414)

גָּדַל to be great; become great (#71)

גַּם also, even (#900)

הֲ *interrogative marker* (#901)

הָרָה to be pregnant (vb.) (#249)

הָרָה pregnant (adj.)

זֶ֫רַע seed, offspring (#460)

יָדַע to know (#7)

יָצָא to go out (#9)

יָרַד to go down (#39)

כְּ like, as, according to (#908)

כַּאֲשֶׁר just as, according to, when (#909)

לָבַשׁ to clothe, wear (#88)

מָה what? (#927)

מַטֶּה staff, rod; tribe (#470)

מָקוֹם place (#428)

נָתַן to give, put (#14)

עַד until (#939)

עַ֫יִן eye; spring (#396)

עֵת time (#436)

פֶּן lest (#946)

רִאשׁוֹן first, former; chief (#550)

שֵׁם name, reputation (#404)

תַּ֫חַת under, in place of (#951)

Grammar Cards

□□□ (m. sg. cst.)

□□□ֵי (m. pl. cst.)

□□□ַת (f. sg. cst.)

□□□וֹת (f. pl. cst.)

□□□ָה *direction marker*

SUMMARY

Before you get too far into in the Joseph story, the narrative pauses to tell you about a contemporary event in the life of Judah. After Joseph is taken to Egypt, Judah takes a Canaanite wife and fathers three sons. His oldest son marries a Canaanite woman named Tamar. But this son is evil in God's eyes and God takes his life. The second son marries Tamar, but he rejects his duty to raise up an heir for his deceased brother, and so God takes his life also. Judah fears for the life of his remaining son and does not give him Tamar as a wife. Tamar takes matters into her own hands and tricks Judah himself into fulfilling the cultural obligations of producing an heir. Because Tamar's actions were more righteous than Judah's, she is delivered from a punishment of death.

a. The irregular plural נָשִׁים is actually related to אֲנָשִׁים (the plural form of אִישׁ, "man"). In a similar manner the irregular plural of daughter (בָּנוֹת) is derived from בָּנִים ("sons").

TRANSLATION EXERCISE (BASED ON GENESIS 38:1–30)

38:1 וַיְהִי[b] בָּעֵת הַהִיא וַיֵּרֶד יְהוּדָה מֵאֵת[c] הָאַחִים וַיֵּרֶד עַד־אִישׁ עֲדֻלָּמִי וְשֵׁם הָאִישׁ חִירָה׃

Hirah Adullamite (ירד) p.n. (ירד) (היה)

2 וַיַּרְא־שָׁם יְהוּדָה בַּת־אִישׁ כְּנַעֲנִי וְשֵׁם הַכְּנַעֲנִי שׁוּעַ וַיִּקַּח אֵת בַּת־שׁוּעַ לְאִשָּׁה׃

p.n. (לקח) Shua p.n. Canaanite p.n. there (ראה)

3 וַתַּהַר וַתֵּלֶד בֵּן וַיִּקְרָא אֶת־שֵׁם הַבֵּן עֵר׃ 4 וַתַּהַר עוֹד וַתֵּלֶד בֵּן וַתִּקְרָא אֶת־שֵׁם הַבֵּן

(ילד) (הרה) Er (ילד) (הרה)

אוֹנָן׃ 5 וַתַּהַר עוֹד וַתֵּלֶד בֵּן וַתִּקְרָא אֶת־שֵׁם הַבֵּן שֵׁלָה וְהוּא הָיָה בִכְזִיב בָּעֵת הַהִיא׃

Kezib Shelah (ילד) (הרה) Onan

6 וַיִּקַּח יְהוּדָה אִשָּׁה לְעֵר וְשֵׁם הָאִשָּׁה תָּמָר׃ 7 וַיְהִי עֵר בְּכוֹר יְהוּדָה רַע בְּעֵינֵי יְהוָה[d]

LORD p.n. firstborn p.n. (היה) Tamar p.n. p.n. (לקח)

b. The *shewa* in this word is vocal. The *yod* would normally have a *dagesh forte*, but is one of the consonants that drop *dagesh forte* when followed by a vocal *shewa* (see the *Skin 'em Levi* rule of chapter 3 in the grammar). This frequently occurring verb can be translated in a variety of ways—"and it came to pass," "now it happened," or at times left untranslated.

c. The word מֵאֵת is a combination of מִן + אֵת ("from with"). Hebrew often uses compound prepositions where English uses just one.

d. Pronounced *Adonai*. See the discussion about God's personal name in Exercise 3B.

וַיַּהֲרֹג יְהוָה אֶת־עֵר: 8 וַיֹּאמֶר יְהוּדָה לְאוֹנָן כִּי הוּא יָבוֹא אֶל־אֵשֶׁת עֵר וְיִבֵּם[e]

to do a brother's duty (יבם pf. 3ms) p.n. (בוא) p.n. p.n. p.n. p.n.

אֶת־תָּמָר וְהָיָה זֶרַע לְעֵר: 9 וַיֵּדַע אוֹנָן כִּי לְעֵר יִהְיֶה הַזָּרַע וְהָיָה אִם־יָבוֹא אֶל־אֵשֶׁת

(בוא) (היה) p.n. p.n. (ידע) p.n. p.n.

עֵר וְשִׁחֵת[f] אַרְצָה וְלֹא נָתַן זֶרַע לְעֵר: 10 וְזֹאת הָיְתָה רָעָה בְּעֵינֵי יְהוָה וַיַּהֲרֹג יְהוָה

p.n. p.n. (היה = קָטְלָה) p.n. to waste (pf. 3ms) p.n.

גַּם אֶת־אוֹנָן 11 וַיֹּאמֶר יְהוּדָה לְתָמָר כִּי תָבוֹא אַלְמָנָה אֶל־בֵּית אָבִיהָ עַד־יִגְדַּל שֵׁלָה כִּי

p.n. her___ widow (בוא) p.n. p.n. p.n.

אָמַר פֶּן־יָמוּת גַּם־הוּא כְעֵר וּכְאוֹנָן וַתֵּלֶךְ תָּמָר וַתֵּשֶׁב בֵּית אָבִיהָ: 12 וַיְהִי אַחַר יָמִים

(היה) her___ (ישב) p.n. (הלך) p.n. p.n. (מות)

e. This verb relates to the custom of levirate marriage (from Latin *levir,* "husband's brother") in which the brother of a man who dies without leaving any children was under obligation to marry the widow so that his deceased brother would have an heir and an enduring name. See Deuteronomy 25:5–10 and Ruth 4.

f. "He wasted toward the ground" is a reference to wasting his seed. He intentionally avoided impregnating Tamar.

רַבִּים וַתָּ֫מָת בַּת־שׁוּעַ אֵ֫שֶׁת־יְהוּדָה וַיֵּ֫לֶךְ יְהוּדָה לָגֹז אֶת־הַצֹּאן הוּא וְחִירָה הָעֲדֻלָּמִי

p.n. p.n. to shear (הלך) p.n. (מות)

תִּמְנָ֫תָה׃ 13 וַתִּשְׁמַע תָּמָר כִּי יְהוּדָה הָלַךְ תִּמְנָ֫תָה לָגֹז אֶת־הַצֹּאן׃ 14 וַתִּלְבַּשׁ בִּגְדֵי זוֹנָה

harlot to shear p.n. p.n. Timnah (תִּמְנָה)

תַּ֫חַת בִּגְדֵי אַלְמְנוּת וַתָּ֫שֶׂם צָעִיף וַתֵּ֫שֶׁב בְּפֶ֫תַח עֵינַ֫יִם אֲשֶׁר עַל־דֶּ֫רֶךְ תִּמְנָ֫תָה כִּי רָאֲתָה

(ראה = קָטְלָה) p.n. entrance (ישב) veil (שים) widowhood

כִּי־גָדַל שֵׁלָה וִיהוּדָה לֹא נָתַן אֶת־תָּמָר לְשֵׁלָה לְאִשָּׁה׃ 15 וַיַּרְא יְהוּדָה אֶת־הָאִשָּׁה הַזֹּאת

(ראה) p.n p.n p.n. p.n.

וַיַּחְשֹׁב אֶת־הָאִשָּׁה לְזוֹנָה כִּי לֹא רָאָה אֵת פְּנֵי־הָאִשָּׁה׃ 16 וַיָּבוֹא אֶל־הָאִשָּׁה כִּי לֹא יָדַע כִּי

(בוא) face (פָּנִים) harlot

תָּמָר הִיא׃ 17 וַיֹּ֫אמֶר כִּי יְשַׁלַּח גְּדִי מֵהַצֹּאן לְשָׂכָר וַתִּשְׁאַל עֵרָבוֹן׃ 18 וַיֹּ֫אמֶר מָה הָעֵרָבוֹן

pledge pledge wage young goat p.n.

וַתִּשְׁאַל לַחֹתֶ֫מֶת וְלַפְּתִיל וְלַמַּטֶּה אֲשֶׁר בְּיַד יְהוּדָה וַיִּתֵּן וַיָּבֹא אֶל־הָאִשָּׁה וַתַּ֫הַר

seal cord (נתן) (בוא) (הרה)

לִיהוּדָה: 19 וַתֵּ֫לֶךְ וַתִּלְבַּשׁ בִּגְדֵי אַלְמְנוּת תַּ֫חַת בִּגְדֵי זוֹנָה: 20 וַיִּשְׁלַח יְהוּדָה

(הלך) widowhood harlot

גְּדִי בְּיַד חִירָה הָעֲדֻלָּמִי וְלֹא מָצָא אֶת־הַזּוֹנָה: 21 וַיִּשְׁאַל אֶת־אַנְשֵׁי הַמָּקוֹם עַל הַזּוֹנָה

young goat p.n. p.n. harlot harlot

אֲשֶׁר בָּעֵינַ֫יִם עַל־הַדָּ֫רֶךְ וַיֹּאמְרוּ לֹא־הָיְתָה בָזֶה זוֹנָה: 22 וַיֵּ֫לֶךְ אֶל־יְהוּדָה וַיֹּ֫אמֶר כִּי לֹא

(הלך) harlot (זֶה=) (היה =קָטְלָה)

מָצָא אֶת־הַזּוֹנָה וְגַם אַנְשֵׁי הַמָּקוֹם אָמְרוּ לֹא־הָיְתָה בָזֶה זוֹנָה: 23 וַיֹּ֫אמֶר יְהוּדָה תִּקַּח

harlot (היה =קָטְלָה) (זֶה=) harlot (לקח)

הָעֵרָבוֹן פֶּן נִהְיֶה לָבוּז: 24 וַיְהִי אַחַר יָמִים רַבִּים וְאַנְשֵׁי הַמָּקוֹם אָמְרוּ כִּי

pledge contempt (היה)

זָנְתָה תָּמָר וְגַם הִנֵּה הָרָה וַיֹּאמֶר יְהוּדָה כִּי תָמוּת תָּמָר: 25 וַתִּשְׁלַח תָּמָר

to act as a harlot (זנה =קָטְלָה) · p.n. · pregnant (adj.) · (מות) · p.n. · p.n.

אֶל־יְהוּדָה וַתֹּאמֶר לְאִישׁ אֲשֶׁר־אֵלֶּה אָנֹכִי הָרָה הַכֶּר־נָא[g] אֶת־הַחֹתֶמֶת וְהַפְּתִיל

I · pregnant (adj.) · "recognize!" · seal · cord

וְהַמַּטֶּה הָאֵלֶּה: 26 וְלֹא הָרְגוּ אֶת־תָּמָר כִּי צָדְקָה מִיְּהוּדָה כִּי לֹא נָתַן אֶת־תָּמָר

p.n. · to be righteous · p.n.

לְשֵׁלָה לְאִשָּׁה וַתֵּשֶׁב בְּבֵית־יְהוּדָה וְלֹא־יָדַע אֶת־תָּמָר עוֹד: 27 וַיְהִי כַּאֲשֶׁר יָלְדָה וְהִנֵּה

p.n. · (ישב) · p.n. · (היה)

הָיוּ תְאוֹמִים: 28 וַיְהִי בְּעֵת הַהִיא וְהִנֵּה בֵּן אֶחָד נָתַן יָד וַיָּשִׂימוּ שָׁנִי עַל הַיָּד וַיֹּאמְרוּ

(היה) · twin · (היה) · one · (שׂים) · scarlet

g. This phrase הַכֶּר־נָא is beyond your current level of Hebrew, but it is used here because the identical phrase is spoken to Jacob in the preceding narrative (Gen 37:32).

זֶה יָצָא רִאשֹׁנָה׃ 29 וַיֵּצֵא הַבֵּן הָאַחֵר רִאשֹׁנָה וַיֹּאמְרוּ מַה־פָּ֫רֶץ[h] וַיִּקְרָא אֶת־שֵׁם הַבֵּן

"What an entrance!" (פֶּ֫רֶץ) — (יצא)

הַהוּא פָּ֫רֶץ׃ 30 וְאַחַר יָצָא הָאָח אֲשֶׁר שָׁנִי עַל הַיָּד וַיִּקְרָא אֶת־שֵׁם הַבֵּן הַזֶּה זָ֫רַח[i]׃

Zerah — scarlet — Perez

h. Many translations use the term "breach," as it can refer to breaking through a barrier. The text is highlighting his surprising breakthrough into the world. When you convert his name into English use Perez (standard form), not Parez (pausal form).

i. Pausal form of זֶ֫רַח ("dawn, sunrise"), reflecting the fact that this child was the first to appear.

Chapter 8: Joseph is falsely accused by Potiphar's wife (Genesis 39)

GRAMMAR

Possessive Pronouns

VOCABULARY

אָדוֹן	lord, master (#370)
אָז	then (adv.) (#873)
אַף	1) indeed, also (#886); 2) nose, anger (#453)
בָּרַךְ	to bless (#31)
בְּרָכָה	blessing (cst. בִּרְכַּת) (#593)
חוּץ	outside (#499)
חֵן	grace, favor (#622)
חֶ֫סֶד	lovingkindness, love; faithfulness (#463)
חָרָה	to be hot, angry (#147)
טַבָּח	a guard; a cook (#758)
יָפֶה	beautiful (f. יָפָה) (#765)
כִּי אִם	except, unless (#912)
כְּמוֹ	= כְּ (used with suffixes)
לֶ֫חֶם	bread, food (#425)
מְא֫וּמָה	anything (#783)
מְלָאכָה	work (#522)
מִמֶּנ	= מִן (used with suffixes)
מִצְרַ֫יִם	Egypt
מַרְאֶה	appearance, sight (#526)
נָשָׂא	to lift, carry (#13)
סָרִיס	official, eunuch (#810)
עֶ֫בֶד	slave, servant (#395)
עָזַב	to abandon, leave (#98)
עִם	with (#943)
עָשָׂה	to make, do (#18)
קָנָה	to buy, acquire (#196)
שַׂר	prince, chief (#442)
שָׁכַב	to lie down (#60)
שָׁם	there (#950)
תָּפַשׂ	to lay hold of, seize (#219)

Suffixes

סוּסִי, סוּסְךָ, etc. (#954–978)

SUMMARY

Joseph is sold to Potiphar, and the Lord blesses him in all that he does. Joseph is placed in charge of all Potiphar's house. When Potiphar's wife falsely accuses him of trying to force himself on her, Joseph is placed in prison.

TRANSLATION EXERCISE (BASED ON GENESIS 39:1–23)

39:1 וְיוֹסֵף יָרַד מִצְרָ֫יְמָה וַיִּ֫קֶן אֹתוֹ פּוֹטִיפַר סְרִיס פַּרְעֹה שַׂר הַטַּבָּחִים אִישׁ מִצְרִי

Egyptian Pharaoh p.n. (קנה) p.n.

מִיַּד הַיִּשְׁמְעֵאלִים׃ 2 וַיְהִי יְהוָה אֶת־יוֹסֵף וַיְהִי אִישׁ מַצְלִיחַ וַיְהִי בְּבֵית אֲדֹנָיו[a] הַמִּצְרִי׃ 3 וַיַּרְא אֲדֹנָיו

(ראה) p.n. (היה) p.n. (היה) p.n.

כִּי יְהוָה אִתּוֹ בְּכֹל אֲשֶׁר־הוּא עֹשֶׂה׃ 4 וַיִּמְצָא יוֹסֵף חֵן בְּעֵינָיו וַיָּשֶׂם אֹתוֹ עַל־בֵּיתוֹ וְאֶת־כֹּל

(שׂים) p.n.

אֲשֶׁר לוֹ נָתַן בְּיָדוֹ׃ 5 וַיְהִי מֵאָז שָׂם אֹתוֹ בְּבֵיתוֹ וְעַל כָּל־אֲשֶׁר־לוֹ וַיְבָרֶךְ יְהוָה

p.n. (שׂים) (היה)

אֶת־בֵּית הַמִּצְרִי בִּגְלַל יוֹסֵף וַיְהִי בִּרְכַּת יְהוָה בְּכָל־אֲשֶׁר־לוֹ בַּבַּיִת וּבַשָּׂדֶה׃ 6 וַיַּעֲזֹב

p.n. (היה) on account of p.n.

כָּל־אֲשֶׁר־לוֹ בְּיַד־יוֹסֵף וְלֹא־יָדַע אִתּוֹ מְאוּמָה כִּי אִם־הַלֶּחֶם אֲשֶׁר־הוּא אוֹכֵל וַיְהִי יוֹסֵף

(היה)

יְפֵה־תֹאַר וִיפֵה מַרְאֶה׃ 7 וַיְהִי אַחַר הַדְּבָרִים הָאֵלֶּה וַתִּשָּׂא אֵשֶׁת־אֲדֹנָיו אֶת־עֵינֶיהָ אֶל־יוֹסֵף

(נשׂא) (היה)

a. The plural ending can be used of a singular object as a way of showing respect.

וַתִּשְׁאַל כִּי יִשְׁכַּב עִמָּהּ: 8 וְלֹא אָבָה וַיֹּאמֶר אֶל־אֵשֶׁת אֲדֹנָיו הֵן אֲדֹנִי לֹא־יָדַע אִתִּי

(הִנֵּה=) to be willing

מַה־בַּבָּיִת וְכֹל אֲשֶׁר־לוֹ נָתַן בְּיָדִי: 9 אֵינֶנּוּ[b] גָּדוֹל בַּבַּיִת הַזֶּה מִמֶּנִּי וְלֹא־חָשַׂךְ מִמֶּנִּי

to hold back (אֵינֶנְהוּ=)

מְאוּמָה כִּי אִם־אוֹתָךְ בַּאֲשֶׁר אַתְּ־אִשְׁתּוֹ וְזֹאת תִּהְיֶה רָעָה גְדֹלָה לֵאלֹהִים: 10 וַתֹּאמֶר

you

הָאִשָּׁה אֶל־יוֹסֵף יוֹם יוֹם וְלֹא־שָׁמַע אֵלֶיהָ: 11 וַיְהִי כְּהַיּוֹם הַזֶּה וַיָּבֹא הַבַּיְתָה לִמְלַאכְתּוֹ

(בוא) (היה)

וְאֵין אִישׁ מֵאַנְשֵׁי הַבַּיִת שָׁם בַּבָּיִת: 12 וַתִּתְפֹּשׂ אֹתוֹ בְּבִגְדוֹ וַתִּשְׁאַל כִּי יִשְׁכַּב עִמָּהּ וַיַּעֲזֹב

בִּגְדוֹ בְּיָדָהּ וַיֵּצֵא הַחוּצָה: 13 וַתֵּרֶא כִּי־עָזַב בִּגְדוֹ בְּיָדָהּ וַיֵּצֵא הַחוּצָה: 14 וַתִּקְרָא לְאַנְשֵׁי

(יצא) (ראה) (יצא)

b. Hebrew suffixes sometimes include the syllable נֶ between the word and the suffix. This syllable does not affect meaning. (Our students affectionately refer to this as the "*nun* of nothing.") In the combination הוּ + נֶ + אֵין, the *heh* of the suffix assimilates back into the *nun*. As a result, the suffix "him" (3ms) and "us" (1cp) can look the same. Context determines meaning.

בֵיתָהּ וַתֹּאמֶר הָאִישׁ הָעִבְרִי בָּא אֵלַי לְמַעַן יִשְׁכַּב עִמִּי: 15 וַיִּשְׁמַע אֶת־קוֹלִי וַיַּעֲזֹב בִּגְדוֹ

so that (בוא) Hebrew

עִמִּי וַיֵּצֵא הַחוּצָה: 16 וַתָּשֶׂם אֵת בִּגְדוֹ אֶצְלָהּ עַד־אֲשֶׁר אֲדֹנָיו בָּא אֶל־בֵּיתוֹ: 17 וַתֹּאמֶר

(בוא) beside (שים) (יצא)

אֵלָיו כַּדְּבָרִים הָאֵלֶּה בָּא־אֵלַי הָעֶבֶד הָעִבְרִי לְמַעַן יִשְׁכַּב עִמִּי: 18 וַיִּשְׁמַע אֶת־קוֹלִי

so that p.n. (בוא)

וַיַּעֲזֹב בִּגְדוֹ עִמִּי וַיֵּצֵא הַחוּצָה: 19 וַיִּשְׁמַע אֲדֹנָיו אֶת־דִּבְרֵי אִשְׁתּוֹ כַּאֲשֶׁר אָמְרָה אֵלָיו

(יצא)

כַּדְּבָרִים הָאֵלֶּה עָשָׂה לִי עַבְדֶּךָ וַיִּחַר אַפּוֹ: 20 וַיִּקַּח אֹתוֹ אֲדֹנָיו וַיִּתֵּן אֶל־בֵּית הַסֹּהַר

prison (נתן) (לקח) (חרה)

מְקוֹם אֲשֶׁר־אֲסוּרֵי הַמֶּלֶךְ שָׁם: 21 וַיְהִי יְהוָה אֶת־יוֹסֵף וַיַּעַשׂ עִמּוֹ חָסֶד[c] וַיִּתֵּן חִנּוֹ

(נתן) (עשה) p.n. (היה) prisoner

c. Pausal form of חֶסֶד.

בְּעֵינֵי שַׂר הַסֹּהַר: 22 וַיִּתֵּן שַׂר בֵּית־הַסֹּהַר בְּיַד־יוֹסֵף אֵת כָּל־הָאֲסִירִם אֲשֶׁר בְּבֵית

prisoner   prison   (נתן)   prison

הַסֹּהַר וְאֵת כָּל־הַמְּלָאכָה אֲשֶׁר עֹשִׂים שָׁם: 23 וְלֹא רָאָה שַׂר בֵּית־הַסֹּהַר אֶת־כָּל־מְאוּמָה

prison   (עשה)   prison

בְּיָדוֹ בַּאֲשֶׁר יְהוָה אִתּוֹ בְּכֹל אֲשֶׁר עֹשֶׂה:

p.n.

Chapters 9–10: Jacob's family (Selections from Genesis 28–37)

GRAMMAR

Noun Patterns and Numbers

Note: Because some instructors may wish to discuss chapters 9-10 at a later point in the grammar, the vocabulary and translation for this section are independent of the other translation exercises and can be introduced later.

VOCABULARY

רִאשׁוֹן	first (f. רִאשׁוֹנָה) (#550)	אֶחָד	one (f. אַחַת) (#373)	עֶשְׂרִים	twenty (#435)
שֵׁנִי	second (f. שֵׁנִית) (#406)	שְׁנַיִם	two (f. שְׁתַּיִם) (#406)	מֵאָה	hundred (#391)
שְׁלִישִׁי	third (f. שְׁלִישִׁית) (#443)	שְׁלוֹשָׁה	three (f. שָׁלוֹשׁ) (#443)	אֶלֶף	thousand; cattle (#409)
רְבִיעִי	fourth (f. רְבִיעִית) (#410)	אַרְבָּעָה	four (f. אַרְבַּע) (#410)	רְבָבָה	ten thousand, multitude
חֲמִישִׁי	fifth (f. חֲמִישִׁית) (#420)	חֲמִשָּׁה	five (f. חָמֵשׁ) (#420)	רִבּוֹא	ten thousand
שִׁשִּׁי	sixth (f. שִׁשִּׁית) (#485)	שִׁשָּׁה	six (f. שֵׁשׁ) (#485)		
שְׁבִיעִי	seventh (f. שְׁבִיעִית) (#114)	שִׁבְעָה	seven (f. שֶׁבַע) (#114)		
שְׁמִינִי	eighth (f. שְׁמִינִית) (#561)	שְׁמֹנָה	eight (f. שְׁמֹנֶה) (#561)		
תְּשִׁיעִי	ninth (f. תְּשִׁיעִית)	תִּשְׁעָה	nine (f. תֵּשַׁע) (#723)		
עֲשִׂירִי	tenth (f. עֲשִׂירִית) (#434)	עֲשָׂרָה	ten (f. עֶשֶׂר) (#434)		

SUMMARY

This translation exercise presents an overview of Jacob's family and is drawn primarily from Genesis 29–30, but a few verses are adapted from other parts of Genesis 28–37. The numbers added to this text are based on the information provided in the biblical narrative and added for the sake of practice.

TRANSLATION EXERCISE (BASED ON VERSES FROM GENESIS 28–37)

Jacob's Wives

28:5 וַיִּשְׁלַח יִצְחָק אֶת־יַעֲקֹב עַל אַף עֵשָׂו אָחִיו וַיֵּלֶךְ פַּדֶּנָה אֲרָם וּבָעֵת הַהוּא יַעֲקֹב

Isaac Esau (הלך) Paddan-Aram

הָיָה בֶּן־שֶׁבַע וְשִׁבְעִים שָׁנָה וַיֵּ֫לֶךְ אֶל־לָבָן אֲחִי[a] רִבְקָה אֵם יַעֲקֹב וְעֵשָׂו׃

p.n. | Rebekah Laban (הלך) year

mother

29:20 וַיֶּאֱהַב אֶת־רָחֵל בַּת־לָבָן וַיַּעֲבֹד יַעֲקֹב בְּרָחֵל שֶׁבַע שָׁנִים וַיִּהְיוּ בְעֵינָיו

(היה) p.n. p.n. Rachel

כְּיָמִים אֲחָדִים[b]׃ 23 וַיְהִי כַּאֲשֶׁר בָּא הַיּוֹם וַיִּקַּח לָבָן אֶת־לֵאָה בִתּוֹ תַּחַת רָחֵל

p.n. Leah p.n. (לקח) (בוא) (היה)

וַיִּתֵּן אֹתָהּ אֵלָיו וַיָּבֹא אֵלֶיהָ׃ 24 וַיִּתֵּן לָבָן אֶת־זִלְפָּה שִׁפְחָתוֹ לְלֵאָה לְשִׁפְחָה׃

maidservant p.n. maid-servant Zilpah p.n. (נתן) (בוא) (נתן)

28 וַיְמַלֵּא יַעֲקֹב שְׁבוּעַ[c] לֵאָה וַיִּתֶּן־לוֹ לָבָן אֶת־רָחֵל בִּתּוֹ לוֹ לְאִשָּׁה׃ 29 וַיִּתֵּן לָבָן

p.n. (נתן) p.n. p.n. (נתן) p.n. week to fulfill

לְרָחֵל אֶת־בִּלְהָה שִׁפְחָתוֹ לָהּ לְשִׁפְחָה׃ 30 וַיָּבֹא יַעֲקֹב אֶל־רָחֵל וַיֶּאֱהַב אֶת־רָחֵל

p.n. p.n. (בוא) maidservant maid-servant Bilhah p.n.

a. Irregular construct form of אָח, and is translated "brother of" (not "my brother" אָחִי).

b. This plural of "one" is used to indicate "a few" (see also Gen 27:44 and Dan 11:20).

c. This word is a derivative of the number שֶׁבַע ("seven").

מִלֵּאָה וַיַּעֲבֹד עִמּוֹ עוֹד שֶֽׁבַע־שָׁנִים אֲחֵרוֹת׃
p.n.

The Children of Leah

29:31 וַיַּ֫רְא יְהוָה כִּי יַעֲקֹב אָהַב אֶת־רָחֵל מִלֵּאָה וַיִּתֵּן לְלֵאָה בָּנִים וְרָחֵל עֲקָרָה׃
(ראה) p.n. p.n. p.n. p.n. (נתן) p.n. p.n. barren

32 וַתַּ֫הַר לֵאָה֙ וַתֵּ֫לֶד בֵּן וַתִּקְרָא שְׁמוֹ רְאוּבֵן כִּי אָֽמְרָה רָאָה אֹתִי יְהוָה וְיֶֽאֱהַב אֹתִי אִישִׁי׃
(הרה) p.n. (ילד) p.n. p.n.

33 וַתַּ֫הַר עוֹד וַתֵּ֫לֶד בֵּן שֵׁנִי וַתֹּ֫אמֶר שָׁמַע יְהוָה וַיִּתֶּן־לִי גַּם־אֶת־זֶה וַתִּקְרָא שְׁמוֹ שִׁמְעוֹן׃
(הרה) (ילד) p.n. (נתן) p.n.

34 וַתַּ֫הַר עוֹד וַתֵּ֫לֶד בֵּן שְׁלִישִׁי וַתֹּ֫אמֶר יִלָּוֶה אִישִׁי אֵלַי וַתִּקְרָא שְׁמוֹ לֵוִי׃
(הרה) (ילד) to be joined (לוה) p.n.

35 וַתַּהַר עוֹד וַתֵּלֶד בֵּן רְבִיעִי וַתֹּאמֶר כִּי תוֹדֶה[d] אֶת־יְהוָה עַל־זֶה וַתִּקְרָא שְׁמוֹ

p.n. | to praise (ידה) | (ילד) | (הרה)

יְהוּדָה וְלֹא יָלְדָה עוֹד׃

p.n.

The Children of Bilhah (Rachel's maidservant)

30:1 וַתֵּרֶא רָחֵל כִּי לֹא יָלְדָה לְיַעֲקֹב׃ 4 וַתִּתֶּן־לוֹ אֶת־בִּלְהָה שִׁפְחָתָהּ לְאִשָּׁה

maid-servant | p.n. | (נתן) | p.n. | (ראה)

וַיָּבֹא אֵלֶיהָ יַעֲקֹב׃ 5 וַתַּהַר בִּלְהָה וַתֵּלֶד לְיַעֲקֹב בֵּן׃ 6 וַתֹּאמֶר רָחֵל דָּן אֹתִי

to pass judgment | p.n. | (הלד) | p.n. | (הרה) | (בוא)

אֱלֹהִים וְגַם שָׁמַע בְּקֹלִי וַיִּתֶּן־לִי בֵּן וַתִּקְרָא שְׁמוֹ דָּן׃ 7 וַתַּהַר עוֹד וַתֵּלֶד בִּלְהָה

p.n. | (ילד) | (הרה) | p.n. | (נתן)

שִׁפְחַת רָחֵל בֵּן שֵׁנִי לְיַעֲקֹב׃ 8 וַתֹּאמֶר רָחֵל כִּי־בְנַפְתּוּלֵי אֱלֹהִים נִפְתַּלְתִּי

to wrestle | wrestling | p.n. | p.n. | maid-servant

d. Judah (יְהוּדָה) and the verb תּוֹדֶה are both from the root ידה ("to praise").

עִם־לֵאָה אֲחוֹתָהּ וַתִּקְרָא שְׁמוֹ נַפְתָּלִי:
           p.n.   p.n.

The Children of Zilpah (Leah's maidservant)

30:9 וַתֵּרֶא לֵאָה כִּי לֹא יָלְדָה עוֹד וַתִּתֵּן אֶת־זִלְפָּה שִׁפְחָתָהּ לְיַעֲקֹב לְאִשָּׁה:
         maidservant   p.n.   (נתן)   p.n.   (ראה)

10 וַתֵּלֶד זִלְפָּה שִׁפְחַת לֵאָה לְיַעֲקֹב בֵּן: 11 וַתֹּאמֶר לֵאָה בְּגָד וַתִּקְרָא אֶת־שְׁמוֹ גָּד:
p.n.   for-   p.n.   p.n.   maid-   p.n.   (ילד)
                                tune   servant

12 וַתֵּלֶד זִלְפָּה שִׁפְחַת לֵאָה בֵּן שֵׁנִי לְיַעֲקֹב: 13 וַתֹּאמֶר לֵאָה יְאַשְּׁרוּ אֹתִי וַתִּקְרָא
              to declare   p.n.   p.n.   maid-   p.n.   (ילד)
              as blessed   servant

אֶת־שְׁמוֹ אָשֵׁר:
        p.n.

More Children for Leah

30:17 וַיִּשְׁמַע אֱלֹהִים אֶל־לֵאָה וַתַּהַר וַתֵּלֶד לְיַעֲקֹב בֵּן חֲמִישִׁי: 18 וַתֹּאמֶר לֵאָה כִּי
p.n.   (הרה) (ילד)   p.n.

נָתַן אֱלֹהִים שָׂכָר לָהּ עַל־אֲשֶׁר נָתְנָה שִׁפְחָתָהּ לְאִישָׁהּ וַתִּקְרָא שְׁמוֹ יִשָּׂשכָר:[e] 19 וַתַּהַר

wage — maidservant — p.n. — (הרה)

עוֹד לֵאָה וַתֵּלֶד בֵּן־שִׁשִּׁי לְיַעֲקֹב: 20 וַתֹּאמֶר לֵאָה כִּי יִזְבְּלֵנִי אוֹתָהּ אִישָׁהּ כִּי־יָלְדָה לוֹ

p.n. — (ילד) — p.n. — to exult, honor

שִׁשָּׁה בָנִים וַתִּקְרָא אֶת־שְׁמוֹ זְבֻלוּן: 21 וְאַחַר יָלְדָה בַּת וַתִּקְרָא אֶת־שְׁמָהּ דִּינָה:

p.n. — p.n.

The Children of Rachel

30:22 וַיִּזְכֹּר אֱלֹהִים אֶת־רָחֵל וַיִּשְׁמַע אֵלֶיהָ וַיִּתֵּן לָהּ בָּנִים: 23 וַתַּהַר וַתֵּלֶד בֵּן

to remember — p.n. — (נתן) — (הרה) — (ילד)

וַתֹּאמֶר אָסַף אֱלֹהִים אֶת־חֶרְפָּתִי: 24 וַתִּקְרָא אֶת־שְׁמוֹ יוֹסֵף כִּי אָמְרָה יֹסֵף יְהוָה לִי

to gather — reproach — "May he add" (יסף) — p.n.

e. This vocalization of Issachar's name has its origin in the phrase יֵשׁ שָׂכָר ("there are wages").

Part 2: Translation for Ch. 9–10 108

בֵּן אַחֵר׃ 25 וַיְהִי כַּאֲשֶׁר יָלְדָה רָחֵל אֶת־יוֹסֵף וַיַּעֲבֹד יַעֲקֹב עִם לָבָן עוֹד שֵׁשׁ־שָׁנִים

p.n. p.n. (היה)

אַחֲרוֹת לְצֹאנוֹ׃ 31:41 וְכָל־הַיָּמִים אֲשֶׁר יַעֲקֹב בְּפַדַּן אֲרָם הָיוּ עֶשְׂרִים שָׁנָה וַיָּ֫שָׁב

to return (שוב) (היה) Paddan-Aram

יַעֲקֹב אַ֫רְצָה כְּנַ֫עַן וּבָעֵת הַהוּא יַעֲקֹב בֶּן תִּשְׁעִים וְשִׁבְעָה שָׁנָה׃ 35:16 וַיִּהְיוּ בַדֶּ֫רֶךְ

(היה) year p.n.

אֶפְרָ֫תָה הִיא בֵּית־לָ֫חֶם וַתֵּ֫לֶד רָחֵל וַתָּ֫מָת׃ 18 וַיְהִי בָּעֵת הַהִיא וַתִּקְרָא שְׁמוֹ בֶּן־אוֹנִי

Ben-oni (היה) (מות) p.n. (ילד) Bethlehem Ephrathah

וְאָבִיו קָֽרָא־לוֹ בִנְיָמִין׃[f] 22 וַיִּהְיוּ בְנֵי־יַעֲקֹב שְׁנֵים עָשָׂר׃ 35:27 וַיָּבֹא יַעֲקֹב אֶל־יִצְחָק

p.n. (בוא) (היה) p.n.

אָבִיו מַמְרֵא קִרְיַת הָאַרְבַּע הִיא חֶבְרוֹן אֲשֶׁר יָשְׁבוּ שָׁם אַבְרָהָם וְיִצְחָק׃

p.n. p.n. p.n. Kiriath-Arba Mamre

f. The word Ben-oni means "son of my *trouble*" (אָוֶן), while Benjamin means "the son of my *right hand*" (יָמִין), his treasured or favored son.

35:29 וַיִּגְדַּל יוֹסֵף בְּחֶבְרוֹן עִם יִצְחָק וַיְהִי אַחַר יָמִים רַבִּים וַיָּ֫מָת יִצְחָק׃

p.n. (מות) (היה) p.n. p.n.

35:28 וַיִּהְיוּ יְמֵי יִצְחָק מְאַת שָׁנָה וּשְׁמֹנִים שָׁנָה׃ 37:2 וְיוֹסֵף הוּא בֶּן־שְׁבַע־עֶשְׂרֵה שָׁנָה

p.n. (היה)

כַּאֲשֶׁר אַחֵי־יוֹסֵף מָכְרוּ אֹתוֹ לְמִצְרָ֫יִם׃

p.n.

Chapters 11–12: Joseph interprets dreams in prison (Genesis 40)

GRAMMAR

Introduction to Hebrew Verbs

VOCABULARY

- אֹפֶה baker
- בֹּקֶר morning (#456)
- בָּשָׂר flesh, meat (#458)
- גֶּפֶן vine (f.) (#601)
- הֵם / הֵמָּה they, them (m.) (#865)
- הֵן / הֵנָּה they, them (f.) (#866)
- זָכַר to remember (#32)
- חָטָא to sin, offend (#34)
- יָטַב to be good, pleasing (#83)
- כּוֹס cup (f.) (#771)
- לֵאמֹר saying
- לַיְלָה night (#466)
- לְמַעַן for the sake of, in order that (#921)
- מַדּוּעַ why? (#926)
- מֶלֶךְ king (#393)
- מַשְׁקֶה cupbearer (cst. מַשְׁקֵה)
- מִשְׁתֶּה feast
- סָפַר to count; *piel*: recount, tell (#97)
- עוֹף bird, flying creature (#664)
- עֵץ tree; wood (#433)
- פָּנִים face, presence (#399)
- פָּקַד to attend to, visit, appoint (#57)
- פָּתַר to interpret
- פִּתְרוֹן interpretation
- רֹאשׁ head, first, chief (#402)
- שָׁכַח to forget (#118)
- שָׁרַת to serve, minister (*piel*) (#123)
- תָּוֶךְ midst (cst. תּוֹךְ) (#446)

Numbers

- אֶחָד one (f. אַחַת) (#373)
- שְׁנַיִם two (f. שְׁתַּיִם) (#406)
- שָׁלוֹשׁ three (f. שְׁלוֹשָׁה; m. cst. שְׁלֹשֶׁת) (#443)
- שְׁלִישִׁי third (#443)
- שְׁלֹשִׁים thirty (#443)

SUMMARY

Pharaoh's cupbearer and baker are placed in prison. While there Joseph interprets dreams regarding their future.

TRANSLATION EXERCISE (BASED ON GENESIS 40:1–23)

40:1 וַיְהִי אַחַר הַדְּבָרִים הָאֵלֶּה חָטְאוּ מַשְׁקֵה מֶלֶךְ־מִצְרַיִם וְהָאֹפֶה לַאֲדֹנֵיהֶם

(היה) ... p.n.

לְמֶלֶךְ מִצְרָיִם׃ 2 וַיִּחַר אַף פַּרְעֹה עַל שְׁנֵי סָרִיסָיו עַל שַׂר הַמַּשְׁקִים וְעַל שַׂר הָאוֹפִים׃

p.n. (חרה) p.n.

3 וַיִּתֵּן אֹתָם בְּמִשְׁמַר[a] בֵּית שַׂר הַטַּבָּחִים אֶל־בֵּית הַסֹּהַר מְקוֹם אֲשֶׁר יוֹסֵף שָׁם׃

(נתן) confinement prison

4 וַיִּפְקֹד שַׂר הַטַּבָּחִים אֶת־יוֹסֵף אִתָּם וַיְשָׁרֶת אֹתָם וַיִּהְיוּ יָמִים בְּמִשְׁמָר׃

(היה) confinement

5 וַיַּחַלְמוּ חֲלוֹם שְׁנֵיהֶם אִישׁ[b] חֲלֹמוֹ בְּלַיְלָה אֶחָד אִישׁ כְּפִתְרוֹן חֲלֹמוֹ הַמַּשְׁקֶה וְהָאֹפֶה

אֲשֶׁר לְמֶלֶךְ מִצְרַיִם אֲשֶׁר בְּבֵית הַסֹּהַר׃ 6 וַיָּבֹא אֲלֵיהֶם יוֹסֵף בַּבֹּקֶר וַיַּרְא אֹתָם וְהִנֵּה

p.n. prison (בוא) (ראה)

פְּנֵיהֶם רָעִים׃ 7 וַיִּשְׁאַל אֶת־סְרִיסֵי פַרְעֹה אֲשֶׁר אִתּוֹ בְמִשְׁמַר בֵּית אֲדֹנָיו לֵאמֹר מַדּוּעַ

p.n. confinement

a. This noun is formed from the root שׁמר. Nouns with a מ prefix often represent a place, instrument, or abstract idea (see chapter 9 of the grammar). The noun מִשְׁמַר indicates being under guard.

b. The word אִישׁ is frequently used to convey the English equivalent of "each."

פְּנֵיכֶם רָעִים הַיּוֹם׃ 8 וַיֹּאמְרוּ כִּי חֲלוֹם חָלְמוּ וְאֵין אִישׁ אֲשֶׁר יִפְתֹּר אֹתוֹ

וַיֹּאמֶר אֲלֵהֶם יוֹסֵף הֲלוֹא לֵאלֹהִים פִּתְרֹנִים וַיִּשְׁאַל אֹתָם עַל הַחֲלוֹמוֹת׃

9 וַיְסַפֵּר[c] שַׂר־הַמַּשְׁקִים אֶת־חֲלֹמוֹ לְיוֹסֵף וַיֹּאמֶר כִּי בַּחֲלוֹמוֹ הָיָה גֶפֶן לְפָנָיו׃

(*piel*)

10 וּבַגֶּפֶן שְׁלֹשָׁה שָׂרִיגִם וּבָהֶם עֲנָבִים׃ 11 וְכוֹס פַּרְעֹה בְּיָדוֹ וַיִּקַּח אֶת־הָעֲנָבִים

branch — grape (עֵנָב) — p.n. — (לקח)

וַיִּשְׂחַט אֹתָם אֶל־כּוֹס פַּרְעֹה וַיִּתֵּן אֶת־הַכּוֹס לְפַרְעֹה׃

to squeeze — p.n. — (נתן) — p.n.

12 וַיְסַפֵּר לוֹ יוֹסֵף זֶה פִּתְרוֹן הַחֲלוֹם שְׁלֹשֶׁת הַשָּׂרִגִים שְׁלֹשֶׁת יָמִים הֵם׃

branch

c. Some vocabulary words include a definition labeled 'piel' — e.g., סָפַר to count (*qal*); recount, tell (*piel*). Until you learn the piel verbs (*LBH* ch. 19), this gloss alerts you to use the piel meaning.

13 בְּעוֹד | שְׁלֹשֶׁת יָמִים יִשָּׂא פַרְעֹה אֶת־רֹאשֶׁךָ וְהוּא יִשְׁתֶּה מִכּוֹס אֲשֶׁר בְּיָדְךָ

drink p.n. (נשׂא)

כְּבָרִאשֹׁנָה כַּאֲשֶׁר אַתָּה מַשְׁקֵהוּ: 14 וַיִּשְׁאַל מִמֶּנּוּ יוֹסֵף כִּי יִזְכֹּר אֹתוֹ כַּאֲשֶׁר

יִיטַב לוֹ וְעָשָׂה עִמּוֹ חֶסֶד וְאָמַר עָלָיו אֶל־פַּרְעֹה לְמַעַן יֵצֵא מִן־הַבַּיִת הַהוּא:

(יצא =יִקְטֹל) p.n. (חֶסֶד) (יטב =יִקְטֹל)

15 וַיְסַפֵּר יוֹסֵף אֶל־הָאֲנָשִׁים כִּי לָקְחוּ אֹתוֹ מֵאֶרֶץ הָעִבְרִים וְגַם־בְּמִצְרַיִם לֹא־עָשָׂה

p.n. Hebrews

מְאוּמָה כִּי־שָׂמוּ אֹתוֹ בַּבּוֹר: 16 וַיַּרְא שַׂר־הָאֹפִים כִּי טוֹב פָּתָר וַיֹּאמֶר אֶל־יוֹסֵף אַף

(ראה) (שׂים)

בַּחֲלוֹמִי וְהִנֵּה שְׁלֹשָׁה סַלִּים עַל־רֹאשִׁי: 17 וּבַסַּל מִכֹּל מַאֲכַל[d] פַּרְעֹה מַעֲשֵׂה[1]

p.n. basket basket

d. These nouns are formed by adding מ prefix to verbal roots to indicate a place, instrument, or an abstract concept. From אכל ("to eat") you get מַאֲכָל ("food") and from עשׂה you get מַעֲשֶׂה ("deed"). See chapter 9 of the grammar.

אֹפֶה וְהָעוֹף אֹכֵל אֹתָם מִן־הַסַּל מֵעַל רֹאשִׁי׃ 18 וַיֹּאמֶר יוֹסֵף זֶה פִּתְרֹנוֹ שְׁלֹשֶׁת הַסַּלִּים

basket　　basket

שְׁלֹשֶׁת יָמִים הֵם׃ 19 בְּעוֹד ׀ שְׁלֹשֶׁת יָמִים יִשָּׂא פַרְעֹה אֶת־רֹאשְׁךָ מֵעָלֶיךָ וְתָלָה אוֹתְךָ

to hang　　p.n.　　(נשׂא)

עַל־עֵץ וְאָכַל הָעוֹף אֶת־בְּשָׂרְךָ מֵעָלֶיךָ׃ 20 וַיְהִי ׀ בַּיּוֹם הַשְּׁלִישִׁי וַיַּעַשׂ פַּרְעֹה מִשְׁתֶּה

p.n.　　(עשׂה)　　(היה)

לְכָל־עֲבָדָיו וַיִּשָּׂא אֶת־רֹאשׁ ׀ שַׂר הַמַּשְׁקִים וְאֶת־רֹאשׁ שַׂר הָאֹפִים בְּתוֹךְ עֲבָדָיו׃

(תָּוֶךְ)　　(נשׂא)

21 וַיָּשֶׂם אֶת־שַׂר הַמַּשְׁקִים עַל־מַשְׁקֵהוּ וַיִּתֵּן הַכּוֹס עַל־כַּף פַּרְעֹה׃ 22 וְאֵת שַׂר הָאֹפִים

p.n.　　palm　　(נתן)　　(שׂים)

תָּלָה כַּאֲשֶׁר פָּתַר לָהֶם יוֹסֵף׃ 23 וְלֹא־זָכַר שַׂר־הַמַּשְׁקִים אֶת־יוֹסֵף וַיִּשְׁכַּח אֹתוֹ׃

to hang

Chapter 13: Joseph interprets Pharaoh's dreams (Genesis 41)

GRAMMAR

Qal Perfect

VOCABULARY

אָבַד	to perish, be lost (#64)	חָכָם	wise (adj.) (#500)	פַּר	bull (m.) (#542)
אֹכֶל	food	טֶרֶם	before, not yet (#906)	פָּרָה	cow (f.) (#542)
אֲנַחְנוּ	we (#862)	כָּבֵד	to be heavy (*qal*); to honor (*piel*) (#85)	רוּחַ	spirit, breath, wind (#440)
אֲנִי	I (#857)	כָּבֵד	heavy (adj.)	רָעָב	famine (#554)
אָנֹכִי	I (#857)	כֹּהֵן	priest (#388)	שָׂבָע	plenty (n.)
אַתְּ	you (f. sg.) (#859)	מְאֹד	much, very, greatly (#467)	שָׁנָה	year (#405)
אַתָּה	you (m. sg.) (#858)	עִיר	city (pl. עָרִים) (#397)		
אַתֶּם	you (m. pl.) (#863)	עָלָה	to go up (#16)	*Numbers*	
אַתֵּן / אַתֵּנָה	you (f. pl.) (#864)	עָמַד	to stand (#17)	חֲמִישִׁי	fifth (f. חֲמִישִׁית) (#420)
דִּבֵּר	to speak (*piel*)	עָנָה	to answer, respond (#56)	שֶׁבַע	seven (f.) (m. שִׁבְעָה) (#403)
חָזַק	to be strong (#33)				

SUMMARY

Pharaoh has two dreams about the upcoming years of plenty and years of famine. Joseph interprets the dreams and is made prime minister of Egypt.

TRANSLATION EXERCISE (BASED ON GENESIS 41:1–57)

41:1 וַיְהִי מִקֵּץ שְׁנָתַיִם יָמִים[a] וַיַּחֲלֹם פַּרְעֹה חֲלוֹם בַּלָּיְלָה׃ 8 וַיְהִי בַבֹּקֶר וַיִּשְׁלַח

(היה) end ... (היה)

a. The phrase שְׁנָתַיִם יָמִים ("years" + dual ending + "days" = two years [worth of] days) is usually taken as a designation for "full years." See also 2 Sam 13:23; 14:28; Jer 28:3, 11.

וַיִּקְרָא אֶת־כָּל־חַכְמֵי מִצְרַיִם וַיְסַפֵּר פַּרְעֹה לָהֶם אֶת־חֲלֹמוֹ וְלֹא־יָדְעוּ אֶת־פִּתְרוֹן הַחֲלוֹם׃

(*piel*)

9 וַיְסַפֵּר שַׂר הַמַּשְׁקִים אֶל־פַּרְעֹה לֵאמֹר בַּיָּמִים הָרִאשֹׁנִים חָטָאנוּ עַל־הַמֶּלֶךְ אָנֹכִי

(*piel*)

וְשַׂר הָאֹפִים׃ 10 וַיִּחַר אַף־פַּרְעֹה בַּעֲבָדָיו וַיִּתֵּן אֹתִי בְּמִשְׁמַר בֵּית שַׂר הַטַּבָּחִים

(חרה) (נתן) confinement

אֹתִי וְאֵת שַׂר הָאֹפִים׃ 11 וּבַלַּיְלָה אֶחָד חָלַמְנוּ חֲלוֹם אֲנִי וָהוּא אִישׁ כְּפִתְרוֹן חֲלֹמוֹ

חָלָמְנוּ׃ 12 וְשָׁם אִתָּנוּ אִישׁ עִבְרִי עֶבֶד לְשַׂר הַטַּבָּחִים וַיִּפְתָּר־לָנוּ אֶת־חֲלֹמֹתֵינוּ אִישׁ

p.n.

כַּחֲלֹמוֹ פָּתָר׃ 13 וַיְהִי כַּאֲשֶׁר פָּתַר־לָנוּ כֵּן הָיָה אֹתִי שַׁמְתָּ עַל־כַּנִּי וְאֹתוֹ תָלָת׃

(היה) thus (שׂים) office to hang (=קָטַלְתָּ)

14 וַיִּשְׁלַח פַּרְעֹה וַיִּקְרָא אֶת־יוֹסֵף וַיֵּצֵא מִן־הַבּוֹר וַיָּבֹא אֶל־פַּרְעֹה׃ 15 וַיֹּאמֶר פַּרְעֹה

(בוא) (יצא)

אֶל־יוֹסֵף חֲלוֹם חָלַמְתִּי וְלֹא פָתְרוּ אֹתוֹ חַכְמֵי מִצְרַיִם וַאֲנִי שָׁמַעְתִּי עָלֶיךָ כִּי פָּתַרְתָּ

חֲלוֹם שַׂר הַמַּשְׁקִים׃ 16 וַיַּעַן יוֹסֵף אֶת־פַּרְעֹה אֱלֹהִים יַעֲנֶה אֶת־שְׁלוֹם פַּרְעֹה׃

(ענה)

17 וַיְסַפֵּר פַּרְעֹה לְיוֹסֵף אֶת־חֲלֹמוֹ וַיֹּאמֶר עָמַדְתִּי עַל־הַיְאֹר׃ 18 וְהִנֵּה מִן־הַיְאֹר

p.n. Nile *(piel)*

עָלוּ שֶׁבַע פָּרוֹת בְּרִיאוֹת בָּשָׂר וִיפֹת תֹּאַר וַיַּעַמְדוּ עַל־הַיְאֹר׃ 19 וְהִנֵּה שֶׁבַע־פָּרוֹת

p.n. form fat (עלה)

אֲחֵרוֹת עֹלוֹת אַחֲרֵיהֶן רָעוֹת תֹּאַר מְאֹד וְרַקּוֹת בָּשָׂר לֹא־רָאִיתִי כָהֵנָּה בְּכָל־אֶרֶץ

(ראה) thin form (עלה)

מִצְרַיִם לָרֹעַ: 20 וְהַפָּרוֹת הָרַקּוֹת וְהָרָעוֹת אָכְלוּ אֵת שֶׁבַע הַפָּרוֹת הָרִאשֹׁנוֹת

thin badness

הַבְּרִיאֹת: 21 וְלֹא יָדַע אִישׁ כִּי־אָכְלוּ אוֹתָן וּמַרְאֵיהֶן רַע כַּאֲשֶׁר בַּתְּחִלָּה:

beginning (מַרְאֶה) (אֵת) ידע (=יִקְטֹל) fat

Verses 22-23 (not included here) recount a second dream about seven heads of good grain and seven heads of withered grain.

24 סִפַּרְתִּי אֶת־חֲלוֹמִי אֶל־חַכְמֵי מִצְרַיִם וְלֹא פָתְרוּ אֹתוֹ: 25 וַיֹּאמֶר יוֹסֵף

(piel)

אֶל־פַּרְעֹה חֲלוֹם פַּרְעֹה אֶחָד הוּא[b] אֵת אֲשֶׁר הָאֱלֹהִים יַעֲשֶׂה סִפֵּר לְפַרְעֹה: 26 שֶׁבַע

(piel)

פָּרֹת הַטֹּבֹת שֶׁבַע שָׁנִים הֵנָּה 27 וְגַם שֶׁבַע הַפָּרוֹת הָרַקּוֹת וְהָרָעֹת שֶׁבַע שָׁנִים הֵנָּה

thin (שָׁנָה)

b. "The dream of Pharaoh, one it is" is a Hebrew way of saying that the two dreams are one and the same (i.e., have the same meaning).

28 הוּא הַדָּבָר אֲשֶׁר דִּבַּרְתִּי אֶל־פַּרְעֹה אֶת־אֲשֶׁר הָאֱלֹהִים עֹשֶׂה הֶרְאָה אֶת־פַּרְעֹה:

29 הִנֵּה שֶׁבַע שָׁנִים בָּאוֹת שָׂבָע גָּדוֹל בְּכָל־אֶרֶץ מִצְרָיִם: 30 וְקָמוּ שֶׁבַע שְׁנֵי רָעָב
(שָׁנָה)   (הָיָה)   (שָׁנָה)

אַחֲרֵיהֶן בְּאֶרֶץ מִצְרַיִם וְאָכַל הָרָעָב אֶת־הָאָרֶץ: 31 וְלֹא־יִוָּדַע הַשָּׂבָע בָּאָרֶץ

מִפְּנֵי‪c‬ הָרָעָב אַחֲרֵיו כִּי־כָבֵד הוּא מְאֹד: 33 וְעַתָּה יֵרֶא פַרְעֹה אִישׁ חָכָם וְשָׂם אֹתוֹ
(שִׂים)

עַל־אֶרֶץ מִצְרָיִם: 34 יַעֲשֶׂה פַרְעֹה שָׂרִים עַל־הָאָרֶץ וְלָקְחוּ חֲמִישִׁת אֹכֶל מֵאֶרֶץ מִצְרַיִם

בְּשֶׁבַע שְׁנֵי הַשָּׂבָע: 35 וְיִקְבְּצוּ אֶת־כָּל־אֹכֶל הַשָּׁנִים הַטֹּבֹת וְיִשְׂימוּ אֹתוֹ תַּחַת יַד־פַּרְעֹה
(לָקַח)

c. In this context, "from the presence of the famine" means "because of the famine" (i.e., "because a famine was present").

אֹכֶל בֶּעָרִים וְשָׁמָרוּ: 36 וְהָיָה הָאֹכֶל לָאָרֶץ לְשֶׁבַע שְׁנֵי הָרָעָב בְּאֶרֶץ מִצְרָיִם וְלֹא־תֹאבַד

הָאָרֶץ בָּרָעָב: 37 וַיִּיטַב הַדָּבָר בְּעֵינֵי פַרְעֹה וּבְעֵינֵי כָּל־עֲבָדָיו: 38 וַיֹּאמֶר פַּרְעֹה אֶל־עֲבָדָיו

הֲיִמְצָא אִישׁ כָּזֶה בְּכָל־אֶרֶץ מִצְרָיִם אִישׁ אֲשֶׁר רוּחַ אֱלֹהִים בּוֹ: 39 וַיֹּאמֶר פַּרְעֹה

אֶל־יוֹסֵף אַחֲרֵי יָדַעְתָּ אֶת־כָּל־זֹאת אֵין־חָכָם כָּמוֹךָ: 41 נָתַתִּי אֹתְךָ עַל כָּל־אֶרֶץ מִצְרָיִם:

(נתן
=קָטַלְתִּי)

45 וַיִּקְרָא פַרְעֹה שֵׁם־יוֹסֵף צָפְנַת פַּעְנֵחַ וַיִּתֶּן־לוֹ אֶת־אָסְנַת בַּת־פּוֹטִי פֶרַע כֹּהֵן אֹן

On Potiphera Asenath (נתן) Tsaphenat-paneah

לְאִשָּׁה וַיֵּצֵא יוֹסֵף עַל־אֶרֶץ מִצְרָיִם: 46 וְיוֹסֵף בֶּן־שְׁלֹשִׁים שָׁנָה כַּאֲשֶׁר עָמַד לִפְנֵי פַּרְעֹה

(יצא)

מֶלֶךְ־מִצְרָיִם׃ 47 וַתַּעַשׂ הָאָרֶץ בְּשֶׁבַע שְׁנֵי הַשָּׂבָע לִקְמָצִים׃ 48 וַיִּקְבֹּץ אֶת־כָּל־אֹכֶל ׀

gather fist (עשׂה)

(קֹמֶץ)

שֶׁבַע שָׁנִים אֲשֶׁר הָיוּ בְּאֶרֶץ מִצְרַיִם וַיִּתֶּן־אֹכֶל בֶּעָרִים אֹכֶל מִשְּׂדֵה־עִיר נָתַן בְּתוֹךְ הָעִיר

(נתן) (היה)

הַהוּא׃ 50 וְאָסְנַת יָלְדָה לְיוֹסֵף שְׁנֵי בָנִים בְּטֶרֶם תָּבוֹא שְׁנַת הָרָעָב׃ 51 וַיִּקְרָא יוֹסֵף

p.n.

אֶת־שֵׁם הַבְּכוֹר מְנַשֶּׁה׃ וְאֵת שֵׁם הַשֵּׁנִי קָרָא אֶפְרָיִם׃ 53 וַיְהִי אַחֲרֵי שֶׁבַע שְׁנֵי

(היה) Ephraim Manasseh firstborn

הַשָּׂבָע וַיָּבוֹאוּ שֶׁבַע שְׁנֵי הָרָעָב כַּאֲשֶׁר אָמַר יוֹסֵף וַיְהִי רָעָב בְּכָל־הָאֲרָצוֹת וּבְכָל־אֶרֶץ

(היה)

מִצְרַיִם הָיָה לָחֶם׃ 55 וַיִּצְעַק הָעָם אֶל־פַּרְעֹה לַלָּחֶם וַיִּשְׁלַח פַּרְעֹה אֶת־כָּל־מִצְרַיִם

to cry out

אֶל־יוֹסֵף לְמַ֫עַן יֹאמַר לָהֶם מַה־יַּעֲשׂוּ׃ 57 וְכָל־הָאָ֫רֶץ בָּ֫אוּ מִצְרַ֫יְמָה אֶל־יוֹסֵף

(עשׂה)

כִּֽי־חָזַק הָרָעָב בְּכָל־הָאָֽרֶץ׃

Chapter 14: Joseph's brothers travel to Egypt (Genesis 42)

GRAMMAR

Qal Imperfect

VOCABULARY

אֱמֶת	truth
אָסוֹן	harm
בַּד	alone (usually appears as לְבַד, e.g., אִישׁ לְבָדוֹ "a man alone"; lit. "according to his aloneness") (#917)
בָּחַן	to test (#235)
בֵּין	between (#893)
חַי	alive, living (#35)
חָיָה	to live (#35)
חֲמוֹר	male donkey (#620)
יָרֵא	to fear (#38)
יֵשׁ	there is, there are (opp. of אַ֫יִן) (#511)
יְשׁוּעָה	salvation (#633)
כְּלִי	article, utensil, implement, vessel (#423)
כֵּן	1) thus, so; 2) honest, right (#914)
מְרַגֵּל	spy
מִשְׁמַר	prison, watch, observance
פָּתַח	to open (#100)
צָרָה	distress (#679)
קָטֹן	small, little (#684)
קָשָׁה	to be hard, harsh (#349)
קָשֶׁה	hard, harsh (adj.) (#349)
רֵאשִׁית	beginning, first (#695)
שַׂק	sack, sackcloth (#843)
שְׁאוֹל	Sheol, underworld (#704)
שָׁבַר	1) to buy, 2) to break (#115)
שׁוּב	to turn, return (#24)
תְּהוֹם	the deep, the ocean (#853)

Numbers

עָשָׂר	ten (f.); (m. עֶשְׂרֵה) in compound numbers 11-19
עֶ֫שֶׂר	ten (f.); (m. עֲשָׂרָה; cst. עֲשֶׂ֫רֶת)

SUMMARY

Joseph's brothers go to Egypt to buy grain. Joseph accuses them of being spies and sends them back to Canaan with food while their brother Simeon is held in prison.

TRANSLATION EXERCISE (BASED ON GENESIS 42:1-38)

42:1 וַיַּ֣רְא יַעֲקֹב כִּ֥י יֶשׁ־לֶ֫חֶם בְּמִצְרָיִם׃ 2 וַיֹּ֫אמֶר הִנֵּ֣ה שָׁמַ֫עְתִּי כִּ֥י יֶשׁ־לֶ֫חֶם בְּמִצְרָ֑יִם
(ראה)

וְעַתָּה תָּבֹ֫אוּ וּשְׁבַרְתֶּם לָ֫נוּ מִשָּׁם וְנִחְיֶה וְלֹא נָמוּת׃ 3 וַיֵּרְדוּ אֲחֵי־יוֹסֵף עֲשָׂרָה לְמַ֫עַן
(ירד)

יִשְׁבְּרוּ לֶ֫חֶם מִמִּצְרָ֫יִם׃ 4 וְאֶת־בִּנְיָמִין אֲחִי[a] יוֹסֵף לֹא־שָׁלַח יַעֲקֹב אֶת־אֶחָיו
p.n.

כִּי אָמַר פֶּן־יִהְיֶה לוֹ אָסוֹן׃ 5 וַיָּבֹ֫אוּ בְּנֵי יִשְׂרָאֵל לְאֹ֫כֶל בְּתוֹךְ עַם־כָּל־הָאָ֫רֶץ
(בוא) p.n. people

כִּי־הָיָה הָרָעָב בְּאֶ֫רֶץ כְּנָעַן׃ 6 וְיוֹסֵף הוּא הַשַּׂר עַל־הָאָ֫רֶץ וַיִּשְׁבֹּר כָּל־הָעָם מִמֶּ֫נּוּ
p.n. people

וַיָּבֹ֫אוּ אֲחֵי יוֹסֵף וַיִּכְרְעוּ־לוֹ׃ 7 וַיַּ֫רְא יוֹסֵף אֶת־אֶחָיו וַיְדַבֵּר אִתָּם קָשׁוֹת וַיֹּ֫אמֶר אֲלֵהֶם
(ראה) (בוא)

מֵאַ֫יִן בָּאתֶם וַיֹּ֫אמְרוּ מֵאֶ֫רֶץ כְּנַ֫עַן לְאֹ֫כֶל׃ 8 וְהוּא יָדַע אֹתָם וְהֵם לֹא יָדְעוּ אֹתוֹ׃
p.n. (בוא) "where?"

a. The form אֲחִי is just the singular construct form of אָח (compare אֲבִי the singular construct form of אָב).

9 וַיִּזְכֹּר יוֹסֵף אֵת הַחֲלֹמוֹת אֲשֶׁר חָלַם לָהֶם וַיֹּאמֶר אֲלֵהֶם מְרַגְּלִים אַתֶּם׃ 10 וַיֹּאמְרוּ אֵלָיו

לֹא אֲדֹנִי וַעֲבָדֶיךָ בָּאוּ לְאֹכֶל׃ 11 כֻּלָּנוּ בְּנֵי אִישׁ־אֶחָד נָחְנוּ לֹא־הָיוּ עֲבָדֶיךָ מְרַגְּלִים׃

(בוא) (אֲנַחְנוּ=) (היה)

12 וַיֹּאמֶר אֲלֵהֶם לֹא כִּי בָאתֶם כִּמְרַגְּלִים בָּאָרֶץ׃ 13 וַיֹּאמְרוּ שְׁנֵים עָשָׂר עֲבָדֶיךָ אַחִים |

(בוא)

אֲנַחְנוּ בְּנֵי אִישׁ־אֶחָד בְּאֶרֶץ כְּנָעַן וְהִנֵּה הַקָּטֹן אֶת־אָבִינוּ הַיּוֹם וְהָאֶחָד אֵינֶנּוּ׃

p.n.

14 וַיֹּאמֶר אֲלֵהֶם יוֹסֵף הוּא אֲשֶׁר דִּבַּרְתִּי אֲלֵכֶם לֵאמֹר מְרַגְּלִים אַתֶּם׃ 15 בְּזֹאת אֶבְחַן

אֶתְכֶם חֵי פַרְעֹה אִם־תֵּצְאוּ[b] מִזֶּה כִּי אִם־יָבוֹא אֲחִיכֶם הַקָּטֹן מִצְרָיְמָה׃

(יצא) (חַי)

b. This use of אִם is part of a longer oath formula. In its full form, the formula states something like, "*May God judge me* if (something) happens" and means that something should not be done! Even in English we leave things unexpressed (think, "if I have to come down there . . . ," where the second part of the warning is omitted but clearly understood). Translate the oath as "Surely you will not go out."

¹⁶ וְעַתָּה תִּשְׁלְחוּ מִכֶּם אֶחָד וְיִקַּח אֶת־אֲחִיכֶם לְמַעַן אִבָּחֵן אֶת דִּבְרֵיכֶם הַאֱמֶת אִתְּכֶם

(לקח)

וְאִם־לֹא חֵי פַרְעֹה כִּי מְרַגְּלִים אַתֶּם: ¹⁷ וַיֶּאֱסֹף אֹתָם אֶל־מִשְׁמָר שְׁלֹשֶׁת יָמִים:

(חי)　　　　　(שׂים)

¹⁸ וַיֹּאמֶר אֲלֵהֶם יוֹסֵף בַּיּוֹם הַשְּׁלִישִׁי זֹאת תַּעֲשׂוּ וִחְיוּ כִּי אֶת־הָאֱלֹהִים

(עשׂה)　　　(חיה)

(קְטַלְתֶּם=)

אֲנִי יָרֵא: ¹⁹ אֲחִיכֶם אֶחָד יֵשֵׁב בְּבֵית מִשְׁמַרְכֶם וְאַתֶּם תְּלְכוּ בְּלֶחֶם לְבָתֵּיכֶם:

(ישׁב)　　　　　　(הלך)

one
fearing

(יִקְטֹל=)

²⁰ וְאֶת־אֲחִיכֶם הַקָּטֹן תָּבִיאוּ אֵלַי וְלֹא תָמוּתוּ וַיַּעֲשׂוּ־כֵן: ²¹ וַיֹּאמְרוּ אִישׁ אֶל־אָחִיו חֲטָאנוּ

(עשׂה)

עַל־אָחִינוּ אֲשֶׁר רָאִינוּ צָרַת נַפְשׁוֹ וְלֹא שָׁמָעְנוּ עַל־כֵּן בָּאָה אֵלֵינוּ הַצָּרָה הַזֹּאת:

(בוא)

נֶפֶשׁ　　(ראה)

soul,　(קְטַלְנוּ=)

life)

22 וַיַּעַן רְאוּבֵן אֹתָם לֵאמֹר הֲלוֹא אָמַרְתִּי אֲלֵיכֶם | לֵאמֹר לֹא־תֶחֶטְאוּ בוֹ וְלֹא שְׁמַעְתֶּם

p.n. (ענה)

וְגַם־דָּמוֹ הִנֵּה עָלֵינוּ: 23 וְהֵם לֹא יָדְעוּ כִּי שָׁמַע יוֹסֵף כִּי הַמֵּלִיץ בֵּינֹתָם: 24 וַיִּקַּח מֵאִתָּם

(לקח) (בִּין) interpreter

אֶת־שִׁמְעוֹן וַיֶּאֱסֹר אֹתוֹ לְעֵינֵיהֶם: 25 וַיְדַבֵּר יוֹסֵף לַעֲבָדָיו וַיְמַלְאוּ אֶת־כְּלֵיהֶם בְּלֶחֶם

to fill to bind p.n.

וַיָּשִׂימוּ כַּסְפֵּיהֶם אִישׁ אֶל־שַׂקּוֹ וַיִּתְּנוּ לָהֶם צֵדָה לַדָּרֶךְ: 26 וַיִּשְׂאוּ אֶת־אֲשֶׁר שָׁבְרוּ

(נשׂה) provi-sions (נתן)

עַל־חֲמֹרֵיהֶם וַיֵּלְכוּ מִשָּׁם: 27 וַיִּתֵּן הָאֶחָד מִסְפּוֹא לַחֲמֹרוֹ בַּמָּלוֹן וַיַּרְא אֶת־כַּסְפּוֹ

(ראה) lodging place fodder, food (נתן) (הלך)

וְהִנֵּה־הוּא בְּשַׂקּוֹ: 28 וַיֹּאמֶר אֶל־אֶחָיו הִנֵּה כַּסְפִּי בְשַׂקִּי וַיֵּצֵא לִבָּם וַיִּירְאוּ מְאֹד לֵאמֹר

(ירא) (יצא =יִקְטֹל)

מַה־זֹּאת עָשָׂה אֱלֹהִים לָנוּ׃ 29 וַיָּבֹאוּ אֶל־יַעֲקֹב אֲבִיהֶם אַרְצָה כְּנָעַן וַיֹּאמְרוּ לוֹ לֵאמֹר׃

(בוא) p.n.

30 דִּבֶּר הָאִישׁ אֲדֹנֵי[c] הָאָרֶץ אִתָּנוּ קָשׁוֹת וַיִּתֵּן אֹתָנוּ כִּמְרַגְּלִים׃ 31 וַנֹּאמֶר אֵלָיו כֵּנִים

(נתן)

אֲנָחְנוּ לֹא הָיִינוּ מְרַגְּלִים׃ 32 שְׁנֵים־עָשָׂר אֲנַחְנוּ אַחִים בְּנֵי אָבִינוּ הָאֶחָד אֵינֶנּוּ וְהַקָּטֹן

(היה

=קָטַלְנוּ)

הַיּוֹם אֶת־אָבִינוּ בְּאֶרֶץ כְּנָעַן׃ 33 וַיֹּאמֶר אֵלֵינוּ הָאִישׁ אֲדֹנֵי הָאָרֶץ בְּזֹאת אֵדַע כִּי כֵנִים אַתֶּם

p.n. (ידע)

אֲחִיכֶם הָאֶחָד יַעֲמֹד אִתִּי וְאַתֶּם תִּקְחוּ אֶת־לֶחֶם בָּתֵּיכֶם וְתֵלֵכוּ׃ 34 וְתָבוֹאוּ עִם

(לקח) (הלך)

אֲחִיכֶם הַקָּטֹן אֵלַי וְאֵדַע כִּי לֹא מְרַגְּלִים אַתֶּם כִּי כֵנִים אַתֶּם אֶת־אֲחִיכֶם אֶתֵּן לָכֶם

(ידע) (נתן)

c. This use of the plural denotes a singular subject, stated in the plural as a sign of respect.

וְלֶחֶם תִּשְׁבֹּרוּ׃ 35 וַיִּפְתְּחוּ אֵת שַׂקֵּיהֶם וְהִנֵּה־אִישׁ כַּסְפּוֹ בְּשַׂקּוֹ וַיִּרְאוּ אֵת כַּסְפֵּיהֶם הֵמָּה

(ראה)

וַאֲבִיהֶם וַיִּירָאוּ׃ 36 וַיֹּאמֶר אֲלֵהֶם יַעֲקֹב אֲבִיהֶם אֲנִי שָׁכָלְתִּי יוֹסֵף אֵינֶנּוּ וְשִׁמְעוֹן

(ירא) — to be bereaved, lose children — p.n.

אֵינֶנּוּ וְאֶת־בִּנְיָמִן תִּקָּחוּ עָלַי הָיוּ כֻלָּנָה׃[d] 37 וַיֹּאמֶר רְאוּבֵן אֶל־אָבִיו לֵאמֹר אֶת־שְׁנֵי בָנַי

p.n. — (לקח) — (היה) — p.n.

יָמוּתוּ אִם־לֹא יָשׁוּב בִּנְיָמִן אֵלֶיךָ אִם תָּשִׂים אֹתוֹ עַל־יָדִי וַאֲנִי אָשׁוּב עִמּוֹ אֵלֶיךָ׃

p.n.

38 וַיֹּאמֶר לֹא־יֵרֵד בְּנִי עִמָּכֶם כִּי־אָחִיו מֵת וְהוּא לְבַדּוֹ עוֹד עִמִּי אִם יִהְיֶה לוֹ אָסוֹן

(ירד =יִקְטֹל) — dead

בַּדֶּרֶךְ אֲשֶׁר תֵּלְכוּ־בָהּ וְיָרַדְתִּי בְּיָגוֹן שְׁאוֹלָה׃

(הלך) — sorrow — p.n.

d. The word כֻּלָּנָה is a longer form of כֻּלָּן "all of them" (i.e., these things)

Chapter 15: The brothers return to Egypt with Benjamin (Genesis 43)

GRAMMAR

Qal Volitionals: Imperative, Jussive, Cohortative

VOCABULARY

אֵיךְ / אֵיכָה	how? (#878)
אַל	not (#882)
אֵפוֹא / אֵפוֹ	then
בָּכָה	to weep (#69)
בְּכִי	weeping (#69)
בְּכוֹר	firstborn, birthright (#492)
טַף	children (#762)
לָמָה / לָ֫מָּה	why? (lit. "for what?") (#920)
מִי	who? (#930)
מִנְחָה	offering; grain offering (#472)
מְעַט	little, few (#647)
מִשְׁנֶה	double, second
מִשְׁקָל / מִשְׁקוֹל	weight (#655)
עָכַר	to trouble
עָרַב	1) to mix; 2) pledge, exchange; 3) be sweet, pleasing; 4) be evening (#326)
פֶּה	mouth (cst. פִּי; pl. פִּיּוֹת)d
פַּ֫עַם	footstep; occurrence, instance, time (#541)
פֶּ֫תַח	opening, door (#544)
צָעִיר	young, little
קוּם	to arise, stand (#20)
רֶ֫גֶל	foot (#481)
רַחֲמִים	compassion
רָחַץ	to wash, bathe (#199)
רֵ֫עַ	friend, companion (#482)
שָׁכֹל	to be bereaved, lose children
שָׁכַר	to be drunk
שָׁתָה	to drink (#63)
תּוֹעֵבָה	abomination (#565)
תְּחִלָּה	beginning
תָּמַהּ	to be astounded

Numbers

חָמֵשׁ	five (f.); (m. חֲמִשָּׁה, cst. חֲמֵ֫שֶׁת) (#420)

SUMMARY

Joseph's brothers return to Egypt with Benjamin. Joseph releases Simeon and brings them to his home to dine with him.

TRANSLATION EXERCISE (GENESIS 43:1–34)

43:1 וְהָרָעָ֖ב כָּבֵ֥ד בָּאָֽרֶץ׃ 2 וַיְהִ֗י כַּאֲשֶׁ֤ר כִּלּוּ֙ לֶאֱכֹ֣ל אֶת־הַשֶּׁ֔בֶר אֲשֶׁ֥ר הֵבִ֖יאוּ מִמִּצְרָ֑יִם

(היה)

וַיֹּ֤אמֶר אֲלֵיהֶם֙ אֲבִיהֶ֔ם שֻׁ֖בוּ שִׁבְרוּ־לָ֥נוּ מְעַט־אֹֽכֶל׃ 3 וַיֹּ֧אמֶר אֵלָ֛יו יְהוּדָ֖ה לֵאמֹ֑ר

(שׁוב
קְטֹלוּ=)

שְׁמַע אֵלַי אָבִי אָמַר הָאִ֜ישׁ לֵאמֹר֙ לֹֽא־תִרְא֣וּ פָנַ֔י כִּי־אִם אֲחִיכֶ֖ם אִתְּכֶֽם׃

(ראה)

4 נְבֽוֹאָה אֶת־אָחִינוּ אִתָּ֑נוּ נֵרְדָ֕ה וְנִשְׁבְּרָ֥ה לְךָ֖ אֹֽכֶל׃ 5 וְאִם־לֹא יָבוֹא אָחִ֫ינוּ

(ירד)

לֹ֣א נֵרֵ֑ד כִּֽי־הָאִ֞ישׁ אָמַ֣ר אֵלֵ֗ינוּ לֹֽא־תִרְא֣וּ פָנַ֔י כִּי־אִם אֲחִיכֶ֖ם אִתְּכֶֽם׃

(ירד
נִקְטֹל=) (ראה)

6 וַיֹּ֙אמֶר֙ יִשְׂרָאֵ֔ל לָמָ֥ה עֲכַרְתֶּ֖ם אֹתִי לָמָה תֹּאמְרוּ לָאִ֕ישׁ הַע֥וֹד[a] לָכֶ֖ם אָֽח׃

p.n.

7 וַיֹּאמְר֡וּ שָֽׁאַל־הָאִ֠ישׁ לָ֣נוּ לֵאמֹ֗ר הַע֨וֹד אֲבִיכֶ֥ם חַי֙ הֲיֵ֣שׁ לָכֶ֣ם אָ֔ח וַנְּדַבֵּר־לוֹ

a. The interrogative ה is sometimes used in the sense of "whether."

עַל־פִּי[b] הַדְּבָרִים הָאֵלֶּה אֵיכָה נֵדַע כִּי יֹאמַר שׁוּבוּ מִצְרַיְמָה אֶת־אֲחִיכֶם׃

(ידע =נִקְטַל) (שׁוב =קְטֹלוּ)

8 וַיֹּאמֶר יְהוּדָה אֶל־יִשְׂרָאֵל אָבִיו שִׁלְחָה הַנַּעַר אִתִּי וְנָקוּמָה וְנֵלֵכָה וְנִחְיֶה

p.n. boy, lad (הלך)

וְלֹא נָמוּת גַּם־אֲנַחְנוּ גַם־אַתָּה גַּם־טַפֵּנוּ׃ 9 אָנֹכִי אֶעֱרֹב אֹתוֹ מִיָּדִי תְּבַקֵּשׁ אֹתוֹ

seek

אִם־לֹא יָבוֹא אֵלֶיךָ וְעָמַד לְפָנֶיךָ וְחָטָאתִי לְךָ כָּל־הַיָּמִים׃ 10 וְעַתָּה שִׁלְחָה אִתָּנוּ

כִּי־עַתָּה שַׁבְנוּ זֶה פַעֲמָיִם׃ 11 וַיֹּאמֶר אֲלֵהֶם יִשְׂרָאֵל אֲבִיהֶם אִם־כֵּן | אֵפוֹא

(שׁוב) p.n.

זֹאת עֲשׂוּ קְחוּ מִטּוּבוֹת הָאָרֶץ בִּכְלֵיכֶם וּבוֹאוּ לָאִישׁ בְּמִנְחָה מְעַט צֳרִי וּמְעַט

(עשׂה =קִטְלוּ) (לקח =קִטְלוּ) (כְּלִי) (בוא =קִטְלוּ) balm

b. The phrase עַל־פִּי (from the construct form of פֶּה, "mouth") is frequently used as an idiom for "according to the measure of."

דְּבַשׁ נְכֹאת וָלֹט בָּטְנִים וּשְׁקֵדִים: 12 וְכֶסֶף מִשְׁנֶה קְחוּ בְיֶדְכֶם וְאֶת־הַכֶּסֶף

honey spices myrrh nut (בָּטְנָה) almond (שָׁקֵד) (לקח)

אֲשֶׁר בְּפִי שַׂקֵּיכֶם תִּקְחוּ בְּיֶדְכֶם: 13 וְאֶת־אֲחִיכֶם קָחוּ וְקוּמוּ שׁוּבוּ אֶל־הָאִישׁ:

(לקח) (לקח קִטְלוּ=) (קום קֻטְלוּ=) (שוב קִטְלוּ=)

14 וְאֵל שַׁדַּי יִתֵּן לָכֶם רַחֲמִים לִפְנֵי הָאִישׁ וְיִתֵּן לָכֶם אֶת־אֲחִיכֶם אַחֵר וְאֶת־בִּנְיָמִין

God Almighty (נתן) (נתן) p.n.

וַאֲנִי כַּאֲשֶׁר שָׁכֹלְתִּי שָׁכָלְתִּי: 15 וַיִּקְחוּ הָאֲנָשִׁים אֶת־הַמִּנְחָה הַזֹּאת וּמִשְׁנֶה־כֶּסֶף

(לקח)

לָקְחוּ בְיָדָם וְאֶת־בִּנְיָמִן וַיָּקֻמוּ וַיֵּרְדוּ מִצְרַיִם וַיַּעַמְדוּ לִפְנֵי יוֹסֵף:

p.n. (קום) (ירד יִקְטְלוּ=)

16 וַיַּרְא יוֹסֵף אִתָּם אֶת־בִּנְיָמִין וַיֹּאמֶר לַאֲשֶׁר עַל־בֵּיתוֹ שְׁלַח אֶת־הָאֲנָשִׁים הַבָּיְתָה

(ראה) p.n.

וַעֲשֵׂה אֹכֶל כִּי אִתִּי יֹאכְלוּ הָאֲנָשִׁים בַּצָּהֳרָיִם׃ 17 וַיַּעַשׂ הָאִישׁ כַּאֲשֶׁר אָמַר

(עשה) noon

יוֹסֵף וַיָּבֹאוּ הָאִישׁ וְהָאַחִים בֵּיתָה יוֹסֵף׃ 18 וַיִּירְאוּ הָאֲנָשִׁים כִּי בָּאוּ בֵּית יוֹסֵף

(בוא) (ירא)

וַיֹּאמְרוּ עַל־דְּבַר הַכֶּסֶף אֲשֶׁר בְּשַׂקֵּינוּ בַּתְּחִלָּה בָּאנוּ בֵּיתוֹ וְעַתָּה יִקַּח אֹתָנוּ

(לקח) (בוא)

לַעֲבָדִים וְאֶת־חֲמֹרֵינוּ׃ 19 וַיֹּאמְרוּ אֶל־הָאִישׁ אֲשֶׁר עַל־בֵּית יוֹסֵף וַיְדַבְּרוּ אֵלָיו

פֶּתַח הַבָּיִת׃ 20 וַיֹּאמְרוּ בִּי אֲדֹנִי יָרַדְנוּ בַּתְּחִלָּה וַנִּשְׁבֹּר אֹכֶל׃ 21 וַיְהִי כִּי־בָאנוּ

(בוא) (היה) please

אֶל־הַמָּלוֹן וַנִּפְתְּחָה אֶת־שַׂקֵּינוּ וְהִנֵּה כֶסֶף־אִישׁ בְּפִי־שַׂקּוֹ כַּסְפֵּנוּ בְּמִשְׁקָלוֹ הִנֵּה הוּא

lodging place

בְּיָדֵנוּ׃ 22 וְכֶסֶף אַחֵר בְּיָדֵנוּ וְעַתָּה נִשְׁבְּרָה אֹכֶל לֹא יָדַעְנוּ מִי־שָׂם כַּסְפֵּנוּ

(שׂים)

בְּשַׂקֵּינוּ׃ 23 וַיֹּאמֶר שָׁלוֹם לָכֶם אַל־תִּירָאוּ אֱלֹהֵיכֶם וֵאלֹהֵי אֲבִיכֶם נָתַן לָכֶם

(ירא)

כֶּסֶף בְּשַׂקֵּיכֶם כַּסְפְּכֶם בָּא אֵלָי וַיֵּצֵא אֲלֵיהֶם שִׁמְעוֹן׃

p.n. (יצא) (בוא)

24 וַיָּבֹאוּ הָאִישׁ וְהָאַחִים בַּיְתָה יוֹסֵף וַיִּתֶּן־מַיִם וַיִּרְחֲצוּ רַגְלֵיהֶם וַיִּתֵּן מִסְפּוֹא

fodder (נתן) water (נתן)

לַחֲמֹרֵיהֶם׃ 25 וַיָּשִׂימוּ אֶת־הַמִּנְחָה בַּבַּיִת כִּי שָׁמְעוּ כִּי־שָׁם יֹאכְלוּ לָחֶם׃

26 וַיָּבֹא יוֹסֵף הַבַּיְתָה וַיִּתְּנוּ לוֹ אֶת־הַמִּנְחָה אֲשֶׁר־בְּיָדָם בַּבָּיִת׃

(נתן) (בוא)

27 וַיִּשְׁאַל לָהֶם לְשָׁלוֹם וַיֹּאמֶר הֲשָׁלוֹם אֲבִיכֶם הַזָּקֵן אֲשֶׁר אֲמַרְתֶּם הַעוֹדֶנּוּ חָי׃

28 וַיֹּאמְרוּ שָׁלוֹם לְעַבְדְּךָ לְאָבִינוּ עוֹדֶנּוּ חָי׃ 29 וַיִּשָּׂא עֵינָיו וַיַּרְא אֶת־בִּנְיָמִין

(נשׂא) (ראה) p.n.

אָחִיו בֶּן־אִמּוֹ וַיֹּאמֶר הֲזֶה אֲחִיכֶם הַקָּטֹן אֲשֶׁר אֲמַרְתֶּם אֵלָי וַיֹּאמַר יְהִי[c] אֱלֹהִים

(היה)

אִתְּךָ בְּנִי׃ 30 וַיֵּצֵא יוֹסֵף כִּי־רַבִּים רַחֲמָיו אֶל־אָחִיו וַיֵּצֵא מִפְּנֵיהֶם וַיֵּבְךְּ׃

(יצא =יִקְטֹל) (יצא =יִקְטֹל) (בכה)

31 וַיִּרְחַץ פָּנָיו וַיֵּצֵא וַיֹּאמֶר שִׂימוּ לָחֶם׃ 32 וַיָּשִׂימוּ לוֹ לְבַדּוֹ וְלָהֶם לְבַדָּם

(יצא =יִקְטֹל)

וְלַמִּצְרִים אִתּוֹ לְבַדָּם כִּי לֹא יֹאכְלוּ הַמִּצְרִים אֶת־הָעִבְרִים לֶחֶם כִּי־תוֹעֵבָה

c. As you know from Genesis 1:1–5, יְהִי is related to יִהְיֶה and means “let it be / may it be” (jussive).

הִיא לְמִצְרָיִם׃ 33 וַיֵּשְׁבוּ לְפָנָיו הַבְּכֹר כִּבְכֹרָתוֹ וְהַצָּעִיר כִּצְעִרָתוֹᵈ וַיִּתְמְהוּ
(צְעִרָה)   (בְּכֹרָה)   (ישׁב)

הָאֲנָשִׁים אִישׁ אֶל־רֵעֵהוּ׃ 34 וַיִּשָּׂא לְחֶם מֵאֵת פָּנָיו אֲלֵהֶם וַיִּתֵּן לְחֶם רָב
(נתן)   (נשׂא)

לְבִנְיָמִן מַלְחֶם כֻּלָּם חָמֵשׁ יָדוֹת וַיִּשְׁתּוּ וַיִּשְׁכְּרוּ עִמּוֹ׃
(שׁתה)   p.n.

d. You already know בְּכוֹר ("firstborn, birthright") and צָעִיר ("young, little"). The words בְּכֹרָה and צְעִרָה are abstract nouns from the same roots. These phrases mean "like (according to) his firstborn/younger (status)."

Chapter 16: Joseph threatens to enslave Benjamin (Genesis 44)

GRAMMAR

Qal Participles and Infinitives

VOCABULARY

אֹ֫זֶן	ear (f.) (#490)
אָחוֹר	backwards
אַחֲרִית	end, latter part (#574)
אֵם	mother (pl. אִמּוֹת) (#451)
אָסַף	to gather (#28)
אֹ֫רַח	way, path (#583)
בִּקֵּשׁ	to seek (*piel*) (#30)
גָּנַב	to steal (#243)
הַר	mountain, hill, hill country (#383)
זָהָב	gold (#418)
זָקֵן	old (#253)
חָלִ֫ילָה	far be it!
יָגוֹן	sorrow
יָכֹל	to be able; prevail (impf. יוּכַל) (#36)
יֶ֫לֶד	boy, lad (יַלְדָּה girl) (#630)
יָם	sea (pl. יַמִּים) (#422)
כֹּ֫חַ	strength, might (#515)
לְבוּשׁ	clothing (#88)
מַעֲשֶׂה	deed, thing done (#473)
נַ֫עַר	boy, young man (#477)
נָפַל	to fall (#52)
נָקִי	clean, innocent (adj.) (#315)
עָוֹן	iniquity (#478)
קָרָה / קָרָא	to encounter (#21)
קָרַע	to tear (#197)
קָשַׁר	to bind, conspire (#350)
רָדַף	to pursue, persecute (#106)

SUMMARY

Joseph frames Benjamin in order to test his brothers' allegiance. When he sees their loyalty to Benjamin he is deeply moved and reveals his identity to his brothers.

TRANSLATION EXERCISE (BASED ON GENESIS 44:1–34)

44:1 וַיֹּאמֶר אֶל־הָאִישׁ הַשֹּׁמֵר עַל־בֵּיתוֹ לֵאמֹר שִׂים אֹכֶל בְּשַׂקֵּיהֶם וְשִׂים

(=קְטֹל) (=קְטֹל)

כֶּסֶף־אִישׁ בְּפִי שַׂקּוֹ: ² וְאֶת־כּוֹסִי כּוֹס הַכֶּסֶף תָּשִׂים בְּפִי שַׂק הַקָּטֹן וְאֵת כֶּסֶף

לַחְמוֹ וַיַּעַשׂ כִּדְבַר יוֹסֵף אֲשֶׁר דִּבֵּר: ³ וַיְהִי בַּבֹּקֶר וְהָאֲנָשִׁים הָלְכוּ הֵמָּה

(היה)   (עשה)

וַחֲמֹרֵיהֶם: ⁴ הֵם יָצְאוּ אֶת־הָעִיר וְאֵין רְחֹקִים הֵם וְיוֹסֵף אָמַר לַאֲשֶׁר

far,
distant

עַל־בֵּיתוֹ קוּם רְדֹף אַחֲרֵי הָאֲנָשִׁים וְאָמַרְתָּ אֲלֵהֶם לָמָּה עֲשִׂיתֶם רָעָה תַּחַת טוֹבָה

(קטל=) עשה
(קטלתֶּם=)

לִגְנֹב אֶת־כּוֹס אֲדֹנִי: ⁵ הֲלוֹא זֶה אֲשֶׁר יִשְׁתֶּה אֲדֹנִי בּוֹ וְהוּא יְנַחֵשׁ בּוֹ

to practice
divination

אַתֶּם עֲשִׂיתֶם רַע בְּגַנְבְכֶם אֹתוֹ: ⁶ וַיִּרְדֹּף אַחֲרֵיהֶם וַיְדַבֵּר אֲלֵהֶם אֶת־הַדְּבָרִים

(עשה)
(קטלתֶּם=)

הָאֵלֶּה: 7 וַיֹּאמְרוּ אֵלָיו לָמָּה יְדַבֵּר אֲדֹנִי כַּדְּבָרִים הָאֵלֶּה חָלִילָה לַעֲבָדֶיךָ מִגְּנוֹב

אֶת־הַכּוֹס הַזֶּה: 8 הֵן כֶּסֶף אֲשֶׁר מָצָאנוּ בְּפִי שַׂקֵּינוּ נָתַנּוּ אֵלֶיךָ וְאֵיךְ נִגְנֹב

(הִנֵּה=) (נתן)

(קָטַלְנוּ=)

מִבֵּית אֲדֹנֶיךָ כֶּסֶף אוֹ זָהָב: 9 אֲשֶׁר תִּמְצָא אֶת־הַכּוֹס אִתּוֹ מֵעֲבָדֶיךָ יָמוּת

or (מות)

וְגַם־אֲנַחְנוּ נִהְיֶה לַאדֹנִי לַעֲבָדִים: 10 וַיֹּאמֶר גַּם־עַתָּה כְדִבְרֵיכֶם כֶּן־הוּא אֲשֶׁר

אֶמְצָא אֶת־הַכּוֹס אִתּוֹ יִהְיֶה־לִּי עָבֶד וְאַתֶּם תִּהְיוּ נְקִיִּם: 11 וַיָּשִׂימוּ אִישׁ

(עֶבֶד) (היה) (נְקִיִּים)

אֶת־שַׂקּוֹ אַרְצָה וַיִּפְתְּחוּ אֹתָם 12 וַיְבַקֵּשׁ מֵהַגָּדוֹל וְעַד הַקָּטֹן וַיִּמְצָא

אֶת־הַכּוֹס בְּשַׂק בִּנְיָמִן׃ 13 וַיְהִי בְּמָצְאוֹ אֶת־הַכּוֹס וַיִּקְרְעוּ בִּגְדֵיהֶם וַיַּעֲמֹס

to load (היה) p.n.

אִישׁ אֶת־שַׂקּוֹ עַל־חֲמֹרוֹ וַיָּשֻׁבוּ הָעִירָה׃ 14 וַיָּבֹא יְהוּדָה וְאֶחָיו בֵּיתָה יוֹסֵף

(בוא) (שׁוב)

וְהוּא עוֹדֶנּוּ[a] שָׁם וַיִּפְּלוּ לְפָנָיו אָרְצָה׃ 15 וַיֹּאמֶר לָהֶם יוֹסֵף

(נפל) (עוֹדֶנְהוּ=)

מָה־הַמַּעֲשֶׂה הַזֶּה אֲשֶׁר עֲשִׂיתֶם הֲלוֹא יְדַעְתֶּם כִּי יְנַחֵשׁ אִישׁ אֲשֶׁר כָּמֹנִי׃[b]

to practice divination (עשׂה קְטַלְתֶּם=)

16 וַיֹּאמֶר יְהוּדָה מַה־נֹּאמַר לַאדֹנִי מַה־נְּדַבֵּר וְנִהְיֶה נְקִיִּים הָאֱלֹהִים מָצָא

אֶת־עֲוֹן עֲבָדֶיךָ הִנֶּנּוּ עֲבָדִים לַאדֹנִי גַּם־אֲנַחְנוּ גַּם אֲשֶׁר־מָצָאת

a. A combination עוֹד + ֶ + נ + הו. See note on page 98.

b. Remember that the preposition כְּ has a lengthened form (כָּמוֹ) that is used when suffixes are attached.

אֶת־הַכּוֹס בְּיָדוֹ׃ 17 וַיֹּאמֶר חָלִילָה לִּי מֵעֲשׂוֹת[c] זֹאת הָאִישׁ אֲשֶׁר מָצָאתִי

(עשׂה)

אֶת־הַכּוֹס בְּיָדוֹ הוּא יִהְיֶה־לִּי עָבֶד וְאַתֶּם עֲלוּ לְשָׁלוֹם אֶל־אֲבִיכֶם׃

(עלה
קְטְלוּ=)

18 וַיִּדַּבֵּר אֵלָיו יְהוּדָה וַיֹּאמֶר בִּי אֲדֹנִי יְדַבֶּר־נָא עַבְדְּךָ דָבָר בְּאָזְנֵי

please

אֲדֹנִי וְאַל־יִחַר אַפְּךָ בְּעַבְדֶּךָ כִּי כָמוֹךָ כְּפַרְעֹה׃ 19 אֲדֹנִי שָׁאַל אֶת־עֲבָדָיו לֵאמֹר

(חרה)

הֲיֵשׁ־לָכֶם אָב אוֹ־אָח׃ 20 וַיְהִי בִּשְׁאָלְךָ אֹתָנוּ וַנֹּאמֶר אֶל־אֲדֹנִי יֶשׁ־לָנוּ אָב זָקֵן

(היה)

וְאָח קָטָן וְאָחִיו אֵינֶנּוּ וְהוּא יֵשׁ לְבַדּוֹ לְאִמּוֹ וְאָבִיו אֹהֵב אֹתוֹ׃ 21 וַתֹּאמֶר אֶל־עֲבָדֶיךָ

c. Verbs that end with ה like עשׂה add וֹת to create the infinitive construct.

יָבוֹא אֵלָי וְאָשִׂימָה עֵינִי עָלָיו׃ 22 וַנֹּאמֶר אֶל־אֲדֹנִי לֹא־יוּכַל הַנַּעַר לַעֲזֹב אֶת־אָבִיו

(יכל =יִקְטֹל) (שׂים)

וְעָזַב אֶת־אָבִיו וָמֵת׃ 23 וַתֹּאמֶר אֶל־עֲבָדֶיךָ אִם־לֹא יֵרֵד אֲחִיכֶם הַקָּטֹן

(ירד =יִקְטֹל) (מות =כָּבֵד)[d]

אִתְּכֶם לֹא תוּכְלוּ לִרְאוֹת[e] פָּנָי׃ 24 וַיְהִי כִּי עָלִינוּ אֶל־עַבְדְּךָ אָבִי וַנְּסַפֶּר־לוֹ אֵת

(Piel) (עשׂה =קָטַלְנוּ) (היה) (ראה) (יכל)

דִּבְרֵי אֲדֹנִי׃ 25 וַיֹּאמֶר אָבִינוּ שֻׁבוּ שִׁבְרוּ־לָנוּ מְעַט־אֹכֶל׃ 26 וַנֹּאמֶר לֹא נוּכַל לִשְׁבֹּר

(יכל) (שׁוב =קִטְלוּ)

אֹכֶל אִם־יֵשׁ אָחִינוּ הַקָּטֹן אִתָּנוּ וְיָרַדְנוּ כִּי־לֹא נוּכַל לִרְאוֹת[f] פְּנֵי הָאִישׁ

(ראה) (יכל)

d. Remember that the *qal* perfects of stative verbs have a variable theme vowel. Like the stative כָּבֵד ("to be heavy"), this verb simply hase a different vowel than קָטַל.

e. Verbs that end with ה like ראה add וֹת to create the infinitive construct.

f. This word (= אֵינֶנְהוּ) has an untranslatable syllable *-en-* (- ֶנ -) inserted between the word אֵין and the suffix הוּ.

וְאָחִינוּ הַקָּטֹן אֵינֶנּוּ[g] אִתָּנוּ׃ 27 וַיֹּאמֶר עַבְדְּךָ אָבִי אֵלֵינוּ אַתֶּם יְדַעְתֶּם כִּי

שְׁנַיִם יָלְדָה־לִּי אִשְׁתִּי׃ 28 וַיֵּצֵא הָאֶחָד מֵאִתִּי וָאֹמַר אַךְ מֵת וְלֹא רָאִיתִי אֹתוֹ

(ראה =קָטַלְתִּי) (מות =כָּבֵד)[1] (אמר =אֶקְטֹל) (יצא =יִקְטֹל)

עַד־עָתָּה׃ 29 וּלְקַחְתֶּם[h] גַּם־אֶת־זֶה מֵעִם פָּנַי וְקָרָה אֹתוֹ אָסוֹן וְיָרַדְתִּי בְּיָגוֹן

שְׁאֹלָה׃ 30 וְעַתָּה כְּבֹאִי אֶל־עַבְדְּךָ אָבִי וְהַנַּעַר אֵינֶנּוּ אִתָּנוּ וְנַפְשׁוֹ קְשׁוּרָה בְנַפְשׁוֹ׃

p.n.

31 וְהָיָה כִּרְאוֹתוֹ[i] כִּי־אֵין הַנַּעַר וָמֵת וְיָרַד עַבְדְּךָ אָבִינוּ בְּיָגוֹן שְׁאֹלָה׃

(ראה) (מות =כָּבֵד)[j] p.n.

g. Remember that the *qal* perfects of stative verbs have a variable theme vowel. Like the stative כָּבֵד ("to be heavy"), this verb simply has a different vowel than קָטַל.

h. This verb may feel awkward unless you recognize that it is continuing the idea originally begun in verse 27, "You know that . . . , and you would take . . ." (waw consecutive perfect).

i. Verbs that end with ה like ראה add וֹת to create the infinitive construct.

j. Remember that the *qal* perfects of stative verbs have a variable theme vowel. Like the stative כָּבֵד ("to be heavy"), this verb simply has a different vowel than קָטַל.

32 כִּ֤י עַבְדְּךָ֙ עָרַ֣ב אֶת־הַנַּ֔עַר מֵעִ֥ם אָבִ֖י לֵאמֹ֑ר אִם־לֹ֤א יָבוֹא אֵלֶ֔יךָ וְחָטָ֥אתִי לְאָבִ֖י

כָּל־הַיָּמִֽים׃ 33 וְעַתָּ֗ה יֵֽשֶׁב־נָ֤א עַבְדְּךָ֙ תַּ֣חַת הַנַּ֔עַר עֶ֖בֶד לַֽאדֹנִ֑י וְהַנַּ֖עַר יַ֥עַל עִם־אֶחָֽיו׃

(ישב
=יִקְטֹל)

(עלה
juss.)

34 כִּי־אֵ֗יךְ אֶֽעֱלֶה֙ אֶל־אָבִ֔י וְהַנַּ֖עַר אֵינֶ֣נּוּ אִתִּ֑י פֶּ֚ן אֶרְאֶ֣ה בָרָ֔ע

אֲשֶׁ֥ר יִמְצָ֖א אֶת־אָבִֽי׃

Chapter 17: Joseph reveals himself to his brothers (Genesis 45)

GRAMMAR

Qal Waw Consecutives

VOCABULARY

אֶ֫בֶן	stone, rock (#447)
אָמַן	to support, make firm (*qal*); to believe (*hiph.*) (#65)
אָתוֹן	female donkey (#735)
בַּ֫עַל	lord, master (#591)
בָּקָר	cattle (#493)
הֵ֫נָּה	here
חוּס	to pity
חֵ֫לֶב	fat (#617)
כָּבוֹד	glory, honor, abundance (#464)
כֹּה	thus, here (#910)
מִשְׁכָּב	bed (#60)
מָשַׁל	to rule (#169)
נָשַׁק	to kiss (#317)
סוּר	to turn aside (#54)
עֲגָלָה	cart (#812)
עָזַר	to help (#183)
פָּלַט	to escape (#330)
פְּלֵיטָה	an escape (#330)
צַוָּאר	neck (#832)
קָבַץ	to gather (#101)
קָרַב	to draw near, approach (#105)
קֶ֫רֶב	midst (#480)
קָרוֹב	near (adj.) (#692)
רָגַז	to be agitated, excited, tremble (#352)
רָכַב	to mount, ride (#202)
רָצוֹן	pleasure, favor (#700)
שְׁאֵרִית	remnant (#705)
שֵׁ֫בֶט	staff; tribe (#556)
שׁוֹר	ox, oxen (#709)
שָׁכַן	to dwell (#119)

SUMMARY

Joseph reveals himself to his brothers and sends them back with provisions to bring his father to Egypt along with their families.

TRANSLATION EXERCISE (BASED ON GENESIS 45:1–28)

Note: In order to further illustrate the waw consecutive sequences, this translation exercise is divided into clauses. Main clauses line up at the far right. Subordinate clauses or descriptions are indented to the left, usually under the word they modify. Direct speech is identified by a box. See LBH, Appendix 3.

45:1 וַיְהִי יוֹסֵף הֹלֵךְ לִבְכּוֹת[a]

(היה) (בכה)

וַיִּקְרָא[b]

שַׁלְחוּ כָל־אִישׁ מֵעָלָי

וְלֹא־עָמַד אִישׁ אִתּוֹ

↑ בְּהִתְוַדַּע ...

בֶּאֱמֹר לָהֶם כִּי הוּא יוֹסֵף אֲחִיהֶם׃

2 וַיִּתֵּן אֶת־קֹלוֹ בִּבְכִי

(נתן)

וַיִּשְׁמְעוּ מִצְרַיִם

וַיִּשְׁמַע בֵּית פַּרְעֹה׃

3 וַיֹּאמֶר יוֹסֵף אֶל־אֶחָיו

a. Verbs like בכה (with final ה) add וֹת to create the infinitive construct.

b. Technically, direct speech is the direct object (i.e., that which was said), and could appear on the same line as the verb. Often direct speech is place on a new line for ease and space.

אֲנִ֣י יוֹסֵ֔ף

הַע֥וֹד אָבִ֖י חָ֑י

וְלֹֽא־יָכְל֤וּ אֶחָיו֙ לַעֲנ֣וֹת[c] אֹת֔וֹ

(ענה)

כִּ֥י נִבְהֲל֖וּ מִפָּנָֽיו׃

4 וַיֹּ֨אמֶר יוֹסֵ֧ף אֶל־אֶחָ֛יו

גְּשׁוּ־נָ֥א[d] אֵלַ֖י

וַיִּגָּ֑שׁוּ

וַיֹּ֗אמֶר

אֲנִי֙ יוֹסֵ֣ף אֲחִיכֶ֔ם

אֲשֶׁר־מְכַרְתֶּ֥ם אֹתִ֖י מִצְרָֽיְמָה׃

c. Verbs like ענה (with final ה) add וֹת to create the infinitive construct.
d. Untranslatable particle used with imperatives (sometimes translated "please").

5 וְעַתָּה | אַל־תִּירְאוּ
(ירא)

וְאַל־יִחַר בְּעֵינֵיכֶם כִּי־מְכַרְתֶּם אֹתִי הֵנָּה
(חרה)

כִּי לְמִחְיָה[e] שָׁלַח אֹתִי אֱלֹהִים לִפְנֵיכֶם׃
preservation

6 כִּי־ זֶה שְׁנָתַיִם הָרָעָב בְּקֶרֶב הָאָרֶץ

וְעוֹד חָמֵשׁ שָׁנִים

אֲשֶׁר אֵין־חָרִישׁ וְקָצִיר׃
plowing harvest

7 וַיִּשְׁלַח אֹתִי אֱלֹהִים לִפְנֵיכֶם

לָשׂוּם לָכֶם שְׁאֵרִית בָּאָרֶץ
(שׂים)

וּלְמַעַן יִהְיֶה לָכֶם פְּלֵיטָה גְּדֹלָה׃

8 וְעַתָּה לֹא־אַתֶּם שְׁלַחְתֶּם אֹתִי הֵנָּה

כִּי הָאֱלֹהִים

e. This noun is formed from the root חיה. Nouns with a מ prefix often represent a place, instrument, or abstract idea. See chapter 9 of the grammar.

וַיָּ֫שֶׂם אֹתִי לְאָב לְפַרְעֹה
(שׂים)

וּלְאָדוֹן לְכָל־בֵּיתוֹ

וּמֹשֵׁל בְּכָל־אֶרֶץ מִצְרָיִם׃

9 עֲלוּ אֶל־אָבִי
(עלה
=קִטְלוּ)

וַאֲמַרְתֶּם אֵלָיו

כֹּה אָמַר בִּנְךָ יוֹסֵף

שָׂם אֹתִי אֱלֹהִים לְאָדוֹן לְכָל־מִצְרָיִם
(שׂים)

רְדָה אֵלַי
(ירד
= impv.
קְטְלָה)

אַל־תַּעֲמֹד׃

10 וְיָשַׁבְתָּ בְאֶרֶץ־גֹּשֶׁן
Goshen

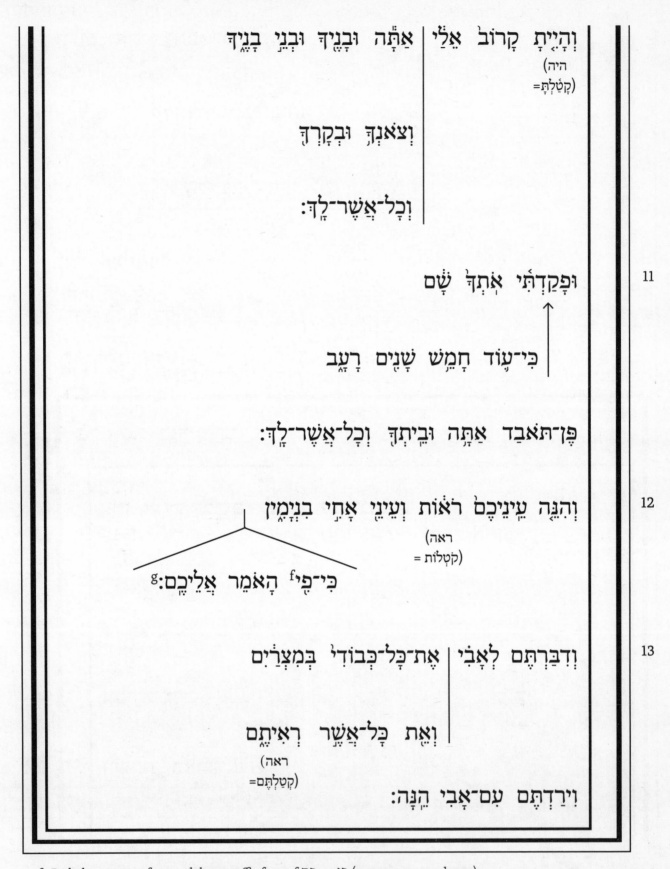

וְהָיִיתָ קָרוֹב אֵלַי | אַתָּה וּבָנֶיךָ וּבְנֵי בָנֶיךָ
(היה
קָטַלְתָּ=)

וְצֹאנְךָ וּבְקָרְךָ

וְכָל־אֲשֶׁר־לָךְ׃

וּפָקַדְתִּי אֹתְךָ שָׁם 11

↑ כִּי־עוֹד חָמֵשׁ שָׁנִים רָעָב

פֶּן־תִּוָּרֵשׁ אַתָּה וּבֵיתְךָ וְכָל־אֲשֶׁר־לָךְ׃

וְהִנֵּה עֵינֵיכֶם רֹאוֹת וְעֵינֵי אָחִי בִנְיָמִין 12
(ראה
קֹטְלוֹת =)

כִּי־פִי[f] הָאֹמֵר אֲלֵיכֶם׃[g]

וְדִבַּרְתֶּם לְאָבִי | אֶת־כָּל־כְּבוֹדִי בְּמִצְרַיִם 13

וְאֵת כָּל־אֲשֶׁר רְאִיתֶם
(ראה
קְטַלְתֶּם=)

וִירַדְתֶּם עִם־אָבִי הֵנָּה׃

f. Both the construct form and the 1cs suffix form of פֶּה are פִּי (compare 45:12 and 45:21).

g. This phrase is the direct object (i.e., that which is seen). Since this clause does not fit at the end of the line, the bracket points to its proper placement.

14 וַיִּפֹּל עַל־צַוְּארֵי בִנְיָמִן־אָחִיו
(נפל)

וַיֵּבְךְּ
(בכה)

וּבִנְיָמִן בָּכָה עַל־צַוָּארָיו׃

15 וַיְנַשֵּׁק לְכָל־אֶחָיו
(נשק)

וַיֵּבְךְּ עֲלֵיהֶם
(בכה)

וְאַחֲרֵי כֵן דִּבְּרוּ אֶחָיו אִתּוֹ׃

16 וְהַקֹּל נִשְׁמַע בֵּית פַּרְעֹה לֵאמֹר

בָּאוּ אֲחֵי יוֹסֵף
(בוא)

וַיִּיטַב בְּעֵינֵי פַרְעֹה וּבְעֵינֵי עֲבָדָיו׃
(יִקְטֹל=)

17 וַיֹּאמֶר פַּרְעֹה אֶל־יוֹסֵף

זֹ֣את עֲשׂ֑וּ
(עשׂה
=קִטְלוּ)

טַעֲנוּ֙ אֶת־בְּעִ֣ירְכֶ֔ם
to load

וּלְכוּ־בֹ֖אוּ אַ֥רְצָה כְּנָֽעַן׃
p.n. (בוא
=קִטְלוּ)

18 וּקְח֧וּ אֶת־אֲבִיכֶ֛ם וְאֶת־בָּתֵּיכֶ֖ם
(לקח
=קִטְלוּ)

וּבֹ֣אוּ אֵלָ֑י
(בוא
=קִטְלוּ)

וְאֶתְּנָ֣ה לָכֶ֗ם אֶת־טוּב֙ אֶ֣רֶץ מִצְרַ֔יִם
goodness (נתן)

וְאִכְל֖וּ אֶת־חֵ֥לֶב הָאָֽרֶץ׃

19 וְאַתָּ֥ה צֻוֵּ֖יתָה זֹ֣את עֲשׂ֑וּ
(עשׂה
=קִטְלוּ)

קְחוּ־לָכֶם֩ מֵאֶ֨רֶץ מִצְרַ֜יִם עֲגָל֗וֹת לְטַפְּכֶם֙ וְלִנְשֵׁיכֶ֔ם
(לקח
=קִטְלוּ)

וּנְשָׂאתֶם אֶת־אֲבִיכֶם

וּבָאתֶם׃

(בוא)

20 וְעֵינְכֶם אַל־תָּחֹס עַל־כְּלֵיכֶם

(חוס)

כִּי־טוּב כָּל־אֶרֶץ מִצְרַיִם לָכֶם הוּא׃

goodness

21 וַיַּעֲשׂוּ־כֵן בְּנֵי יִשְׂרָאֵל

(עשׂה) p.n.

וַיִּתֵּן לָהֶם יוֹסֵף עֲגָלוֹת עַל־פִּי פַרְעֹה

(נתן)

וַיִּתֵּן לָהֶם אֹכֶל לַדָּרֶךְ׃

(נתן)

22 לְכֻלָּם נָתַן לָאִישׁ בְּגָדִים

וּלְבִנְיָמִן נָתַן שְׁלֹשׁ מֵאוֹת כֶּסֶף וַחֲמֵשֶׁת בְּגָדִים׃

23 וּלְאָבִיו שָׁלַח כְּזֹאת

עֲשָׂרָה חֲמֹרִים נֹשְׂאִים מִטּוּב מִצְרָיִם

goodness

וְעֶשֶׂר אֲתֹנֹת נֹשְׂאֹת לֶחֶם לְאָבִיו לַדָּרֶךְ׃

24 וַיְהִי כְּלֶ֫כֶת[h] אֶחָיו
(היה) (הלך)

וַיֹּ֫אמֶר אֲלֵהֶ֫ם

אַל־תִּרְגְּזוּ בַּדָּרֶךְ׃

25 וַיַּעֲלוּ מִמִּצְרָ֫יִם
(עלה)

וַיָּבֹאוּ אֶרֶץ כְּנַעַן אֶל־יַעֲקֹב אֲבִיהֶם׃
(בוא) p.n.

26 וַיְדַבְּרוּ לוֹ לֵאמֹר

עוֹד יוֹסֵף חַי
וְכִי־הוּא מֹשֵׁל בְּכָל־אֶרֶץ מִצְרָ֫יִם

h. This verb consistently adds ת to create the infinitive construct.

וַיָּ֣פָג לִבּ֔וֹ

to grow
numb (פוג)

כִּ֥י לֹא־הֶאֱמִ֖ין לָהֶֽם׃

(*hiph.*)

27 וַיְדַבְּר֣וּ אֵלָ֗יו אֵ֣ת כָּל־דִּבְרֵ֤י יוֹסֵף֙

אֲשֶׁ֣ר דִּבֶּ֣ר אֲלֵהֶ֔ם

וַיַּרְא֙ אֶת־הָ֣עֲגָל֔וֹת

(ראה)

אֲשֶׁר־שָׁלַ֥ח יוֹסֵ֖ף לוֹ

וַתְּחִ֕י ר֖וּחַ יַעֲקֹ֥ב אֲבִיהֶֽם׃

(חיה)

28 וַיֹּ֙אמֶר֙ יִשְׂרָאֵ֔ל

p.n.

רַ֛ב עוֹד־יוֹסֵ֥ף בְּנִ֖י חָ֑י

"Great!"

אֵלְכָ֣ה

(הלך)

וְאֶרְאֶה אֹתוֹ בְּטֶ֥רֶם אָמֽוּת׃

Chapter 18: Jacob travels to Egypt (Genesis 46–47)

GRAMMAR

Niphal

VOCABULARY

- אָחַז to hold (#125)
- אֲחֻזָּה possession (#572)
- אָסַר to bind (#126)
- בַּעֲבוּר for the sake of, on account of, in order that (#898)
- גּוֹי nation, Gentile (#416)
- גּוּר to sojourn, dwell (#72)
- זָבַח to sacrifice, slaughter (#77)
- זֶבַח a sacrifice (#496)
- חַיִּים life
- חַיִל strength, wealth, army (#462)
- יָרֵךְ thigh, loin, side (cst. יֶרֶךְ) (#768)
- מִקְנֶה livestock, property (from קָנָה "acquire") (#650)
- מֶרְכָּבָה chariot
- נָסַע to set out, journey (#95)
- נְעוּרִים youth
- עֶרֶב evening (#540)
- פָּרָה to bear fruit (#331)
- קָבַר to bury (#102)
- קֶבֶר grave (#680)
- קָצֶה end (#689)
- רָבָה to be many, great (#58)
- רָכַשׁ to acquire
- רְכוּשׁ goods (#838)
- רָעָה to shepherd, pasture, feed (#108)
- שָׁבַע to swear an oath (*niph.*) (#114)
- שִׁית to put, place (#213)

Numbers

- אַרְבָּעִים forty (#410)
- מֵאָה hundred (#391)

SUMMARY

Jacob travels to Egypt and is reunited with Joseph. Pharaoh meets with Joseph's father Jacob and some of Joseph's brothers. Jacob and his family settle in the land of Goshen and prosper.

TRANSLATION EXERCISE (BASED ON GENESIS 46:1–47:31)

46:1 וַיִּסַּע יִשְׂרָאֵל וְכָל־אֲשֶׁר־לוֹ וַיָּבֹא בְּאֵרָה שָּׁבַע וַיִּזְבַּח זְבָחִים לֵאלֹהֵי אָבִיו יִצְחָק׃

p.n. Beer-sheba (בוא) p.n. (נסע)

2 וַיֹּאמֶר אֱלֹהִים ׀ לְיִשְׂרָאֵל בְּמַרְאֹת הַלַּיְלָה וַיֹּאמֶר יַעֲקֹב ׀ יַעֲקֹב וַיֹּאמֶר הִנֵּנִי:

p.n.

3 וַיֹּאמֶר אָנֹכִי הָאֵל אֱלֹהֵי אָבִיךָ אַל־תִּירָא מֵרְדָה מִצְרַיְמָה כִּי־לְגוֹי גָּדוֹל אֲשִׂים

(שׂים) (ירד inf. cst.) (ירא =תִּקְטֹל)

אתְךָ שָׁם: 4 אָנֹכִי אֵרֵד עִמְּךָ מִצְרַיְמָה וְאַתָּה תַּעֲלֶה גַם־עָלֹה וְיוֹסֵף יָשִׁית יָדוֹ

(שׁית) (קָטוֹל=) (ירד =אֶקְטֹל)

עַל־עֵינֶיךָ: 5 וַיָּקָם יַעֲקֹב מִבְּאֵר שָׁבַע וַיִּנָּשֵׂא הוּא טַפָּם וּנְשֵׁיהֶם בָּעֲגָלוֹת

p.n. (קום)

אֲשֶׁר־נִשְׁלְחוּ מֵעִם פַּרְעֹה: 6 וַיִּקְחוּ אֶת־מִקְנֵיהֶם וְאֶת־רְכוּשָׁם אֲשֶׁר רָכְשׁוּ

(לקח)

בְּאֶרֶץ כְּנַעַן וַיָּבֹאוּ מִצְרָיְמָה יַעֲקֹב וְכָל־זַרְעוֹ אִתּוֹ: 28 וְאֶת־יְהוּדָה נִשְׁלַח לְפָנָיו

(בוא)

אֶל־יוֹסֵף לִמְצֹא אֶת־הַדֶּרֶךְ גֹּשְׁנָה וַיָּבֹאוּ אַרְצָה גֹּשֶׁן׃ 29 וַיֶּאְסֹר יוֹסֵף מֶרְכַּבְתּוֹ

p.n. (בוא) p.n.

וַיַּעַל לִקְרַאת־יִשְׂרָאֵל[a] אָבִיו גֹּשְׁנָה וַיֵּרָא אֵלָיו וַיִּפֹּל עַל־צַוָּארָיו וַיֵּבְךְּ עַל־צַוָּארָיו עוֹד׃

(עלה) (קרא / קרה) p.n. p.n. (ראה =יִקָּטֵל) (נפל) (בכה)

30 וַיֹּאמֶר יִשְׂרָאֵל אֶל־יוֹסֵף אָמוּתָה הַפָּעַם אַחֲרֵי רְאוֹתִי[b] אֶת־פָּנֶיךָ כִּי עוֹדְךָ חָי׃

p.n. (ראה)

31 וַיֹּאמֶר יוֹסֵף אֶל־אֶחָיו וְאֶל־בֵּית אָבִיו אֶעֱלֶה וְדִבַּרְתִּי לְפַרְעֹה וְאֹמְרָה אֵלָיו אַחַי

(אמר =אֶקְטְלָה)

וּבֵית־אָבִי אֲשֶׁר בְּאֶרֶץ־כְּנַעַן בָּאוּ אֵלָי׃ 32 וְהָאֲנָשִׁים רֹעֵי צֹאן כִּי־אַנְשֵׁי מִקְנֶה

(בוא) (רעה)

הָיוּ וְצֹאנָם וּבְקָרָם וְכָל־אֲשֶׁר לָהֶם בָּאוּ אֵלָי׃ 33 וְהָיָה כִּי־תִקָּרְאוּ לִפְנֵי פַרְעֹה

(היה) (בוא) (pausal form of אֵלַי)

a. This verb consistently adds ת to create the infinitive construct.
b. Verbs like ראה (with final ה) add וֹת to create the infinitive construct.

וּתְשָׁאֲלוּ מַה־מַּעֲשֵׂיכֶם׃ 34 וַאֲמַרְתֶּם אַנְשֵׁי מִקְנֶה הָיוּ עֲבָדֶיךָ מִנְּעוּרֵינוּ

(היה)

וְעַד־עַתָּה גַּם־אֲנַחְנוּ גַּם־אֲבֹתֵינוּ בַּעֲבוּר תֵּשְׁבוּ בְּאֶרֶץ גֹּשֶׁן כִּי־תוֹעֲבַת מִצְרַיִם

(ישב) p.n.

כָּל־רֹעֵה צֹאן׃ 47:1 וַיָּבֹא יוֹסֵף וַיְדַבֵּר לְפַרְעֹה וַיֹּאמֶר אָבִי וְאַחַי וְצֹאנָם וּבְקָרָם

(בוא)

וְכָל־אֲשֶׁר לָהֶם בָּאוּ מֵאֶרֶץ כְּנָעַן וְהִנָּם בְּאֶרֶץ גֹּשֶׁן׃ 2 וּמִקְצֵה[c] אֶחָיו

(בוא) p.n.

לָקַח חֲמִשָּׁה אֲנָשִׁים וַיָּבֹאוּ לִפְנֵי פַרְעֹה׃ 3 וַיֹּאמֶר פַּרְעֹה אֶל־אֶחָיו מַה־מַּעֲשֵׂיכֶם

וַיֹּאמְרוּ אֶל־פַּרְעֹה רֹעֵה צֹאן עֲבָדֶיךָ גַּם־אֲנַחְנוּ גַּם־אֲבוֹתֵינוּ׃ 4 וַיֹּאמְרוּ אֶל־פַּרְעֹה

c. This form is equivalent to וּמִקְּצֵה. Remember that the *dagesh forte* is sometimes dropped before the consonants represented by the mnemonic *Skin 'em Levi* (see chapter 3 of the grammar).

לָגוּר בָּאָרֶץ בָּאנוּ כִּי־אֵין מִרְעֶה[d] לַצֹּאן אֲשֶׁר לַעֲבָדֶיךָ כִּֽי־כָבֵד הָרָעָב בְּאֶרֶץ כְּנָעַן

(בוא)

וְעַתָּה יֵֽשְׁבוּ־נָא עֲבָדֶיךָ בְּאֶרֶץ גֹּֽשֶׁן׃ 5 וַיֹּאמֶר פַּרְעֹה אֶל־יוֹסֵף לֵאמֹר אָבִיךָ וְאַחֶיךָ

(ישב =יִקְטְלוּ) p.n.

בָּֽאוּ אֵלֶֽיךָ׃ 6 אֶרֶץ מִצְרַיִם לְפָנֶיךָ הִוא[e] בְּמֵיטַב[f] הָאָרֶץ יֵשְׁבוּ אָבִיךָ

(בוא) (ישב =יִקְטְלוּ)

וְאַחֶיךָ יֵשְׁבוּ בְּאֶרֶץ גֹּשֶׁן וְאִם־יָדַעְתָּ וְיֶשׁ־בָּם אַנְשֵׁי־חַיִל וְשַׂמְתָּ אֹתָם שָׂרֵי מִקְנֶה

(ישב =יִקְטְלוּ) p.n. (שׂים)

עַל־אֲשֶׁר־לִֽי׃ 7 וַיָּבוֹא יוֹסֵף עִם־יַעֲקֹב אָבִיו וַיַּעַמְדוּ לִפְנֵי פַּרְעֹה וַיְבָרֶךְ יַעֲקֹב

אֶת־פַּרְעֹה׃ 8 וַיֹּאמֶר פַּרְעֹה אֶל־יַעֲקֹב כַּמָּה יְמֵי שְׁנֵי חַיֶּיךָ׃ 9 וַיֹּאמֶר יַעֲקֹב אֶל־פַּרְעֹה

d. This noun is formed from the root רעה. Nouns with a מ prefix often represent a place, instrument, or abstract idea (see chapter 9 in the grammar). Hint: This one is a place.

e. The feminine pronoun הִיא is written as הִוא in the Pentateuch (with *vav* not pronounced).

f. This noun is formed from the root יטב. Nouns with a מ prefix often represent a place, instrument, or abstract idea (see chapter 9 in the grammar). This is an abstract noun ("good/best things").

יְמֵי שְׁנֵי מְגוּרַי[g] שְׁלֹשִׁים וּמְאַת שָׁנָה מְעַט וְרָעִים הָיוּ יְמֵי שְׁנֵי חַיַּי וְלֹא הָיוּ כִּימֵי

(היה) (היה) (כִּימֵי=)

שְׁנֵי חַיֵּי אֲבֹתַי בִּימֵי מְגוּרֵיהֶם׃ 10 וַיְבָרֶךְ יַעֲקֹב אֶת־פַּרְעֹה וַיֵּצֵא מִלִּפְנֵי פַּרְעֹה׃

(בִּימֵי=) (יצא)

11 וַתִּנָּתֵן לְיַעֲקֹב וּלְאַחֵי יוֹסֵף אֲחֻזָּה בְּאֶרֶץ מִצְרַיִם בְּמֵיטַב[h] הָאָרֶץ בְּאֶרֶץ רַעְמְסֵס

Rameses

כַּאֲשֶׁר דִּבֶּר פַּרְעֹה׃ 12 וַיְכַלְכֵּל יוֹסֵף אֶת־אָבִיו וְאֶת־אֶחָיו וְאֵת כָּל־בֵּית אָבִיו

to support, provide for

לֶחֶם לְפִי[i] הַטָּף׃ 27 וַיֵּשֶׁב יִשְׂרָאֵל בְּאֶרֶץ מִצְרַיִם בְּאֶרֶץ גֹּשֶׁן וַיֵּאָחֲזוּ בָהּ וַיִּפְרוּ

(ישב) p.n. p.n. (יִקָּטְלוּ=) (פרה)

וַיִּרְבּוּ מְאֹד׃ 28 וַיְחִי יַעֲקֹב בְּאֶרֶץ מִצְרַיִם שְׁבַע עֶשְׂרֵה שָׁנָה וַיְהִי יְמֵי־יַעֲקֹב

(רבה) (חיה) (היה)

g. This noun is formed from the root גור. Nouns with a מ prefix often represent a place, instrument, or abstract idea (see chapter 9 in the grammar). This is an abstract noun ("sojourning, time of sojourning").

h. This noun is formed from the root יטב. Nouns with a מ prefix often represent a place, instrument, or abstract idea (see chapter 9 in the grammar). This is an abstract noun ("good/best things").

i. This word is the construct form of פֶּה ("mouth").

שְׁנֵ֣י חַיָּ֔יו שֶׁ֣בַע שָׁנִ֔ים וְאַרְבָּעִ֖ים וּמְאַ֥ת שָׁנָֽה׃ 29 וַיִּקְרְב֣וּ יְמֵֽי־יִשְׂרָאֵל֮ לָמוּת֒

p.n.

וַיִּקְרָ֣א ׀ לִבְנ֣וֹ לְיוֹסֵ֗ף וַיֹּ֤אמֶר לוֹ֙ אִם־נָ֨א מָצָ֤אתִי חֵן֙ בְּעֵינֶ֔יךָ שִֽׂים־נָ֥א יָדְךָ֖

תַּ֣חַת יְרֵכִ֑י וְעָשִׂ֤יתָ עִמָּדִי֙ חֶ֣סֶד וֶאֱמֶ֔ת אַל־נָ֥א תִקְבְּרֵ֖נִי בְּמִצְרָֽיִם׃ 30 וְשָֽׁכַבְתִּי֙ עִם־אֲבֹתַ֔י

(עשׂה)
(=קָטַלְתָּ)

וּנְשָׂאתַ֨נִי֙ מִמִּצְרַ֔יִם וּקְבַרְתַּ֖נִי בִּקְבֻרָתָ֑ם וַיֹּאמַ֕ר אָנֹכִ֖י אֶעֱשֶׂ֥ה כִדְבָרֶֽךָ׃

grave
(קְבוּרָה)

31 וַיֹּ֗אמֶר הִשָּֽׁבְעָה֙ לִ֔י וַיִּשָּׁבַ֖ע ל֑וֹ׃

Chapter 19: Jacob blesses Ephraim and Manasseh (Genesis 48)

GRAMMAR

Piel, Pual, Hithpael

VOCABULARY

אוּלָם	but, nevertheless (#872)
אֵל	God, god (#450)
אֱלֹהִים	God, gods (#376)
בֶּ֫רֶךְ	knee (#31)
גָּאַל	to redeem (#70)
חָבַק	embrace (*qal* or *piel*)
הִשְׁתַּחֲוָה	to worship (חוה) (#116)
חָלָה	1) be sick, weak (*qal*); 2) entreat the favor of (*piel*) (#143)
חֶ֫רֶב	sword (#421)
יָמִין	right (vs. שְׂמֹאל "left") (#510)
כִּבֵּס	to wash (*piel*) (#158)
מֵאֵן	to refuse (*piel*) (#293)
מָ֫וֶת	death (cst. מוֹת) (#521)
מִטָּה	bed
מָלֵא	to be full (#46)
מְלֹא	fullness (#46)
מַלְאָךְ	angel, messenger (#471)
נַחֲלָה	possession, inheritance (#476)
עוֹלָם	long duration, antiquity, forever [a] (#432)
עַם	people (pl. עַמִּים) (#398)
פָּלַל	to judge, mediate (*piel*); pray (*hithp.*) (#188)
צִוָּה	to command (*piel*) (#19)
קָהָל	assembly (#683)
קָוָה	to wait for (#343)
קֶ֫שֶׁת	bow [for archery] (f.) (#694)
רָעַע	be bad, evil (#204)
שְׂמֹאל	left (vs. יָמִין right) (#701)
שַׁדַּי	the Almighty

SUMMARY

As Jacob approaches his death, he blesses the two sons of Joseph and promises them each a portion of his inheritance.

TRANSLATION EXERCISE (BASED ON GENESIS 48:1–22)

48:1 וַיְהִי אַחֲרֵי הַדְּבָרִים הָאֵלֶּה וַיֹּאמֶר[b] לְיוֹסֵף הִנֵּה אָבִיךָ חֹלֶה וַיִּקַּח אֶת־שְׁנֵי בָנָיו

(היה) (=קֹטֵל) (לקח)

a. This term can be used either of a long time in the past or a long time in the future.
b. Impersonal construction ("one said" = "it was said").

עִמּוֹ אֶת־מְנַשֶּׁה וְאֶת־אֶפְרָיִם: 2וַיְדַבֵּר לְיַעֲקֹב וַיֹּאמֶר הִנֵּה בִּנְךָ יוֹסֵף בָּא אֵלֶיךָ וַיִּתְחַזֵּק

(בוא) p.n. p.n.

יִשְׂרָאֵל וַיֵּשֶׁב עַל־הַמִּטָּה: 3וַיֹּאמֶר יַעֲקֹב אֶל־יוֹסֵף אֵל שַׁדַּי נִרְאָה־אֵלַי בְּלוּז[c]

Luz p.n. (ישב)

בְּאֶרֶץ כְּנָעַן וַיְבָרֶךְ אֹתִי: 4וַיֹּאמֶר אֵלַי פְּרֵה וּרְבֵה וּנְתַתִּי אֹתְךָ לִקְהַל עַמִּים

(נתן)
(=קָטַלְתִּי)

וְנָתַתִּי אֶת־הָאָרֶץ הַזֹּאת לְזַרְעֲךָ אַחֲרֶיךָ אֲחֻזַּת עוֹלָם: 5וְעַתָּה שְׁנֵי־בָנֶיךָ הַנּוֹלָדִים[d] לְךָ

(ילד)
(נתן)
(=נִקְטָלִים) (=קָטַלְתִּי)

בְּאֶרֶץ מִצְרַיִם עַד־בֹּאִי אֵלֶיךָ מִצְרַיְמָה לִי־הֵם אֶפְרַיִם וּמְנַשֶּׁה כִּרְאוּבֵן וְשִׁמְעוֹן יִהְיוּ־לִי:

(היה) p.n. p.n. p.n. p.n. (בוא)

6וּמוֹלַדְתְּךָ אֲשֶׁר־יָלַדְתָּ אַחֲרֵיהֶם לְךָ יִהְיוּ עַל שֵׁם אֲחֵיהֶם יִקָּרְאוּ בְּנַחֲלָתָם:[e]

(היה)

c. Jacob renamed Luz and called it Bethel (Gen 28:19).

d. This type of verb (I-Waw/Yod) is discussed later in the grammar. For now, use the preformative and sufformative along with the root provided (ילד) to deduce meaning.

e. Since Ephraim and Manasseh take on Joseph's inheritance, any other children would inherit through them. By passing Joseph's inheritance to Ephraim and Manasseh, Jacob is not overlooking Joseph but giving him a double portion.

7 וַאֲנִי | בְּבֹאִי מִפַּדָּן מֵתָה עָלַי רָחֵל בְּאֶרֶץ כְּנַעַן בַּדֶּרֶךְ בְּעוֹד כִּבְרַת־אֶרֶץ לָבֹא

(בוא) some (כִּבְרָה) p.n. (מות =כָּבְדָה)[f] Paddan (בוא)

אֶפְרָתָה וָאֶקְבֹּר אֹתָהּ שָּׁם בְּדֶרֶךְ אֶפְרָת הִוא בֵּית לָחֶם: 8 וַיַּרְא יִשְׂרָאֵל

(ראה) Bethlehem p.n. Ephrat

אֶת־בְּנֵי יוֹסֵף וַיֹּאמֶר מִי־אֵלֶּה: 9 וַיֹּאמֶר יוֹסֵף אֶל־אָבִיו בָּנַי הֵם אֲשֶׁר־נָתַן־לִי

אֱלֹהִים בָּזֶה וַיֹּאמַר קַח־נָא אֹתָם אֵלַי וַאֲבָרֵךְ אֹתָם: 10 וְעֵינֵי יִשְׂרָאֵל כָּבְדוּ

מִזֹּקֶן לֹא יוּכַל לִרְאוֹת[g] וַיָּבֹאוּ אֵלָיו וַיִּנַּשֵּׁק לָהֶם וַיְחַבֵּק לָהֶם:

(ראה) (יכל =יִקְטֹל) old age

11 וַיֹּאמֶר יִשְׂרָאֵל אֶל־יוֹסֵף רְאֹה פָנֶיךָ לֹא פִלָּלְתִּי וְהִנֵּה רָאִיתִי אֹתְךָ וְגַם אֶת־זַרְעֶךָ:

(ראה =קָטַלְתִּי)

f. Remember that the Qal perfects of stative verbs have a variable theme vowel. Like the stative כָּבֵד ("to be heavy"), this verb simply hase a different vowel than קָטַל.

g. Verbs like ראה (with final ה) typically add וֹת to create the infinitive construct. The following verse has an infinitive construct without the ת just like the strong verb (i.e., רְאֹה).

12 וַיֵּצְאוּ שְׁנֵי בָנָיו מֵעִ֣ם בִּרְכָּ֑יו וַיִּשְׁתַּ֥חוּ לְאַפָּ֖יו אָֽרְצָה׃ 13 וַיִּקַּ֣ח יוֹסֵף֮ אֶת־שְׁנֵיהֶם֒

(יצא) (חוה irreg. 3ms) (לקח)

אֶת־אֶפְרַ֤יִם בִּֽימִינוֹ֙ מִשְּׂמֹ֣אל יִשְׂרָאֵ֔ל וְאֶת־מְנַשֶּׁ֥ה בִשְׂמֹאל֖וֹ מִימִ֣ין יִשְׂרָאֵ֑ל וַיְּקָרֵ֖ב אֹתָם

p.n. p.n.

אֵלָֽיו׃ 14 וַיִּשְׁלַח֩ יִשְׂרָאֵ֨ל אֶת־יְמִינ֜וֹ וַיָּ֨שֶׁת עַל־רֹ֤אשׁ אֶפְרַ֙יִם֙ וְה֣וּא הַצָּעִ֔יר

p.n. (שית)

וְאֶת־שְׂמֹאל֖וֹ עַל־רֹ֣אשׁ מְנַשֶּׁ֑ה שִׂכֵּל֙ אֶת־יָדָ֔יו כִּ֥י מְנַשֶּׁ֖ה הַבְּכֽוֹר׃ 15 וַיְבָ֥רֶךְ אֶת־יוֹסֵ֖ף

p.n. to cross p.n.

וַיֹּאמַ֑ר הָֽאֱלֹהִ֡ים אֲשֶׁר֩ הִתְהַלְּכ֨וּ אֲבֹתַ֤י לְפָנָיו֙ אַבְרָהָ֣ם וְיִצְחָ֔ק הָֽאֱלֹהִים֙ הָרֹעֶ֣ה אֹתִ֔י

p.n. p.n.

מֵעוֹדִ֖י[h] עַד־הַיּ֥וֹם הַזֶּֽה׃ 16 הַמַּלְאָךְ֩ הַגֹּאֵ֨ל אֹתִ֜י מִכָּל־רָ֗ע יְבָרֵךְ֮ אֶת־הַנְּעָרִים֒ וְיִקָּרֵ֤א

h. The word עוֹד is used like this only here and means "as long as I have lived" (lit. "from my still being").

בָהֶם֙ שְׁמִ֔י וְשֵׁ֥ם אֲבֹתַ֖י אַבְרָהָ֣ם וְיִצְחָ֑ק וְיִרְבּוּ בְּקֶ֥רֶב הָאָֽרֶץ׃ 17 וַיַּ֣רְא יוֹסֵ֗ף

p.n. p.n. (ראה)

כִּֽי־יָשִׁ֨ית אָבִ֧יו יַד־יְמִינ֛וֹ עַל־רֹ֥אשׁ אֶפְרַ֖יִם וַיֵּ֣רַע בְּעֵינָ֑יו וַיִּתְפֹּשׂ יַד־אָבִיו לְשִׁית אֹתָהּ

p.n. (רעע)

עַל־רֹ֥אשׁ מְנַשֶּֽׁה׃ 18 וַיֹּ֧אמֶר יוֹסֵ֛ף אֶל־אָבִ֖יו לֹא־כֵ֣ן אָבִ֑י כִּי־זֶ֣ה הַבְּכֹ֔ר שִׂ֥ים יְמִינְךָ֖

p.n. (שׂים impv.)

עַל־רֹאשֽׁוֹ׃ 19 וַיְמָאֵ֣ן אָבִ֗יו וַיֹּ֙אמֶר֙ יָדַ֤עְתִּי בְנִי֙ יָדַ֔עְתִּי גַּם־ה֥וּא יִֽהְיֶה־לְּעָ֖ם וְגַם־ה֣וּא יִגְדָּ֑ל

וְאוּלָ֗ם אָחִ֤יו הַקָּטֹן֙ יִגְדַּ֣ל מִמֶּ֔נּוּ וְזַרְע֖וֹ יִהְיֶ֥ה מְלֹֽא־הַגּוֹיִֽם׃ 20 וַיְבָרֶךְ אֹתָם בַּיּ֣וֹם הַהוּא֮

לֵאמוֹר֒ בְּךָ֞ יְבָרֵ֤ךְ יִשְׂרָאֵל֙ לֵאמֹ֔ר יָשֵׂם אֹתְךָ אֱלֹהִ֔ים כְּאֶפְרַ֖יִם וְכִמְנַשֶּׁ֑ה וַיָּ֥שֶׂם

(שׂים =יִקְטֹל) p.n. p.n. (שׂים)

אֶת־אֶפְרַ֖יִם לִפְנֵ֥י מְנַשֶּֽׁה׃ 21 וַיֹּ֤אמֶר יִשְׂרָאֵל֙ אֶל־יוֹסֵ֔ף הִנֵּ֥ה עֵ֖ת מוֹתִ֑י בָּא וְהָיָ֤ה

(בוא ptc.) p.n. p.n.

אֱלֹהִים֙ עִמָּכֶ֔ם וְהֵשִׁ֣יב אֶתְכֶ֔ם אֶל־אֶ֖רֶץ אֲבֹתֵיכֶֽם׃ 22 וַאֲנִ֞י נָתַ֧תִּי לְךָ֛ שְׁכֶ֥ם[i] אַחַ֖ד

portion (נתן =קָטַ֫לְתִּי)

עַל־אַחֶ֑יךָ אֲשֶׁ֤ר לָקַ֙חְתִּי֙ מִיַּ֣ד הָֽאֱמֹרִ֔י בְּחַרְבִּ֖י וּבְקַשְׁתִּֽי׃[j]

Amorite

i. The word שְׁכֶם ("shoulder") is not the standard word for "portion." It is likely used here as a play on words for the city of Shechem (also שְׁכֶם). The city of Shechem falls within the territory later associated with Manasseh

j. Apparently an allusion to the conquest of Shechem by his two sons Simeon and Levi in Genesis 34. Although Jacob found their actions reprehensible (see Gen 49:5–7 in the next translation exercise), it still resulted in Jacob gaining possession of that land.

Introduction to Hebrew Poetry

The following translation exercise recounts Jacob's blessing over his children. It is your first introduction to Hebrew poetry, and you will find it more challenging than the narratives we have been reading. Reading poetry takes patience and requires personal investment. Often the author calls you to rely on life experiences to ignite your imagination and touch your emotions. Poetry is not about a set of rules but about sharing a connection with the author (and, in translation, passing that experience on to your readers). Trust that even if texts get difficult, your patient work will pay off. The poetry you see here is about as difficult as it gets, and once you tackle texts like this you need not be afraid of any other passages you approach. Here we introduce a few prominent features that Hebrew poetry uses to communicate ideas.

ARTISTIC IMAGERY

The difficulty in translating poetry is that the images shift quickly and are intentionally diverse. Thus, you lack the continuity of narrative to help guide your translation. For example, Isaiah 1:2–3 talks about a child in one verse and a donkey in the next. When you lack confidence in translation, these transitions are unsettling. However, the diversity and apparent discontinuity is the strength of Hebrew poetry. It bombards you with vivid images that connect to your own personal experiences and elicit stronger emotions than simple statements. For example, Isaiah 1:6 describes the spiritual condition of the nation. Instead of simply saying they are wicked, Isaiah writes, "From head to foot there is nothing healthy in him, only wounds, bruises, and raw sores; they have not been drained, bandaged, or softened with oil." This language evokes a repulsive image and a visceral response.

ATTENTION TO SOUND

When read smoothly, Hebrew poetry has a sense of rhythm, cadence, and artistry of sound that seems to contribute to how lines are expressed. The selection, arrangement, inclusion, and even omission of words is driven by artistic considerations. To achieve this level of artistry, words are carefully selected for their sound as well as for their meaning. Like modern memes and catchy phrases, Hebrew poetry seems to be driven by the idea that "less is more." Thus, poets write in a compact style. For example, authors frequently omit common words like אֵת (the direct object marker) and אֲשֶׁר as well as words that have already been expressed in another line (ellipsis). The author requires that the reader infer ideas and connections from context. An example of an ellipsis is found in Psalm 103:7 where the verb phrase "he made known" from line a is implied in line b.

a	**He made known** *his ways to Moses;*
b	*to the sons of Jacob, his works.*

Psalm 103:7

Beginning students struggle to create full thoughts from Hebrew lines with only a few words. Remember that the very features that make it more difficult to translate also make it beautiful. Moreover, translating Hebrew poetry forces you to slow down and consider meaning. If you are willing to put in the effort, often you will appreciate the poetry in Hebrew far more than you could by reading it in translation.

ALIGNMENT OF IDEAS

A feature of Hebrew poetry that will help you translate is *parallelism*. Think of Hebrew parallelism as the rhyming of ideas rather than sounds. Hebrew authors use parallelism to place two or more images side-by-side in rapid succession to enhance meaning. In addition to sharpening the image, parallelism also enables you to anticipate the meaning of words. In many cases, you will find similarities between both lines of the verse, although the type of similarity varies as evident in the examples below.

Idea expressed through repetition

> | Praise | the LORD | all nations; |
> | --- | --- | --- |
> | laud | him | all peoples. |

Psalm 117:1

Idea expressed through contrast

> The LORD knows the way of the righteous,
> **but** the way of the wicked will perish.

Psalm 1:6

Idea further developed

> The LORD is my shepherd;
> I shall not want.

Psalm 23:1

Learn to anticipate that thoughts are related. When you confront a word whose meaning or function is unclear, do not let yourself grind to a halt. Read the whole verse and learn from the parallelism.

TRANSLATING POETRY

Translating poetry requires that you broaden your expectations. The tendency of the authors to paint vivid images means that no topic is off limits. The tendency toward terse style means that once you have translated a line or a verse, you will likely find that you have identified some words, but you cannot tell what they mean when they are put together. Relax and try to see the words within their broader range of meaning. Then try to imagine how those broad meanings could relate to the other words in the phrase to convey a thought.

The parallel structure of poetry means that you do have context, it is just a different type of context than that provided for you in narrative. It is a context of ideas and images that work together to convey a common message. Realize that some words are going to be implied rather than stated. The author expects you to supply these ideas. (You are not "adding to" the text; you are following the author's lead.) Finally, realize that the author is inviting you to feel his or her ideas by relating them to common shared experiences. Slow down and engage the thoughts and images before you allow yourself to get frustrated. Give yourself a couple of minutes to write down (or draw) your best guess of how the words form a thought. At that point, if you are stuck, consult a good English translation to see how others interpreted the verse and figure out why they translated it this way.

RECOMMENDED RESOURCES ON BIBLICAL HEBREW POETRY

Alter, Robert. *The Art of Biblical Poetry*. New York: Basic Books, 1985.

Berlin, Adele. *The Dynamics of Biblical Parallelism*. Bloomington, IN: Indiana University Press, 1985.

Fokkelman, J. P. *Reading Biblical Poetry: An Introductory Guide*. Louisville, KY: Westminster John Knox Press, 2001.

Gillingham, Susan E. *The Poems and Psalms of the Hebrew Bible*. Oxford: Oxford University Press, 1994.

Kugel, James. *The Idea of Biblical Poetry*. New Haven, CT: Yale University Press, 1981.

Petersen, David L., and Kent Harold Richards. *Interpreting Hebrew Poetry*. Minneapolis, Fortress Press, 1992.

Watson, Wilfred G. E. *Classical Hebrew Poetry: A Guide to its Techniques*. Sheffield: JSOT Press, 1986.

Chapter 20: Jacob blesses his sons (Genesis 49)

GRAMMAR

Hiphil, Hophal

VOCABULARY

אֹיֵב enemy (#408)

אֲרִי/אַרְיֵה lion (#584, 585)

אָרַר to curse (#127)

דִּין to judge

זְרוֹעַ arm, shoulder (#611)

חָלָב milk (#755)

חָלַל 1) pollute, defile, profane; 2) begin (hiph.); 3) bore, pierce (#78)

חָלַק 1) divide, share; 2) be slippery, smooth (#144)

חָמָס violence, wrong (#621)

חֵץ arrow (#623)

טָרַף to tear, rip apart (prey) (#275)

טֶרֶף prey

יַיִן wine (#509)

יְרֵכָה side, extreme parts, flank (or יַרְכָה) (#768)

יָתַר to remain over, have preeminence (#84)

יֶתֶר excess, remainder (#513)

כָּלָה to be completed, finished (#43)

נָחָשׁ serpent (#804)

נָטָה stretch out, incline, bend (#50)

נֶפֶשׁ soul, self (#394)

סוֹד secret counsel

עֶבְרָה wrath

עַז strong

עֹרֶף neck (#820)

פּוּץ to be scattered (#186)

רָבַץ to lie down (#351)

רֶחֶם womb

שָׁלָל prey, spoils, booty (#559)

שֵׁן tooth, ivory (#714)

SUMMARY

Jacob blesses each of his sons and predicts what will happen to them in the future.

TRANSLATION EXERCISE (BASED ON GENESIS 49:1-33)

49:1 וַיִּקְרָא יַעֲקֹב אֶל־בָּנָיו וַיֹּאמֶר הֵאָסְפוּ וְאַסַּפְּרָה לָכֶם אֵת אֲשֶׁר־יִקְרָא אֶתְכֶם

(אסף)
(הִקָּטְלוּ=)

בְּאַחֲרִית הַיָּמִים: ²הִקָּבְצוּ וְשִׁמְעוּ בְּנֵי יַעֲקֹב וְשִׁמְעוּ אֶל־יִשְׂרָאֵל אֲבִיכֶם:

REUBEN

3 רְאוּבֵן֙ בְּכֹ֣רִי אַ֔תָּה כֹּחִ֖י וְרֵאשִׁ֣ית אוֹנִ֑י יֶ֥תֶר שְׂאֵ֖ת[a] וְיֶ֥תֶר עָֽז׃

רְאוּבֵן — p.n.; אוֹנִי — vigor, strength; שְׂאֵת — loftiness

4 פַּ֤חַז כַּמַּ֙יִם֙ אַל־תּוֹתַ֔ר[b] כִּ֥י עָלִ֖יתָ מִשְׁכְּבֵ֣י אָבִ֑יךָ אָ֥ז חִלַּ֖לְתָּ יְצוּעִ֥י עָלָֽה׃[c]

פַּחַז — uncon-trolled; כַּמַּיִם — water; תּוֹתַר — (יתר hiph.); עָלִיתָ — (עלה =קָטַלְתָּ); יְצוּעִי — couch

SIMEON AND LEVI

5 שִׁמְע֥וֹן וְלֵוִ֖י אַחִ֑ים כְּלֵ֥י חָמָ֖ס מְכֵרֹתֵיהֶֽם׃

שִׁמְעוֹן — p.n.; לֵוִי — p.n.; מְכֵרֹתֵיהֶם — weapon (מְכֵרָה)

6 בְּסֹדָם֙ אַל־תָּבֹ֣א נַפְשִׁ֔י בִּקְהָלָ֖ם אַל־תֵּחַ֣ד כְּבֹדִ֑י[d]

תֵּחַד — to be united (יחד)

כִּ֤י בְאַפָּם֙ הָ֣רְגוּ אִ֔ישׁ וּבִרְצֹנָ֖ם עִקְּרוּ־שֽׁוֹר׃

עִקְּרוּ — ham-string

a. "Excess of loftiness" means "a lot of loftiness." For a smooth translation you might consider words like "abundance [of]," "surpassing," or "preeminent" in place of "excess."

b. This phrase reverses Jacob's statement in the previous verse. Reuben will *not* (אַל) surpass or be preeminent.

c. With the shift to third person at the end of the verse Jacob subtly distances himself from Reuben.

d. The different gender of נֶ֫פֶשׁ (f.) and כָּבוֹד (m.) means that one of the verbs does not technically match in gender. Lexicons handle this by identifying כָּבוֹד as feminine in this one occurrence. More likely, the verbs are matched for parallelism rather than being restricted by grammatical accuracy.

7 אָר֤וּר אַפָּם֙ כִּ֣י עָ֔ז[e] וְעֶבְרָתָ֖ם כִּ֣י קָשָׁ֑תָה[f]

(קשה
=קָטְלָה)

אֲחַלֵּק אֹתָם בְּיַעֲקֹב וְאָפִיץ אֹתָם בְּיִשְׂרָאֵֽל:

(פוץ
=אַקְטִיל)

JUDAH

8 יְהוּדָה[g] אַתָּה֙ יוֹדוּ אֹתְךָ אַחֶ֔יךָ יָדְךָ֖ בְּעֹ֣רֶף אֹיְבֶ֑יךָ[h]

(ידה
hiph.
impf.)

יִשְׁתַּחֲו֥וּ[i] לְךָ֖ בְּנֵ֥י אָבִֽיךָ:

9 גּ֤וּר אַרְיֵה֙ יְהוּדָ֔ה מִטֶּ֖רֶף בְּנִ֣י עָלִ֑יתָ

cub

(עלה
=קָטַלְתָּ)

e. The line אָרוּר אַפָּם כִּי עָז demonstrates the terseness of poetry. Relax, figure out what each word means, and then try to hear meaning as you string the words together before you try to smooth it out grammatically—"cursed their anger because strong."

f. Pausal form of קָשְׁתָה. You are familiar with this verb form from Genesis 1:2: וְהָאָרֶץ הָיְתָה ("and the earth was").

g. Judah's name יְהוּדָה is derived from the verb ידה (see Gen 29:35 where he is given this name because his mother said, "This time I will *praise* the Lord").

h. Again, do not be put off by the terseness of poetry and focus on seeing the image the author is presenting.

i. For the formation of this verb see the discussion in chapter 19 of the grammar.

כָּרַ֨ע רָבַ֧ץ כְּאַרְיֵ֛ה וּכְלָבִ֖יא מִ֥י יְקִימֶֽנּוּ[j] אֹתוֹ:

(קום =יַקְטִיל) lion

10 לֹֽא־יָס֥וּר שֵׁ֙בֶט֙ מִֽיהוּדָ֔ה וּמְחֹקֵ֖ק מִבֵּ֣ין רַגְלָ֑יו

ruler's staff

עַ֚ד כִּֽי־יָבֹ֣א שִׁילֹ֔ה[k] וְל֖וֹ יִקְּהַ֥ת עַמִּֽים:

obedience (יִקָּהָה) (בוא)

11 אֹסְרִ֤י לַגֶּ֙פֶן֙ עִירֹ֔ה וְלַשֹּׂרֵקָ֖ה בְּנִ֣י אֲתֹנ֑וֹ

tendril donkey

כִּבֵּ֤ס בַּיַּ֙יִן֙ לְבֻשׁ֔וֹ וּבְדַם־עֲנָבִ֖ים סוּתֹֽה:

garment grapes

12 חַכְלִילִ֥י עֵינַ֖יִם מִיָּ֑יִן וּלְבֶן־שִׁנַּ֖יִם מֵחָלָֽב:[l]

white dark (adj.)

j. Though the *hiphil* of קום ("cause to stand") can mean "establish," that is too narrow a connotation for this context. Consider the imagery of a hungry lion—who would cause him to get up.

k. The Masoretes suggest that the word שִׁילֹה be written as שִׁילוֹ. Possible translations include: (1) A proper name for the Messiah (b. Sanhedrin 98b), (2) a compound of שֶׁ + לוֹ meaning "*who* it is *to him*" (i.e., "until it comes to whom it rightfully belongs"), (3) a compound of שַׁי + לוֹ meaning "*tribute* to him" (i.e., "until gifts from subjects comes to him"), (4) a word related to שִׁלְיָה, "embryo" (i.e., "until his *son* comes"), (5) and a cognate to the Akkadian word *šēlu* ("ruler"). Others assume that the text contains a scribal error and must be restored to something like מֹשְׁלוֹ ("his ruler").

l. Note the repeated images of abundance in verses 11–12.

ZEBULUN

13 זְבוּלֻן לְחוֹף יַמִּים יִשְׁכֹּן וְהוּא לְחוֹף[m] אֳנִיּוֹת וְיַרְכָתוֹ עַל־צִידֹן׃[n]

p.n. — coast-land — coastland — ships — Sidon

ISSACHAR

14 יִשָּׂשכָר[o] חֲמֹר גָּרֶם[p] רֹבֵץ בֵּין הַמִּשְׁפְּתָיִם׃[q]

p.n. — bone (גֶּרֶם) — sheepfolds

15 וַיַּרְא מְנֻחָה כִּי טוֹב וְאֶת־הָאָרֶץ כִּי נָעֵמָה

(ראה) — resting place — pleasant

וַיֵּט שִׁכְמוֹ לִסְבֹּל וַיְהִי לְמַס־עֹבֵד׃[r]

(נטה) — shoulder (שְׁכֶם) — to bear a load — (היה) — forced labor

DAN

16 דָּן[s] יָדִין עַמּוֹ כְּאַחַד שִׁבְטֵי יִשְׂרָאֵל׃

p.n. — (דין qal)

m. Think הָיָה לְ. ("become"), where היה is merely implied, consistent with the compact structure of poetry.

n. Sidon is a city north of Tyre in Phoenicia, a nation known for its sea trade.

o. Issachar's name comes from the phrase יֵשׁ שָׂכָר ("there are wages"; see Gen 30:18). One reading tradition preserves the distinct *shin* (שׁ) and *sin* (שׂ) while another tradition represents them by a doubled consonant (שּׂ). The spelling here preserves both traditions but asks you to read the word according to the vowel pointing.

p. "Donkey of bone" probably refers to a *strong* donkey.

q. Uncertain. This word occurs only here and in Judg 5:16.

r. Notice the recurring ideas related to working hard ("donkey", "shoulder", "forced labor").

s. The name Dan comes from the same root as דִּין.

17 יְהִי־דָן נָחָשׁ עֲלֵי־דֶרֶךְ שְׁפִיפֹן עֲלֵי־אֹרַח

(היה juss.) p.n. — viper

הַנֹּשֵׁךְ עִקְּבֵי־סוּס וַיִּפֹּל רֹכְבוֹ אָחוֹר׃

to bite — heel — (נפל)

18 לִישׁוּעָתְךָ קִוִּיתִי יְהוָה׃

(קוה)

GAD

19 גָּד גְּדוּד יָגוּד אֹתוֹ[t] וְהוּא יָגֻד עָקֵב׃[u]

p.n. — raiders — to raid (גוד) — to raid (גוד) — heel

ASHER

20 מֵאָשֵׁר שְׁמֵנָה לַחְמוֹ וְהוּא יִתֵּן מַעֲדַנֵּי־מֶלֶךְ׃

p.n. — fat, rich — (נתן) — delicacies

t. Notice the word play. The name Gad ("fortunate") is not from the same root as the following two words, but they sound similar. Also notice the irony—"Gad (fortunate), raiders raid him."

u. "He will raid heels" suggests he will raid in return (think: pursuing at the heels of the enemy).

NAPHTALI

²¹נַפְתָּלִי אַיָּלָה שְׁלֻחָה^v הַנֹּתֵן אִמְרֵי־שָׁפֶר׃

    p.n.   doe   word   beauty

JOSEPH

²²בֵּן פֹּרָת^w יוֹסֵף בֵּן פֹּרָת עֲלֵי־עָיִן בָּנוֹת^x צָעֲדָה^y עֲלֵי־שׁוּר׃

  fruitful   fruitful   to march   wall

  tree   tree

²³וַיְמָרֲרֻהוּ וָרֹבּוּ וַיִּשְׂטְמֻהוּ בַּעֲלֵי חִצִּים׃^z

  to be bitter   to shoot   to bear

  (=וַיְקַטְּלוּ)   (רבב)   a grudge

²⁴וַתֵּשֶׁב בְּאֵיתָן קַשְׁתּוֹ^a וַיָּפֹזּוּ זְרֹעֵי יָדָיו^b

  (ישׁב)   firmness (קֶשֶׁת)   to be

                                   agile

                                   (זזפ)

v. Fully written as שְׁלוּחָה ("sent forth" and here meaning "unbound" or "without restraint").

w. Literally, "son of a fruit-bearing [one]" (f. sg. participle of פרה).

x. Note the ellipsis: *daughters* [of the fruitful tree] = *branches*.

y. The verb is singular, but it goes with the plural subject בָּנוֹת.

z. "Masters of arrows" = archers.

a. Note the shift to 3ms ("*his* bow"). The plurals in v. 23 refer to Joseph's adversaries and the singular in v. 24 suggests that the author has shifted to talk about Joseph.

b. Both יָד and זְרוֹעַ are terms for "arm". In general יָד refers to the arm including the hand and זְרוֹעַ refers the arm with a focus on the bicep and shoulder. Both words can be used idiomatically to refer to strength.

מִידֵי[c] אֲבִיר יַעֲקֹב מִשָּׁם[d] רֹעֶה[e] אֶבֶן יִשְׂרָאֵל׃

אֲבִיר: mighty (אָבִיר)

25 מֵאֵל[f] אָבִיךָ וְיַעֲזֹר[g] אִתְּךָ וְאֵת שַׁדַּי וִיבָרֵךְ אִתְּךָ

בִּרְכֹת שָׁמַיִם מֵעָל בִּרְכֹת תְּהוֹם רֹבֶצֶת תָּחַת בִּרְכֹת שָׁדַיִם וָרָחַם׃

שָׁדַיִם: breast; וָרָחַם: (רֶחֶם)

26 בִּרְכֹת אָבִיךָ גָּבְרוּ עַל־בִּרְכֹת הַרְרֵי־עַד[h] תַּאֲוַת גִּבְעֹת עוֹלָם

גָּבְרוּ: to be strong; הַרְרֵי: (הַר); עַד: anti-quity; תַּאֲוַת: desir-able thing; גִּבְעֹת: hill (גִּבְעָה)

c. “From” (מִן) can sometimes mean “because.”

d. Think of מִשָּׁם (“from there”) as in “from that point” (or “from that point on”).

e. Notice that this participle agrees in gender and number with אֶבֶן יִשְׂרָאֵל but does not agree in definiteness, making it a predicate. Remember that a participle is a verbal adjective. Attributive adjectives agree in gender number and definiteness (e.g., “a good boy”). If an adjective does not agree in definiteness, then it is a predicate adjective (e.g, “a boy is good”).

f. The prepositions מִן and אֵת mark the source of the help, not the subject. The subject of the verbs is an undefined “someone,” a construction in Hebrew that can have the same sense as a passive (e.g., “*someone* will help you” = “you will be helped”). Based on the demands of the context the imperfect can indicate ongoing action in the past or the more familiar present/future.

g. Poetic texts occasionally use a conjunction to create a separation between parts of a clause. This conjunction is left untranslated in English.

h. The Masoretic Text (MT) is difficult here. This modified text is based off the Septuagint (LXX).

תִּֽהְיֶ֙יןָ֙ לְרֹ֣אשׁ יוֹסֵ֔ף וּלְקָדְקֹ֖ד נְזִ֥יר אֶחָֽיו׃

(היה) (תִּקְטֹלְנָה=) | top of head | consecr-ated one (נָזִיר)

BENJAMIN

27 בִּנְיָמִין֙ זְאֵ֣ב יִטְרָ֔ף בַּבֹּ֖קֶר יֹ֣אכַל עַ֑ד וְלָעֶ֖רֶב יְחַלֵּ֥ק שָׁלָֽל׃

wolf | prey

28 כָּל־אֵ֛לֶּה שִׁבְטֵ֥י יִשְׂרָאֵ֖ל שְׁנֵ֣ים עָשָׂ֑ר וְ֠זֹאת אֲשֶׁר־דִּבֶּ֨ר לָהֶ֤ם אֲבִיהֶם֙ וַיְבָ֣רֶךְ אוֹתָ֔ם

אִ֛ישׁ אֲשֶׁ֥ר כְּבִרְכָת֖וֹ בֵּרַ֥ךְ אֹתָֽם׃ 29 וַיְצַ֣ו אוֹתָ֗ם וַיֹּ֤אמֶר אֲלֵהֶם֙ אֲנִי֙ נֶאֱסָ֣ף אֶל־עַמִּ֔י

(קִטֵּל=) | (צוה) | (נִקְטַל)

קִבְר֥וּ אֹתִ֖י אֶל־אֲבֹתָ֑י אֶל־הַ֨מְּעָרָ֔ה אֲשֶׁ֥ר בִּשְׂדֵ֖ה עֶפְר֥וֹן הַחִתִּֽי׃ 30 בַּמְּעָרָ֞ה אֲשֶׁ֨ר בִּשְׂדֵ֧ה

cave | Ephron | Hittite | cave

הַמַּכְפֵּלָ֛ה אֲשֶׁ֥ר עַל־פְּנֵֽי־מַמְרֵ֖א בְּאֶ֣רֶץ כְּנָ֑עַן אֲשֶׁר֩ קָנָ֨ה אַבְרָהָ֜ם אֶת־הַשָּׂדֶ֗ה מֵאֵ֛ת

Machpelah Mamre p.n.

עֶפְרֹ֥ן הַחִתִּ֖י לַאֲחֻזַּת־קָֽבֶר׃ 31 שָׁ֣מָּה קָֽבְר֞וּ אֶת־אַבְרָהָ֗ם וְאֵת֙ שָׂרָ֣ה אִשְׁתּ֔וֹ

p.n. p.n. p.n. Sarah

שָׁ֚מָּה קָבְר֣וּ אֶת־יִצְחָ֔ק וְאֵ֖ת רִבְקָ֣ה אִשְׁתּ֑וֹ וְשָׁ֥מָּה קָבַ֖רְתִּי אֶת־לֵאָֽה׃

p.n. Rebekah Leah

32 מִקְנֵ֧ה הַשָּׂדֶ֛ה וְהַמְּעָרָ֥ה אֲשֶׁר־בּ֖וֹ מֵאֵ֥ת בְּנֵי־חֵֽת׃ 33 וַיְכַ֤ל יַעֲקֹב֙ לְצַוֺּ֣ת[i]

cave Heth (כלה) (צוה)

אֶת־בָּנָ֔יו וַיֶּאֱסֹ֥ף רַגְלָ֖יו אֶל־הַמִּטָּ֑ה וַיִּגְוַ֖ע וַיֵּאָ֥סֶף אֶל־עַמָּֽיו׃

to die

i. The final ה of roots like צוה is actually only a vowel marker and these types of verbs consistently add ות to the end of the construct infinitive (e.g., צַוּוֹת).

Chapters 22–23: Death of Jacob and Joseph (Genesis 50)

GRAMMAR

Direct Object Suffixes

Note: Because of the layout of the academic calendar, instructors may find it necessary to skip this translation assignment and move straight to Ruth for second semester. Thus, the vocabulary for this section is repeated in the lists for Ruth, Jonah, and Esther (Part 3) so that students do not miss key vocabulary.

VOCABULARY

- אֵ֫בֶל mourning
- אָרוֹן box, ark (#454)
- גָּמַל to reward, repay; wean (#242)
- חַטָּאת sin, sin offering (#461)
- כּוּל to provide, contain, support (*pilpel* or *hiph.*) (#286)
- . . . לוּ if; O that . . . ! (expresses a situation that is more unlikely than when using אִם) (#918)
- מַחֲנֶה camp (#469)
- נָא please, I pray, now (particle used to add urgency to a request or admonition)
- נָחַם be sorry, console oneself (*niph.*)
- עָבַר to pass by, pass through (#15)
- עֵ֫בֶר other side, beyond (#661)
- עֶ֫צֶם bone, substance; self (#539)
- פָּרָשׁ horse, horseman (#677)
- פֶּ֫שַׁע transgression (#335)
- רֶ֫כֶב chariot (#553)
- רָפָא to heal (#205)
- רַק only (#948)

Numbers

- שִׁבְעִים seventy (#707)

SUMMARY

Jacob dies and his body is carried back to Canaan for burial. Joseph assures his brothers that he harbors no grudge against them and makes them promise that his bones will be taken out of Egypt when they leave and that they will bury him in the land of promise.

TRANSLATION EXERCISE (TAKEN DIRECTLY FROM GENESIS 50:1–26)

50:1 וַיִּפֹּל יוֹסֵף עַל־פְּנֵי אָבִיו וַיֵּבְךְּ עָלָיו וַיִּשַּׁק־לוֹ׃ 2 וַיְצַו יוֹסֵף אֶת־עֲבָדָיו אֶת־הָרֹפְאִים

(נפל) (בכה) (נשק) (צוה)

לַחֲנֹט אֶת־אָבִיו וַיַּחַנְטוּ הָרֹפְאִים אֶת־יִשְׂרָאֵל׃ 3 וַיִּמְלְאוּ־לוֹ אַרְבָּעִים יוֹם כִּי כֵּן

to embalm — to embalm

יִמְלְאוּ יְמֵי הַחֲנֻטִים וַיִּבְכּוּ אֹתוֹ מִצְרַיִם שִׁבְעִים יוֹם׃ 4 וַיַּעַבְרוּ יְמֵי בְכִיתוֹ וַיְדַבֵּר

embalming (בכה) — weeping

יוֹסֵף אֶל־בֵּית פַּרְעֹה לֵאמֹר אִם־נָא מָצָאתִי חֵן בְּעֵינֵיכֶם דַּבְּרוּ־נָא בְּאָזְנֵי פַרְעֹה

לֵאמֹר׃ 5 אָבִי הִשְׁבִּיעַנִי לֵאמֹר הִנֵּה אָנֹכִי מֵת בְּקִבְרִי אֲשֶׁר כָּרִיתִי לִי בְּאֶרֶץ כְּנַעַן

(מות =כָּבֵד)[a] — dig (כרה)

שָׁמָּה תִּקְבְּרֵנִי וְעַתָּה אֶעֱלֶה־נָּא וְאֶקְבְּרָה אֶת־אָבִי וְאָשׁוּבָה׃ 6 וַיֹּאמֶר פַּרְעֹה עֲלֵה וּקְבֹר

אֶת־אָבִיךָ כַּאֲשֶׁר הִשְׁבִּיעֶךָ׃ 7 וַיַּעַל יוֹסֵף לִקְבֹּר אֶת־אָבִיו וַיַּעֲלוּ אִתּוֹ כָּל־עַבְדֵי פַרְעֹה

(עלה) — (עלה)

a. Remember that the *qal* stative perfect and participle are identical. Like the stative כָּבֵד ("to be heavy"), this verb has a different theme vowel than the active verb קָטַל.

זִקְנֵי בֵיתוֹ וְכֹל זִקְנֵי אֶרֶץ־מִצְרָיִם׃ 8 וְכֹל בֵּית יוֹסֵף וְאֶחָיו וּבֵית אָבִיו רַק טַפָּם

וְצֹאנָם וּבְקָרָם עָזְבוּ בְּאֶרֶץ גֹּשֶׁן׃ 9 וַיַּעַל עִמּוֹ גַּם־רֶכֶב גַּם־פָּרָשִׁים וַיְהִי הַמַּחֲנֶה כָּבֵד

(היה) (עלה) p.n.

מְאֹד׃ 10 וַיָּבֹאוּ עַד־גֹּרֶן הָאָטָד אֲשֶׁר בְּעֵבֶר הַיַּרְדֵּן וַיִּסְפְּדוּ־שָׁם מִסְפֵּד גָּדוֹל וְכָבֵד

lament to lament Jordan Atad threshing floor (בוא)

מְאֹד וַיַּעַשׂ לְאָבִיו אֵבֶל שִׁבְעַת יָמִים׃ 11 וַיַּרְא יוֹשֵׁב הָאָרֶץ הַכְּנַעֲנִי אֶת־הָאֵבֶל

(ראה) (עשה)

בְּגֹרֶן הָאָטָד וַיֹּאמְרוּ אֵבֶל־כָּבֵד זֶה לְמִצְרָיִם עַל־כֵּן קָרָא שְׁמָהּ אָבֵל מִצְרַיִם

Abel-Mitsrayim p.n. threshing floor

אֲשֶׁר בְּעֵבֶר הַיַּרְדֵּן׃ 12 וַיַּעֲשׂוּ בָנָיו לוֹ כֵּן כַּאֲשֶׁר צִוָּם׃ 13 וַיִּשְׂאוּ אֹתוֹ בָנָיו

(נשא) (צוה =קִטְּלָם) (עשה) p.n.

אַ֫רְצָה כְּנַ֫עַן וַיִּקְבְּר֣וּ אֹת֔וֹ בִּמְעָרַ֖ת שְׂדֵ֣ה הַמַּכְפֵּלָ֑ה אֲשֶׁ֣ר קָנָה֩ אַבְרָהָ֨ם אֶת־הַשָּׂדֶ֜ה

p.n. (כְּנַעַן) · p.n. (הַמַּכְפֵּלָה) · cave (מְעָרָה)

לַאֲחֻזַּת־קֶ֗בֶר מֵאֵ֛ת עֶפְרֹ֥ן הַחִתִּ֖י עַל־פְּנֵ֥י מַמְרֵֽא׃ 14 וַיָּ֨שָׁב יוֹסֵ֤ף מִצְרַ֙יְמָה֙ ה֣וּא וְאֶחָ֔יו

p.n. (עֶפְרֹן) · p.n. (הַחִתִּי) · p.n. (מַמְרֵא) · (שוב)

וְכָל־הָעֹלִ֥ים אִתּ֖וֹ לִקְבֹּ֣ר אֶת־אָבִ֑יו אַחֲרֵ֖י קָבְר֥וֹ אֶת־אָבִֽיו׃ 15 וַיִּרְא֤וּ אֲחֵֽי־יוֹסֵף֙

(עלה =קֹטְלִים) · (ירא)

כִּֽי־מֵ֣ת אֲבִיהֶ֔ם וַיֹּ֣אמְר֔וּ ל֥וּ יִשְׂטְמֵ֖נוּ יוֹסֵ֑ף וְהָשֵׁ֤ב יָשִׁיב֙ לָ֔נוּ אֵ֚ת כָּל־הָ֣רָעָ֔ה

(מות) · to bear a grudge · (שוב =הָקְטֵל) · (שוב =יַקְטִיל)

אֲשֶׁ֥ר גָּמַ֖לְנוּ אֹתֽוֹ׃ 16 וַיְצַוּ֕וּ אֶל־יוֹסֵ֖ף לֵאמֹ֑ר אָבִ֣יךָ צִוָּ֔ה לִפְנֵ֥י מוֹת֖וֹ לֵאמֹֽר׃

(צוה) · (צוה)

17 כֹּֽה־תֹאמְר֣וּ לְיוֹסֵ֗ף אָ֣נָּ֡א שָׂ֣א נָ֠א פֶּ֣שַׁע אַחֶ֤יךָ וְחַטָּאתָם֙ כִּֽי־רָעָ֣ה גְמָל֔וּךָ

please · (נשא impv.)

וְעַתָּה֙ שָׂ֣א נָ֔א לְפֶ֛שַׁע עַבְדֵ֥י אֱלֹהֵ֖י אָבִ֑יךָ וַיֵּ֥בְךְּ יוֹסֵ֖ף בְּדַבְּרָ֥ם אֵלָֽיו׃ 18 וַיֵּֽלְכוּ֙

(נשׂא impv.) (בכה) (הלך)

גַּם־אֶחָ֔יו וַֽיִּפְּל֖וּ לְפָנָ֑יו וַיֹּ֣אמְר֔וּ הִנֶּ֥נּוּ לְךָ֖ לַעֲבָדִֽים׃ 19 וַיֹּ֧אמֶר אֲלֵהֶ֛ם יוֹסֵ֖ף אַל־תִּירָ֑אוּ

(נפל) (ירא)

כִּ֛י הֲתַ֥חַת אֱלֹהִ֖ים אָֽנִי׃ 20 וְאַתֶּ֕ם חֲשַׁבְתֶּ֥ם עָלַ֖י רָעָ֑ה אֱלֹהִים֙ חֲשָׁבָ֣הּ לְטֹבָ֔ה לְמַ֗עַן

עֲשֹׂ֛ה כַּיּ֥וֹם הַזֶּ֖ה לְהַחֲיֹ֥ת[b] עַם־רָֽב׃ 21 וְעַתָּה֙ אַל־תִּירָ֔אוּ אָנֹכִ֛י אֲכַלְכֵּ֥ל אֶתְכֶ֖ם

(חיה) (ירא)

וְאֶת־טַפְּכֶ֑ם וַיְנַחֵ֣ם אוֹתָ֔ם וַיְדַבֵּ֖ר עַל־לִבָּֽם׃ 22 וַיֵּ֤שֶׁב יוֹסֵף֙ בְּמִצְרַ֔יִם ה֖וּא וּבֵ֣ית אָבִ֑יו

(ישב)

וַיְחִ֣י יוֹסֵ֔ף מֵאָ֥ה וָעֶ֖שֶׂר שָׁנִֽים׃ 23 וַיַּ֤רְא יוֹסֵף֙ לְאֶפְרַ֔יִם בְּנֵ֖י שִׁלֵּשִׁ֑ים גַּ֗ם בְּנֵ֤י מָכִיר֙

(חיה) (ראה) p.n. third generation Machir

b. The final ה of roots like חיה is only a vowel marker. These types of verbs consistently add וֹת to the end of the construct infinitive (e.g., חֲיוֹת).

בֶּן־מְנַשֶּׁה יֻלְּדוּ עַל־בִּרְכֵּי יוֹסֵף׃ 24 וַיֹּאמֶר יוֹסֵף אֶל־אֶחָיו אָנֹכִי מֵת וֵאלֹהִים פָּקֹד

p.n. (מות ptc.)

יִפְקֹד אֶתְכֶם וְהֶעֱלָה אֶתְכֶם מִן־הָאָרֶץ הַזֹּאת אֶל־הָאָרֶץ אֲשֶׁר נִשְׁבַּע לְאַבְרָהָם לְיִצְחָק

(עלה) p.n. p.n.

וּלְיַעֲקֹב׃ 25 וַיַּשְׁבַּע יוֹסֵף אֶת־בְּנֵי יִשְׂרָאֵל לֵאמֹר פָּקֹד יִפְקֹד אֱלֹהִים אֶתְכֶם וְהַעֲלִתֶם

(עלה =הִקְטַלְתֶּם)

אֶת־עַצְמֹתַי מִזֶּה׃ 26 וַיָּמָת יוֹסֵף בֶּן־מֵאָה וָעֶשֶׂר שָׁנִים וַיַּחַנְטוּ אֹתוֹ וַיִּושֶׂם

(מות) to embalm (שים =וַיִּקְטַל)

בָּאָרוֹן בְּמִצְרָיִם׃

Part 3: Intermediate Biblical Hebrew Reader

Introduction

THE STORIES OF RUTH, JONAH, AND ESTHER

The following translation exercises are taken straight from the Hebrew Bible. They correspond to chapters 24 to 33 in the grammar *Learning Biblical Hebrew.* The text for the book of Ruth includes glosses for low frequency vocabulary and identifies weak roots until they are covered in the grammar. A few words in each chapter are not glossed or included in the vocabulary lists, requiring students to begin using a Hebrew lexicon. The biblical texts of Jonah and Esther gloss low frequency vocabulary and include footnotes for more difficult grammatical constructions. Common features include:

- A star (★) is used to indicate words to look up in a Hebrew lexicon.
- The abbreviation "p.n." identifies newly introduced proper names.
- An English definition is provided for low frequency words.
- A verbal root is provided for weak verbs in which the root is not immediately evident.
- A representative strong form is provided when a weak verb looks nothing like the strong verb.
- The text of Ruth progressively discontinues glosses once a weakness is covered in the grammar. In the following chart a √ represents which glosses are provided.

	III-י/ו	**I-י/ו**	**II-י/ו (*qal*)**	**II-י/ו (*niph.-hoph.*)**	**Geminates and Gutturals**
Ruth 1:1–22	√	√	√	√	√
Ruth 2:1–23	√	√	√	√	√
Ruth 3:1–9		√	√	√	√
Ruth 3:10–18			√	√	√
Ruth 4:1–12				√	√
Ruth 4:13–22					√
Jonah 1–4			*Weak verbs not glossed*		
Esther			*Weak verbs not glossed*		

VOCABULARY

The vocabulary lists for Ruth, Jonah, and Esther appear in the pages immediately following this introduction. The vocabulary lists are comprised of two sets. Lists 1–10 include the words specifically needed for translating Ruth, Jonah, and Esther. Lists A–D include high frequency words that fill out your vocabulary base. Your instructor will indicate the order in which you are to learn these lists. You are strongly encouraged to learn the vocabulary the week before you do the corresponding translation. This workbook includes a vocabulary of over 750 Hebrew words, including all Hebrew verbs occurring more than fifty times in the Hebrew Bible, nouns and adjectives occurring more than one hundred times, and words from the translations that occur twenty-five times or more in the Hebrew Bible. All vocabulary words are found in the glossary at the end of the workbook. Vocabulary lists indicate the vocabulary card numbers used in the VIS-ED flashcards.[1] Vocabulary words marked with an asterisk (*) do not have their own vocabulary card in the VIS-ED set. However, these asterisked words do appear on cards along with other words from the same root. We advise creating your own vocabulary cards for these asterisked terms.

CHECKING YOUR WORK

The workbook does not include a key for Ruth, Jonah, or Esther. Since these texts are taken directly from the Hebrew Bible, check your work against any English translation or parsing tool. As with the Joseph narrative, complete as much of the translation and parsing as you can on your own. If you get stuck for more than two or three minutes on a word, move on, continuing to the next verse if need be. The more you allow yourself to struggle, the more you will learn. Follow the same process of translation used in the Graded Joseph Reader. See steps 1-3 on "How to Complete Translations" (p. 80).

---

1. Dillard, *Biblical Hebrew Vocabulary Cards*, VIS-ED.

Vocabulary Lists

LIST 1 (RUTH 1)

אָהַב	to love (#27)
אָמֵץ	to be strong (#225)
בִּלְתִּי	not, except (#897)
בָּנָה	to build (#29)
גִּבּוֹר	mighty (#494)
גְּבוּרָה	might, strength (#595)
גָּלָה	to uncover, remove; go into exile (#73)
דָּבַק	to cling (#134)
חָדַל	to cease (#140)
חֲצִי	half (#504)
יָסַף	to add, do again (*qal* or *hiph.*) (#37)
כַּלָּה	daughter-in-law, bride (#774)
לִין	to lodge, stay overnight (#161)
מָנוֹחַ / מְנוּחָה	resting place, rest
מֵעֶה	belly
מַר	bitter (#795)
מָרַר	to be bitter
נָא	please, I pray, now (particle used to add urgency to a request or admonition)
נוּחַ	to rest (#172)
נָחַם	be sorry, console oneself (*niph.*)
פָּגַע	to meet, encounter, entreat (#328)
פָּרַד	to separate (#190)
קָצִיר	harvest (from קָצַר "to reap") (#690)
שְׂעֹרָה	barley
שָׁאַר	to remain (#113)
שְׁאָר	remnant (#113)
שָׁפַט	to judge (#62)
תִּקְוָה	1) hope; 2) thread

LIST 2 (RUTH 2–3)

אֵיפָה	ephah (#728)
אָן / אָנָה	where? (#885)
חִטָּה	wheat (#616)
חֶלְקָה	portion
חָסָה	to take refuge (#265)
כָּלַם	to be humiliated, shamed (*niph.*) (#288)
כָּנָף	wing, edge, extremity (#516)
לֵב /לֵבָב	heart, mind (#390)
לָקַט	to gather, glean (#292)
מוֹדָע	kinsman, relative (from יָדַע)
מוֹלֶדֶת	native land (from יָלַד "to give birth")
מָנָה	to count, number, appoint
מִשְׁפָּחָה	family (#474)
נָגַד	to tell, declare (*hiph.*) (#49)
נֶגֶד	in front of, opposite (#936)
נָגַע	to touch, strike (#92)
נָגַשׁ	to approach (#93)
נָכַר	1) to recognize (*piel/hiph.*); 2) disguise (*niph.*); treat as foreign (*piel*) (# 175)
נָכְרִי	foreign (#175)
נָצַב	to stand (*niph.*) (#176)
עָבַר	to pass by, pass through (#15)
עֵבֶר	other side, beyond
פָּעַל	to work, do (#189)
פֹּעַל	work (#189)
צַד	side (#831)
שָׂבַע	to be satisfied, filled (#207)
שֹׂבַע	abundance
שָׁלֵם	to be complete, be sound, pay, make peace (#121)
שִׁלְשׁוֹם	in the past (i.e., "the third day back" or "day before yesterday"; from שָׁלוֹשׁ "three") (#443)
שִׁפְחָה	maidservant (#715)
תְּמוֹל	previously, yesterday (#952)

LIST 3 (RUTH 3–4)

אַחֲרוֹן behind, later; west (# 573)
אָמָה handmaid (#578)
בָּחַר to choose (#128)
בָּחוּר young man (i.e., choice, in one's prime)
גֹּרֶן threshing floor (#744)
דַּל poor (#748)
זָרָה to scatter (#254)
חֵיק bosom (#754)
חָפֵץ to be pleased with, delight in (#146)
חָרַד to tremble, fear (#269)
יָהַב to give, grant (#277)
כּוּל to provide, contain, support (*pilpel* or *hiph.*) (#286)
כָּרַת to cut off (#44)
מָדַד to measure (#164)
נַעַל shoe, sandal
עֵד witness (#662)
עָשִׁיר rich
פֹּה here (#945)
פָּרַשׂ to spread out (#191)
שֵׂיבָה gray hair
שִׂמְלָה/שַׂלְמָה garment (#841)
שָׁבַת to cease, stop (#209)
שָׁחַת to destroy, corrupt (#117)
שְׁכֵנָה neighbor (from שָׁכֵן "to dwell")
שָׁלַף to draw (sword)
שַׁעַר gate (#445)
שָׁקַט to be quiet (#366)
תּוֹלֵדוֹת generations (from יָלַד "to give birth")

LIST 4 (JONAH 1–2)

אָדָם man (#371)
אֲדָמָה ground, earth, land (#448)
אוּלַי perhaps (#871)
אֵי where? (#876)
אַיִן from where?
אַךְ surely, but, however, only (#881)
אֳנִיָּה ship
בְּהֵמָה beast (#413)
בֶּטֶן belly (#589)
בָּלַע to swallow (#129)
בָּרַח to flee (#133)
גּוֹרָל lot (#598)
דָּג / דָּגָה fish
זָעַק to cry out (#138)
זְעָקָה cry, outcry
יָבֵשׁ to be dry, wither (#152)
יַבָּשָׁה dry land
יִרְאָה fear (from יָרֵא "to fear")
נָדַר to vow (#306)
נֶדֶר vow (#657)
קֹדֶשׁ holiness (#401)
קָלַל to be insignificant, swift, light (*qal*); to curse (*piel*; i.e., declare insubstantial) (#195)
שָׂכָר wages
שֶׁ who, which, that (#949)
שׁוּעַ to cry for help
שָׁמַיִם heavens (#444)

LIST 5 (JONAH 2–3)

אַדֶּ֫רֶת mantle
אֵ֫פֶר ashes
בַּ֫עַד through, behind, about, on behalf of
בְּרִיחַ bar (#133)
גָּרַשׁ to drive away, cast out (#244)
הֶ֫בֶל vanity, futility, breath
הֵיכָל temple, palace (#607)
הָפַךְ to turn (#136)
חָבַשׁ to bind (#258)
כִּסֵּא seat, throne (#517)
כָּסָה to cover (#86)
מַ֫יִם water (#392)
נָבַט to look (*hiph.*) (#170)
נָהָר river (#529)
סָבַב to go around (#96)
צוּם to fast
צוֹם a fast (n.) (#833)
שָׂמַח to rejoice (#109)
שָׂמֵחַ joyful, rejoicing
שִׂמְחָה joy (#702)
שָׁוְא vain, false, empty
שַׁחַת pit
שָׁלַךְ to throw (#120)
תּוֹדָה thanksgiving (from יָדָה *hiph.* "to give thanks")
תְּפִלָּה prayer (from פָּלַל "to pray") (#721)

LIST 6 (JONAH 3–4)

הַצָּלָה deliverance (from נָצַל "to deliver")
חָזְקָה strength, force
חַנּוּן gracious
חָנַן to be gracious, show favor (#145)
חָרוֹן fury, burning
טָעַם to taste; decree
טַ֫עַם taste, discernment
כַּף palm of hand (#465)
מָחָר tomorrow (#644)
מָחֳרָת the next day (#644)
נָכָה to strike (#51)
נָצַל to deliver oneself (*niph.*); to snatch away, deliver (*piel/hiph.*) (#53)
סֻכָּה booth (#808)
עָמַל to labor
עָמָל toil, labor (#669)
צֵל shadow (from צָלַל "to overshadow") (#834)
קָדִים east (#681)
קָדַם to come before, meet (#341)
קֶ֫דֶם east, in front, ancient times (#682)
רִבּוֹא ten thousand (from רבב "to be much, many")
שַׁ֫חַר dawn
שֶׁ֫מֶשׁ sun (#562)
תּוֹלֵעָה worm, scarlet (#854)

LIST 7 (ESTHER 1)

אַמָּה	cubit (#452)
אַרְגָּמָן	purple (#731)
בָּהַל	to be dismayed, terrified, in haste (*niph.*) (#232)
בָּזָה	to despise (#233)
בִּזָּיוֹן	contempt
בָּעַר	to burn (#130)
בְּתוּלָה	virgin (#738)
גּוֹלָה	captivity (#73)
גַּן / גַּנָּה	garden (#743)
דּוֹד	beloved, uncle
דַּי	enough, sufficiency (#747)
דָּת	law
חֵמָה	anger, heat (#502)
חָצֵר	courtyard, village (#505)
יְקָר	price, honor
יָקָר	rare, precious (#766)
כָּתַב	to write (#45)
כְּתָב	writing
מְדִינָה	province (#640)
מָלַךְ	to be king, reign (#47)
מַלְכוּת	kingdom (#646)
עֹשֶׁר	riches
קָצַף	to be angry (#345)
קֶצֶף	wrath (#345)
שָׁנָה	to change
תֹּאַר	form
תְּכֵלֶת	blue (#856)
תִּפְאֶרֶת	glory, beauty (#720)

LIST 8 (ESTHER 2–4)

אָבַל	to mourn (#221)
אֵבֶל	mourning
בִּזָּה	plunder
בָּזַז	to plunder (#234)
דּוֹר	generation (#495)
חֹדֶשׁ	month (#419)
חוּל	to dance, whirl; writhe (esp. of childbirth) (# 141)
חָתַם	to seal (#272)
טַבַּעַת	ring, signet ring (#759)
כִּכָּר	round, valley; talent
לָשׁוֹן	tongue (#519)
מִסְפֵּד	wailing, lament (from סָפַד)
מִצְוָה	commandment (from צִוָּה "to command") (#525)
סַף	threshold (#809)
סָפַד	to wail, lament (#322)
סֵפֶר	document, book (#534)
סֹפֵר	scribe
פֶּחָה	governor (#825)
פִּילֶגֶשׁ	concubine
צַר	1) narrow, distress; 2) adversary (#548)
צָרַר	1) to bind, be narrow, restricted; 2) to be hostile towards (#194)
קֵץ	end (compare קָצֶה "end")
רוּץ	to run (#107)
שָׁמַד	to exterminate, destroy (#215)
שֶׁמֶן	oil, fat (#560)
שָׁקַל	to weigh (compare שֶׁקֶל "shekel")
תָּלָה	to hang (#367)

LIST 9 (ESTHER 4–7)

אִי coastland

גָּבַהּ to be high, exalted (# 239)

גָּבֹהַּ high, exalted (# 239)

דָּמָה 1) to be like (*qal*); 2) intend (*piel*) (#245)

זֵ֫כֶר memory

זִכָּרוֹן memorial

חֶ֫בֶל rope, territory (#612)

חִיצוֹן outer

חָרַשׁ 1) to plow, engrave; 2) to be silent, dumb (#149)

כּוּן to be firm (*niph.*); establish, prepare (*hiph./polel*) (#42)

כָּ֫כָה thus

מָהַר to hasten (#165)

מָלַט to escape (*niph.*) (#167)

מִסְפָּר number (#524)

נָדַד to flee, wander (#305)

נֹ֫כַח in front of, opposite (#937)

סוּס horse (#533)

פְּנִימִי inner (hint: direction you "face" [פָּנִים] from the outside)

רֹב multitude, abundance, greatness (#551)

רָחַב to be broad, wide (#356)

רְחֹב square, street (#356)

שֵׁנָה sleep

שָׁקָה to cause to drink (*hiph.*) (#217)

LIST 10 (ESTHER 8–10)

אֶבְיוֹן poor, needy (#567)

אוֹר/אוֹרָה light (#487)

דָּרַשׁ to seek (#74)

כָּשֵׁר to succeed

לָוָה to join

מַחֲשָׁבָה thought (#645)

מַכָּה wound (from נָכָה "to strike")

מַס forced labor

נָקַם to avenge (#316)

פַּ֫חַד dread, fear (#329)

קָהַל to assemble (*niph.*) (#342)

רָחוֹק far (#697)

רָצָה to be pleased with (#206)

FREQUENCY LIST #A

- יָרַשׁ possess, dispossess (#40)
- יָשַׁע to save, deliver (*hiph.*) (#41)
- עָבַד to serve, be a slave (#55)
- עָנָה 1) to answer, testify; 2) to be humbled, afflicted (#56)
- רוּם to be high, exalted, haughty (#59)
- בּוֹשׁ to be ashamed, shameful (#66)
- בָּטַח to trust (#67)
- בִּין to understand, perceive (#68)
- הִלֵּל to praise (*piel*) (#75)*
- חָנָה to camp, encamp (#79)
- טָמֵא to be unclean, ritually impure (#81)
- יָדָה to shoot, throw (*qal*); to praise, confess, give thanks (*hiph.*) (#82)
- כִּפֵּר to cover, atone, appease (*piel*) (#87)
- לָחַם to fight (*niph.*) (#89)*
- לָכַד to capture (#90)
- נָבָא to prophesy (#91)*
- נוּס to flee, escape (#94)
- פָּנָה to turn (#99)
- קָדַשׁ to be holy (#103)*
- קָטַר to burn a sacrifice (*piel / hiph.*) (#104)
- שָׂרַף to burn (#111)
- אָבָה to be willing, to wait, to long for (#124)
- בָּקַע to break open, break forth (#131)
- בָּרָא to create (#132)
- דָּרַךְ to tread, march (#135)
- זָנָה to prostitute (#137)
- זָרַע to sow (#139)*
- חָזָה to see, perceive (#142)*

FREQUENCY LIST #B

- חָרַם to devote to destruction (*hiph.*) (#148)*
- חָתַת be shattered, terrified, dismayed (#150)
- טָהֵר to be pure (#151)*
- יָכַח to decide, judge, reprove (#153)
- יָעַץ to advise, counsel (#154)*
- יָצַק to pour, cast, flow (#155)
- יָצַר to form (#156)
- יָרָה to throw, cast (*qal*); to teach (*hiph.*) (#157)*
- כָּעַס to provoke, disturb, incite (#159)
- כָּשַׁל to stumble, totter (#160)
- לָמַד to learn (*qal*); to teach (*piel*) (#162)
- מָאַס to reject, refuse (#163)
- מָשַׁח to anoint (#168)*
- נָדַח to thrust, move, banish (#171)
- נָטַע to plant (#174)
- נָצַח to be preminent, enduring (*qal*); act as an overseer, director (*piel*) (#177)
- נָצַר to watch, guard, keep (#178)
- נָשַׂג to overtake (*hiph.*) (#179)
- סָגַר to shut, close (#180)
- סָתַר to hide (#181)*
- עוּר to awake, get up (#182)
- עָרַךְ to arrange, set in order (#184)
- פָּדָה to ransom (#185)

FREQUENCY LIST #C

פָּלָא	to be extraordinary, marvelous, hard, difficult (#187)
צָלַח	to prosper, succeed (#192)
צָפָה	to look out, keep watch (#193)
רָחַם	to have compassion for, love (#198)
רָחַק	to be far away, distant (#200)
אֹ֫הֶל	tent (#407)
אֶ֫לֶף	thousand, cattle (#409)*
אֱנוֹשׁ	man, mankind (#377)
אֵשׁ	fire (#411)*
מִזְבֵּחַ	altar (#426)
מִלְחָמָה	battle, war (#427)
רִיב	to strive, dispute (#201)
רָנַן	to shout for joy; moan (#203)
שָׂכַל	to understand, be clever (usually *hiph.*) (#208)
שָׁדַד	to devastate, ruin (#210)
שָׁחַט	to slaughter (#211)
שִׁיר	to sing (#212)
שָׁכַם	to rise early (#214)
שָׁמֵם	to be desolate, appalled (#216)
תָּמַם	to be complete, whole (#218)
תָּקַע	to thrust, drive; strike (#220)

FREQUENCY LIST #D

מִשְׁפָּט	justice, judgment; custom (#429)
נָבִיא	prophet (#430)
עוֹלָה	burnt offering (#431)
עֶשְׂרִים	twenty (#435)
צָבָא	army, host (#438)
בְּרִית	covenant, treaty (#457)
גְּבוּל	border, boundary, territory (#459)
מוֹעֵד	meeting, appointed time (#468)
נְאֻם	utterance, declaration (#475)
רָשָׁע	wicked, guilty (#483)
שֵׁשׁ	six (f.), שִׁשָּׁה (m.) (#485)
תּוֹרָה	teaching, instruction (#486)
אָחוֹת	sister (#488)
זָקֵן	elder, old man (#497)
חוֹמָה	wall (#498)
חָכְמָה	wisdom (#501)
חֲמִשִּׁים	fifty (#503)
חֹק	decree, statute, law (#506)
חֻקָּה	decree, statute, law (#507)
יַ֫חַד	together (adv.) (#508)
יָשָׁר	straight, right (#512)
כֶּ֫בֶשׂ	lamb (#514)
כֶּ֫רֶם	vineyard (#518)
מִגְרָשׁ	common land, open land (#520)

The Book of Ruth

The book of Ruth is set in the time of the judges (Ruth 1:1), which explains its placement in many English Bibles. In Hebrew tradition the book of Ruth is part of the five Megilloth ("Scrolls") that are read in the synagogue during the major festivals. Ruth is traditionally read at the Feast of Weeks (or Pentecost).

RUTH 1

1:1 וַיְהִ֗י בִּימֵי֙ שְׁפֹ֣ט הַשֹּׁפְטִ֔ים וַיְהִ֥י רָעָ֖ב בָּאָ֑רֶץ וַיֵּ֨לֶךְ אִ֜ישׁ

(הלך)

מִבֵּ֧ית לֶ֣חֶם יְהוּדָ֗ה לָגוּר֙ בִּשְׂדֵ֣י מוֹאָ֔ב ה֥וּא וְאִשְׁתּ֖וֹ וּשְׁנֵ֥י בָנָֽיו׃[a]

Bethlehem — Judah — (גור inf. cst.) — Moab

2 וְשֵׁ֣ם הָאִ֣ישׁ אֱלִימֶ֡לֶךְ וְשֵׁם֩ אִשְׁתּ֨וֹ נָעֳמִ֜י וְשֵׁ֥ם שְׁנֵֽי־בָנָ֣יו ׀ מַחְל֤וֹן

Elimelech — Naomi — Mahlon

וְכִלְיוֹן֙ אֶפְרָתִ֔ים[b] מִבֵּ֥ית לֶ֖חֶם יְהוּדָ֑ה וַיָּבֹ֥אוּ שְׂדֵי־מוֹאָ֖ב וַיִּֽהְיוּ־שָֽׁם׃

Kilyon — Ephrathite — p.n. — p.n. — (בוא) — p.n. — (היה)

3 וַיָּ֥מָת אֱלִימֶ֖לֶךְ אִ֣ישׁ נָעֳמִ֑י וַתִּשָּׁאֵ֥ר הִ֖יא וּשְׁנֵ֥י בָנֶֽיהָ׃ 4 וַיִּשְׂא֣וּ

(מות) — p.n. — p.n. — (נשא)

לָהֶ֗ם נָשִׁים֙ מֹֽאֲבִיּ֔וֹת שֵׁ֤ם הָאַחַת֙ עָרְפָּ֔ה וְשֵׁ֥ם הַשֵּׁנִ֖ית ר֑וּת וַיֵּ֥שְׁבוּ

Moabite — Orpah — Ruth — (ישב)

שָׁ֖ם כְּעֶ֥שֶׂר שָׁנִֽים׃ 5 וַיָּמ֥וּתוּ גַם־שְׁנֵיהֶ֖ם מַחְל֣וֹן וְכִלְי֑וֹן וַתִּשָּׁאֵר֙

p.n. — p.n.

a. Remember that when the final word of a construct phrase is definite, the whole phrase is definite. Thus, this is not "two of his sons" (implying he had more), but "the two of his sons" (i.e., his two sons).

b. Designations of nationality end with ִי (m. sg.), ִים (m. pl.), ִית (f. sg.), and ִיּוֹת (f. pl.). See *LBH* chapter 9.

הָֽאִשָּׁ֔ה מִשְּׁנֵ֥י יְלָדֶ֖יהָ וּמֵאִישָֽׁהּ׃ 6 וַתָּ֤קָם הִיא֙ וְכַלֹּתֶ֔יהָ וַתָּ֖שָׁב

(קום) (שוב)

מִשְּׂדֵ֣י מוֹאָ֑ב כִּ֤י שָֽׁמְעָה֙ בִּשְׂדֵ֣ה מוֹאָ֔ב כִּֽי־פָקַ֤ד יְהוָה֙ אֶת־עַמּ֔וֹ

לָתֵ֥ת לָהֶ֖ם לָֽחֶם׃ 7 וַתֵּצֵ֗א מִן־הַמָּקוֹם֙ אֲשֶׁ֣ר הָיְתָה־שָׁ֔מָּה וּשְׁתֵּ֥י

(נתן inf. cst.) (יצא) (היה =קָֽטְלָה)

כַלֹּתֶ֖יהָ עִמָּ֑הּ וַתֵּלַ֣כְנָה בַדֶּ֔רֶךְ לָשׁ֖וּב אֶל־אֶ֥רֶץ יְהוּדָֽה׃

(הלך) p.n.

8 וַתֹּ֤אמֶר נָעֳמִי֙ לִשְׁתֵּ֣י כַלֹּתֶ֔יהָ לֵ֣כְנָה שֹּׁ֔בְנָה אִשָּׁ֖ה לְבֵ֣ית

p.n. (הלך =קְטֹלְנָה) (שוב =קְטֹלְנָה)

אִמָּ֑הּ יַֽעֲשֶׂה[c] יְהוָ֤ה עִמָּכֶם֙ חֶ֔סֶד כַּאֲשֶׁ֥ר עֲשִׂיתֶ֛ם ק יעש

(עשה) (עשה =קְטַלְתֶּם)

עִם־הַמֵּתִ֖ים[d] וְעִמָּדִֽי׃[e] 9 יִתֵּ֤ן יְהוָה֙ לָכֶ֔ם וּמְצֶ֥אןָ[f] מְנוּחָ֖ה

(מות =כָּבֵד) with (נתן) (=קְטֹלְנָה)

c. Occasionally a scribe came to consonants in the text that did not match his reading tradition. In order to preserve both these consonants and the longstanding reading tradition, the scribe used a system known as *ketiv qere*. He left the written consonants in the text (כתב "to write"), but pointed them with the vowels of the word he wanted you to read (קרא "to call out, read"). To add clarity, the consonants that correspond to those vowels were placed in the margin with the abbreviation קׅ (for קְרָא). To read the *ketiv qere,* take the vowels in the text and align them with the consonants in the margin. For example, in v. 8 the consonants read יעשה (יַעֲשֶׂה "he will do"), but the scribe reflects a reading tradition with יַֽעַשׂ ("may he do").

d. The *tsere* theme vowel in מֵת is indicative of the Qal stative represented in the gloss by כָּבֵד.

e. Alternate form of עִם used with suffixes.

f. The imperative here has the sense of a jussive. The ending may look odd, but it simply lacks the vowel marker ה you would normally see (i.e., קְטֹלְנָה).

אִשָּׁה בֵּית אִישָׁהּ וַתִּשַּׁק לָהֶן וַתִּשֶּׂאנָה קוֹלָן וַתִּבְכֶּינָה׃

(נשׁק) (נשׂא) (בכה)

10 וַתֹּאמַרְנָה־לָּהּ כִּי־אִתָּךְ נָשׁוּב לְעַמֵּךְ׃ 11 וַתֹּאמֶר נָעֳמִי

p.n.

שֹׁבְנָה בְנֹתַי לָמָּה תֵלַכְנָה עִמִּי הַעוֹד־לִי בָנִים בְּמֵעַי

(שוב =קְטֹלְנָה) (הלך)

וְהָיוּ לָכֶם לַאֲנָשִׁים׃ 12 שֹׁבְנָה בְנֹתַי לֵכְןָ[g] כִּי זָקַנְתִּי מִהְיוֹת[h]

(היה =קְטֹל) (הלך =קְטֹלְנָה) (שוב =קְטֹלְנָה) (היה)

לְאִישׁ כִּי אָמַרְתִּי יֶשׁ־לִי תִקְוָה גַּם הָיִיתִי הַלַּיְלָה לְאִישׁ וְגַם

(היה =קָטַלְתִּי)

יָלַדְתִּי בָנִים׃ 13 הֲלָהֵן ׀ תְּשַׂבֵּרְנָה עַד אֲשֶׁר יִגְדָּלוּ הֲלָהֵן

★ ★ ★

תֵּעָגֵנָה לְבִלְתִּי הֱיוֹת[h] לְאִישׁ[i] אַל בְּנֹתַי כִּי־מַר־לִי מְאֹד מִכֶּם

restrain (עגן =תְּקָטֵּלְנָה) (היה =קְטֹל) (מרר)

כִּי־יָצְאָה בִי יַד־יְהוָה׃ 14 וַתִּשֶּׂנָה קוֹלָן וַתִּבְכֶּינָה עוֹד וַתִּשַּׁק

(נשׂא =תִּקְטֹלְנָה) (בכה) (נשׁק)

g. As in verse 9, this form simply lacks the vowel marker ה you would normally see (i.e., לֵכְנָה).

h. Verbs whose vocabulary form ends in ה add וֹת to the end of the construct infinitive.

i. The phrase תֵּעָגֵנָה לְבִלְתִּי can be confusing to students. When an English clause has two negative components (i.e., "do not refrain from going to the store"), the result is logically understood as positive (i.e., go to the store). However, in Hebrew double negatives reinforce the negative idea. Thus, what students might be tempted to translate as "will you restrain yourself from not being to a man/husband", in Hebrew means "will you refrain, i.e., not have a husband?"

עָרְפָּה֙ לַחֲמוֹתָ֔הּ וְר֖וּת דָּ֥בְקָה בָּֽהּ׃ 15 וַתֹּ֗אמֶר הִנֵּה֙ שָׁ֣בָה

p.n. · mother-in-law · p.n. · (שוב =קָטְלָה)

יְבִמְתֵּ֔ךְ אֶל־עַמָּ֖הּ וְאֶל־אֱלֹהֶ֑יהָ שׁ֖וּבִי אַחֲרֵ֥י יְבִמְתֵּֽךְ׃ 16 וַתֹּ֤אמֶר

brother's wife (יְבֵמָה) · (שוב =קִטְלִי) · brother's wife (יְבֵמָה)

ר֙וּת֙ אַל־תִּפְגְּעִי־בִ֔י לְעָזְבֵ֖ךְ לָשׁ֣וּב מֵאַחֲרָ֑יִךְ כִּ֠י אֶל־אֲשֶׁ֨ר תֵּלְכִ֜י

p.n. · (הלך)

אֵלֵ֗ךְ וּבַאֲשֶׁ֤ר תָּלִ֙ינִי֙ אָלִ֔ין עַמֵּ֣ךְ עַמִּ֔י וֵאלֹהַ֖יִךְ אֱלֹהָֽי׃ 17 בַּאֲשֶׁ֤ר

(הלך) · (לין *qal*)

תָּמ֙וּתִי֙ אָמ֔וּת וְשָׁ֖ם אֶקָּבֵ֑ר כֹּה֩ יַעֲשֶׂ֨ה יְהוָ֥ה לִי֙ וְכֹ֣ה יֹסִ֔יף[j]

(יסף =יַקְטִיל)

כִּ֣י הַמָּ֔וֶת יַפְרִ֖יד בֵּינִ֥י וּבֵינֵֽךְ׃[k] 18 וַתֵּ֕רֶא כִּֽי־מִתְאַמֶּ֥צֶת הִ֖יא

(ראה)

j. The long ō in the preformative syllable of יֹסִיף results from the contraction of the *hiphil*'s short /a/ and the original waw of roots now spelled with *yod* (i.e., יסף).

k. This phrase is part of a Hebrew oath formula that has three components: 1) An introductory formula ("May the Lord do to me and even more so . . .") that serves as the consequence of failing to keep the oath, 2) an "if" clause expressing what one swears to do or not do, and 3) a result clause that states what keeping the oath looks like. In most cases one encounters only one or two of these components with the other(s) merely implied. Ruth 1:17 contains two components, parts one and three with the "if" clause implied—"**May the Lord do to me and even more,** *[if I do not keep my oath]* **because death will separate you and me.**" As a result, most translations find a way to make the "if" clause explicit (e.g., "May the Lord do to me and even more so, *if anything but death separates you and me*"). When the oath formula preserves only one component, the text means the opposite of what it seems to say. For example, "if (אִם) I do this" can mean "I will not do this"—from the full oath, "[*may the Lord do to me and even more so*], if I do this." Conversely, "if I do not (אִם לֹא) do this" can mean "I will do this"—from the full oath, "[*may the Lord do to me and even more so*], if I do not do this."

לָלֶ֣כֶת[l] אִתָּ֑הּ וַתֶּחְדַּ֖ל לְדַבֵּ֥ר אֵלֶֽיהָ׃ 19 וַתֵּלַ֣כְנָה שְׁתֵּיהֶ֔ם

(הלך inf. cst.) — (הלך)

עַד־בֹּאָ֖נָה בֵּ֣ית לָ֑חֶם וַיְהִ֗י כְּבֹאָ֙נָה֙ בֵּ֣ית לֶ֔חֶם וַתֵּהֹ֤ם כָּל־הָעִיר֙

(בֹּאָן = בוא inf. cst. + suff.) — (בֹּאָן = בוא inf. cst. + suff.) — murmur (הום)

עֲלֵיהֶ֔ן וַתֹּאמַ֖רְנָה הֲזֹ֥את נָעֳמִֽי׃ 20 וַתֹּ֣אמֶר אֲלֵיהֶ֔ן אַל־תִּקְרֶ֥אנָה

p.n.

לִ֖י נָעֳמִ֑י קְרֶ֤אןָ לִי֙ מָרָ֔א כִּי־הֵמַ֥ר שַׁדַּ֛י לִ֖י מְאֹֽד׃ 21 אֲנִי֙ מְלֵאָ֣ה

(קרא =קְטֹלְנָה) — Mara — (מרר =הִקְטִיל)

הָלַ֔כְתִּי וְרֵיקָ֖ם הֱשִׁיבַ֣נִי יְהוָ֑ה לָ֣מָּה תִקְרֶ֤אנָה לִי֙ נָעֳמִ֔י וַיהוָה֙ עָ֣נָה בִ֔י

★ — (שוב =הִקְטִיל + suff.)

וְשַׁדַּ֖י הֵ֣רַֽע לִֽי׃ 22 וַתָּ֣שָׁב נָעֳמִ֗י וְר֨וּת הַמּוֹאֲבִיָּ֤ה כַלָּתָהּ֙ עִמָּ֔הּ הַשָּׁ֖בָה[m]

(רעע =הִקְטִיל) — (שוב) — p.n. — p.n. — (שוב =קָטְלָה)

מִשְּׂדֵ֣י מוֹאָ֑ב וְהֵ֗מָּה בָּ֚אוּ בֵּ֣ית לֶ֔חֶם בִּתְחִלַּ֖ת קְצִ֥יר שְׂעֹרִֽים׃

p.n. — (בוא)

l. This verb consistently adds ת to create the infinitive construct.

m. The definite article (used with nouns and adjectives) might suggest that this verb is a participle, but the accent identifies it is as a perfect (pf. שָׁ֫בָה vs. ptc. שָׁבָ֫ה). Hebrew occasionally uses the definite article with the perfect in place of using אֲשֶׁר. The perfect presents the event as past ("the/who returned") while the participle would focus on the person ("the one returning").

209 Learning Biblical Hebrew Workbook

2:1 וּֽלְנָעֳמִ֞י מֹידַ֣ע לְאִישָׁ֗הּ אִ֚ישׁ גִּבּ֣וֹר חַ֔יִל מִמִּשְׁפַּ֖חַת ק מודע

★

אֱלִימֶ֑לֶךְ וּשְׁמ֖וֹ בֹּֽעַז׃ 2 וַתֹּאמֶר֩ ר֨וּת הַמּוֹאֲבִיָּ֜ה אֶֽל־נָעֳמִ֗י

Boaz p.n.

אֵֽלְכָה־נָּ֤א הַשָּׂדֶה֙ וַאֲלַקֳטָ֣ה בַשִּׁבֳּלִ֔ים אַחַ֕ר אֲשֶׁ֥ר אֶמְצָא־חֵ֖ן

(הלך)

בְּעֵינָ֑יו וַתֹּ֥אמֶר לָ֖הּ לְכִ֥י בִתִּֽי׃ 3 וַתֵּ֤לֶךְ וַתָּבוֹא֙ וַתְּלַקֵּ֣ט בַּשָּׂדֶ֔ה

הלך (הלך)

(קְטְלִי=)

אַחֲרֵ֖י הַקֹּצְרִ֑ים וַיִּ֣קֶר מִקְרֶ֔הָ חֶלְקַ֤ת הַשָּׂדֶה֙ לְבֹ֔עַז אֲשֶׁ֖ר

(קרה) fate p.n.

(מִקְרֶה)

מִמִּשְׁפַּ֥חַת אֱלִימֶֽלֶךְ׃ 4 וְהִנֵּה־בֹ֗עַז בָּ֚א מִבֵּ֣ית לֶ֔חֶם וַיֹּ֥אמֶר

p.n. p.n. (בוא) p.n.

לַקּוֹצְרִ֖ים יְהוָ֣ה עִמָּכֶ֑ם וַיֹּ֥אמְרוּ ל֖וֹ יְבָרֶכְךָ֥ יְהוָֽה׃ 5 וַיֹּ֤אמֶר בֹּ֙עַז֙

ברך p.n.

(יְקַטֵּל=)

לְנַעֲר֔וֹ הַנִּצָּ֖ב עַל־הַקּוֹצְרִ֑ים לְמִ֖י הַנַּעֲרָ֥ה הַזֹּֽאת׃ 6 וַיַּ֗עַן הַנַּ֛עַר

נצב (ענה)

(נִקְטַל=)

הַנִּצָּב עַל־הַקּוֹצְרִים וַיֹּאמַר נַעֲרָה מוֹאֲבִיָּה הִיא הַשָּׁבָה[a] עִם־נָעֳמִי

(נצב =נִקְטַל) … (שוב =קָטְלָה)

מִשְּׂדֵה מוֹאָב׃ 7 וַתֹּאמֶר אֲלַקֳטָה־נָּא וְאָסַפְתִּי בָעֳמָרִים אַחֲרֵי

sheaf (עֹמֶר)

הַקּוֹצְרִים וַתָּבוֹא וַתַּעֲמוֹד מֵאָז הַבֹּקֶר וְעַד־עַתָּה זֶה שִׁבְתָּהּ

(ישב inf. cst. + suff.)

הַבַּיִת מְעָט׃[b] 8 וַיֹּאמֶר בֹּעַז אֶל־רוּת הֲלוֹא שָׁמַעַתְּ בִּתִּי

p.n. … (קָטַלְתְּ=)

אַל־תֵּלְכִי לִלְקֹט בְּשָׂדֶה אַחֵר וְגַם לֹא תַעֲבוּרִי מִזֶּה וְכֹה

(הלך)

תִדְבָּקִין[c] עִם־נַעֲרֹתָי׃ 9 עֵינַיִךְ בַּשָּׂדֶה[d] אֲשֶׁר־יִקְצֹרוּן וְהָלַכְתְּ

אַחֲרֵיהֶן הֲלוֹא צִוִּיתִי אֶת־הַנְּעָרִים לְבִלְתִּי נָגְעֵךְ וְצָמִת

(צוה) … to thirst (צמא =קָטַלְתְּ)

a. The definite article (used with nouns and adjectives) might suggest that this verb is a participle, but the accent identifies it is as a perfect (pf. שָׁ֫בָה vs. ptc. שָׁבָ֫ה). Hebrew occasionally uses the definite article with the perfect in place of using אֲשֶׁר. The perfect presents the event as past ("the/who returned") while the participle would focus on the person ("the one returning").

b. To understand the syntax of זֶה שִׁבְתָּהּ הַבַּיִת מְעָט note that masculine זֶה does not refer to Ruth. Ruth would be designated by the feminine זאת. The servant has just said that Ruth worked consistently. But he points to the present circumstance, namely "this," to indicate that what Boaz sees (i.e., Ruth sitting in the house) has only been "a little"—it has only been going on for a short time.

c. Hebrew imperfects sometimes appear with a final *nun* that does not affect meaning. Our students affectionately refer to this as the "*nun* of nothing." For purposes of parsing and translation you can ignore it.

d. The verb in this clause is implied.

וְהָלַכְתְּ אֶל־הַכֵּלִים וְשָׁתִית מֵאֲשֶׁר יִשְׁאֲבוּן הַנְּעָרִים׃ 10 וַתִּפֹּל

(שתה =קָטַלְתְּ) ★ (נפל)

עַל־פָּנֶיהָ וַתִּשְׁתַּחוּ[e] אָרְצָה וַתֹּאמֶר אֵלָיו מַדּוּעַ מָצָאתִי חֵן

(חוה)

בְּעֵינֶיךָ לְהַכִּירֵנִי וְאָנֹכִי נָכְרִיָּה׃ 11 וַיַּעַן בֹּעַז וַיֹּאמֶר לָהּ

(נכר) (ענה)

הֻגֵּד הֻגַּד לִי כֹּל אֲשֶׁר־עָשִׂית אֶת־חֲמוֹתֵךְ אַחֲרֵי מוֹת אִישֵׁךְ

(נגד =הָקְטֵל) (נגד =הָקְטַל) (עשה =קָטַלְתְּ) mother-in-law

וַתַּעַזְבִי אָבִיךְ וְאִמֵּךְ וְאֶרֶץ מוֹלַדְתֵּךְ וַתֵּלְכִי אֶל־עַם אֲשֶׁר

(הלך)

לֹא־יָדַעַתְּ תְּמוֹל שִׁלְשׁוֹם׃[f] 12 יְשַׁלֵּם יְהוָה פָּעֳלֵךְ וּתְהִי[g]

(היה)

מַשְׂכֻּרְתֵּךְ שְׁלֵמָה מֵעִם יְהוָה אֱלֹהֵי יִשְׂרָאֵל אֲשֶׁר־בָּאת לַחֲסוֹת[h]

wage (מַשְׂכֹּרֶת) (בוא =קָטַלְתְּ) (חסה)

תַּחַת־כְּנָפָיו׃ 13 וַתֹּאמֶר אֶמְצָא־חֵן בְּעֵינֶיךָ אֲדֹנִי כִּי נִחַמְתָּנִי

e. This is a singular form even though the ו makes it look plural. The imperfect תִּשְׁתַּחֲוֶה shortens to תִּשְׁתַּחְו in the *waw* consecutive, and the final consonant *waw* is easier to pronounce as a vowel (תִּשְׁתַּחוּ).

f. The phrase "yesterday, the day before yesterday" is used idiomatically to designate time in the past.

g. As you know from Genesis 1:1–5, יְהִי is related to יִהְיֶה and means "let it be / may it be" (jussive). The verb תְּהִי is the feminine form.

h. Verbs whose vocabulary form ends in ה adds וֹת to the end of the construct infinitive.

וְכִי דִבַּרְתָּ עַל־לֵב שִׁפְחָתֶךָ וְאָנֹכִי לֹא אֶהְיֶה כְּאַחַת שִׁפְחֹתֶיךָ׃

14 וַיֹּאמֶר לָה בֹעַז לְעֵת הָאֹכֶל גֹּשִׁי הֲלֹם וְאָכַלְתְּ מִן־הַלֶּחֶם

(לָהּ) · (נגשׁ =קִטְלִי) · here

וְטָבַלְתְּ פִּתֵּךְ בַּחֹמֶץ וַתֵּשֶׁב מִצַּד הַקּוֹצְרִים וַיִּצְבָּט־לָהּ קָלִי

to dip · a piece (פַּת) · vinegar · (ישׁב) · ★ · roasted grain

וַתֹּאכַל וַתִּשְׂבַּע וַתֹּתַר׃[i] 15 וַתָּקָם לְלַקֵּט וַיְצַו בֹּעַז אֶת־נְעָרָיו

(יתר =תַּקְטֵל) · (קום) · (צוה)

לֵאמֹר גַּם בֵּין הָעֳמָרִים תְּלַקֵּט וְלֹא תַכְלִימוּהָ׃ 16 וְגַם

sheaf (עֹמֶר)

שֹׁל־תָּשֹׁלּוּ לָהּ מִן־הַצְּבָתִים וַעֲזַבְתֶּם וְלִקְּטָה וְלֹא

to draw out (שׁלל =קָטוֹל תִּקְטְלוּ) · bundle (צֶבֶת)

תִגְעֲרוּ־בָהּ׃ 17 וַתְּלַקֵּט בַּשָּׂדֶה עַד־הָעָרֶב וַתַּחְבֹּט אֵת אֲשֶׁר־לִקֵּטָה

★ · ★

וַיְהִי כְּאֵיפָה[j] שְׂעֹרִים׃ 18 וַתִּשָּׂא וַתָּבוֹא הָעִיר וַתֵּרֶא חֲמוֹתָהּ

(נשׂא) · (ראה) · mother-in-law

i. The long ō in the preformative syllable of וַתֹּתַר (see also וַתּוֹצֵא and הוֹתִרָה in v. 18) results from a contraction of the *hiphil's* short /a/ preformative and *waw* that originally appeared in roots now spelled with *yod* (i.e., יתר and יצא).

j. An ephah is a measurement of volume for dry goods such as grain. It is estimated to have been around ten to twenty liters.

אֵת אֲשֶׁר־לִקֵּטָה וַתּוֹצֵא וַתִּתֶּן־לָהּ אֵת אֲשֶׁר־הוֹתִרָה[k] מִשָּׂבְעָהּ׃

(יצא =תַּקְטֵל) (נתן) (יתר =הִקְטִילָה)

19 וַתֹּאמֶר לָהּ חֲמוֹתָהּ אֵיפֹה לִקַּטְתְּ הַיּוֹם וְאָנָה עָשִׂית יְהִי

mother-in-law; where?; (עשה =קָטַלְתְּ); (היה juss.)

מַכִּירֵךְ בָּרוּךְ וַתַּגֵּד לַחֲמוֹתָהּ אֵת אֲשֶׁר־עָשְׂתָה עִמּוֹ וַתֹּאמֶר שֵׁם

(נכר =מַקְטִיל); (נגד =תַּקְטֵל); mother-in-law; (עשה =קָטְלָה)

הָאִישׁ אֲשֶׁר עָשִׂיתִי עִמּוֹ הַיּוֹם בֹּעַז׃ 20 וַתֹּאמֶר נָעֳמִי

(עשה =קָטַלְתִּי)

לְכַלָּתָהּ בָּרוּךְ הוּא לַיהוָה אֲשֶׁר לֹא־עָזַב חַסְדּוֹ אֶת־הַחַיִּים

וְאֶת־הַמֵּתִים[l] וַתֹּאמֶר לָהּ נָעֳמִי קָרוֹב לָנוּ הָאִישׁ מִגֹּאֲלֵנוּ הוּא׃

(מות =כְּבֵדִים)

21 וַתֹּאמֶר רוּת הַמּוֹאֲבִיָּה גַּם ׀ כִּי־אָמַר אֵלַי עִם־הַנְּעָרִים

p.n.

אֲשֶׁר־לִי תִּדְבָּקִין עַד אִם־כִּלּוּ אֵת כָּל־הַקָּצִיר אֲשֶׁר־לִי׃

(כלה)

k. For “she caused to remain” think “she saved.”

l. The *tsere* theme vowel in מֵת is indicative of the *qal* stative represented in the gloss by כָּבֵד.

22 וַתֹּ֥אמֶר נָעֳמִ֖י אֶל־ר֣וּת כַּלָּתָ֑הּ ט֣וֹב בִּתִּ֗י כִּ֤י תֵֽצְאִי֙ עִם־נַ֣עֲרוֹתָ֔יו
(יצא)

וְלֹ֥א יִפְגְּעוּ־בָ֖ךְ בְּשָׂדֶ֥ה אַחֵֽר׃ 23 וַתִּדְבַּ֞ק בְּנַעֲר֥וֹת בֹּ֙עַז֙ לְלַקֵּ֔ט

עַד־כְּל֥וֹת[m] קְצִיר־הַשְּׂעֹרִ֖ים וּקְצִ֣יר הַֽחִטִּ֑ים וַתֵּ֖שֶׁב אֶת־חֲמוֹתָֽהּ׃
(כלה) (ישב) mother-in-law

m. Verbs whose vocabulary form ends in ה add וֹת to the end of the construct infinitive.

3:1 וַתֹּאמֶר לָהּ נָעֳמִי חֲמוֹתָהּ בִּתִּי הֲלֹא אֲבַקֶּשׁ־לָךְ מָנוֹחַ

mother-in-law

אֲשֶׁר יִיטַב־לָךְ׃ 2 וְעַתָּה הֲלֹא בֹעַז מֹדַעְתָּנוּ אֲשֶׁר הָיִית

(יטב =יִקְטֹל)

relative (מֹדַעַת)

אֶת־נַעֲרוֹתָיו הִנֵּה־הוּא זֹרֶה אֶת־גֹּרֶן הַשְּׂעֹרִים הַלָּיְלָה׃

3 וְרָחַצְתְּ | וָסַכְתְּ וְשַׂמְתְּ[a] שִׂמְלֹתֵךְ[b] עָלַיִךְ[c] וְיָרַדְתִּי ק שמלתיך

ק וירדת[b]

anoint (סוך)

(שׂים)

הַגֹּרֶן אַל־תִּוָּדְעִי לָאִישׁ עַד כַּלֹּתוֹ לֶאֱכֹל וְלִשְׁתּוֹת׃

(ידע)

4 וִיהִי בְשָׁכְבוֹ וְיָדַעַתְּ אֶת־הַמָּקוֹם אֲשֶׁר יִשְׁכַּב־שָׁם וּבָאת וְגִלִּית

(בוא =קָטַלְתְּ)

מַרְגְּלֹתָיו וְשָׁכָבְתִּי וְהוּא יַגִּיד לָךְ אֵת אֲשֶׁר תַּעֲשִׂין׃ ק ושכבת

place around the feet

(נגד)

a. Daniel Block (*Judges, Ruth*, NAC [Nashville: Broadman, 1999], 684) notes the similarity between this verse and the language used to describe the end of David's period of mourning in 2 Samuel 12:20 (וַיָּקָם דָּוִד מֵהָאָרֶץ וַיִּרְחַץ וַיָּסֶךְ וַיְחַלֵּף שִׂמְלֹתָו).

b. The *ketiv*, the consonants in the text, could be read as a singular noun (שִׂמְלָתֵךְ) or a plural noun written without the *yod* vowel marker. The *qere*, the vowels plus the consonants in the margin, is plural (שִׂמְלֹתַיִךְ), indicating that the scribe's reading tradition read "your garments".

c. The *ketiv* וְיָרַדְתִּי is a historic form of the 2fs perfect (preserved in Biblical Hebrew with direct object suffixes; see *LBH* chapter 23). The *qere* uses the more common 2fs form (וְיָרַדְתְּ). See also Ruth 3:4 (וְשָׁכַבְתִּי).

5 וַתֹּ֥אמֶר אֵלֶ֑יהָ כֹּ֛ל אֲשֶׁר־תֹּאמְרִ֥י ֵ ַ֖ [d] אֶֽעֱשֶֽׂה׃ ‏ ק אלי

6 וַתֵּ֖רֶד הַגֹּ֑רֶן וַתַּ֕עַשׂ כְּכֹ֥ל אֲשֶׁר־צִוַּ֖תָּה חֲמוֹתָֽהּ׃ 7 וַיֹּ֨אכַל

(ירד) — mother-in-law

בֹּ֤עַז וַיֵּשְׁתְּ֙ וַיִּיטַ֣ב לִבּ֔וֹ וַיָּבֹ֕א לִשְׁכַּ֖ב בִּקְצֵ֣ה הָעֲרֵמָ֑ה וַתָּבֹ֣א

(יטב =יִקְטֹל) (בוא) ★ (בוא)

בַלָּ֔ט וַתְּגַ֥ל מַרְגְּלֹתָ֖יו וַתִּשְׁכָּֽב׃ 8 וַיְהִי֙ בַּחֲצִ֣י הַלַּ֔יְלָה וַיֶּחֱרַ֥ד

secrecy — place around the feet

הָאִ֖ישׁ וַיִּלָּפֵ֑ת וְהִנֵּ֣ה אִשָּׁ֔ה שֹׁכֶ֖בֶת מַרְגְּלֹתָֽיו׃ 9 וַיֹּ֖אמֶר מִי־אָ֑תְּ

★ — place around the feet

וַתֹּ֗אמֶר אָנֹכִי֙ ר֣וּת אֲמָתֶ֔ךָ וּפָרַשְׂתָּ֤ כְנָפֶ֙ךָ֙ עַל־אֲמָ֣תְךָ֔ [e] כִּ֥י

גֹאֵ֖ל אָֽתָּה׃ 10 וַיֹּ֗אמֶר בְּרוּכָ֨ה אַ֤תְּ לַֽיהוָה֙ בִּתִּ֔י הֵיטַ֛בְתְּ חַסְדֵּ֥ךְ

הָאַחֲר֖וֹן מִן־הָרִאשׁ֑וֹן לְבִלְתִּי־לֶ֗כֶת אַֽחֲרֵי֙ הַבַּ֣חוּרִ֔ים אִם־דַּ֖ל

(הלך inf. cst.)

d. The inclusion of the vowels even where there are no consonants shows that the reading tradition had the word אלי where the standardized consonantal text did not.

e. Spreading the wing over a woman is an image used to portray the act of protection and marriage. Compare Ezekiel 16:8—"Then I passed by and saw you, and behold, you were at the time for experiencing love; *so I spread my wing over you* and covered your nakedness. I swore to you and entered into a covenant with you so that you became mine."

וְאִם־עָשִׁיר׃ 11 וְעַתָּה בִּתִּי אַל־תִּירְאִי כֹּל אֲשֶׁר־תֹּאמְרִי

אֶעֱשֶׂה־לָּךְ כִּי יוֹדֵעַ כָּל־שַׁעַר עַמִּי כִּי אֵשֶׁת חַיִל אָתְּ׃ 12 וְעַתָּה

כִּי אָמְנָם כִּי אם[f] גֹּאֵל אָנֹכִי וְגַם יֵשׁ גֹּאֵל קָרוֹב מִמֶּנִּי׃

אָמְנָם: truly

13 לִינִי | הַלַּיְלָה וְהָיָה בַבֹּקֶר אִם־יִגְאָלֵךְ טוֹב יִגְאָל וְאִם־לֹא

לִינִי: (לין =קְטֹלִי)

יַחְפֹּץ לְגָאֳלֵךְ וּגְאַלְתִּיךְ אָנֹכִי חַי־יְהוָה[g] שִׁכְבִי עַד־הַבֹּקֶר׃

יַחְפֹּץ: (=יִקְטֹל)

14 וַתִּשְׁכַּב מַרְגְּלֹתָו[h] עַד־הַבֹּקֶר וַתָּקָם בְּטֶרֶום[i] יַכִּיר אִישׁ — ק מרגלתיו; ק בטרם

מַרְגְּלֹתָו: place around the feet; וַתָּקָם: (קום); יַכִּיר: (נכר)

אֶת־רֵעֵהוּ וַיֹּאמֶר אַל־יִוָּדַע כִּי־בָאָה הָאִשָּׁה הַגֹּרֶן׃ 15 וַיֹּאמֶר

בָאָה: (בוא =קָטְלָה)

הָבִי הַמִּטְפַּחַת אֲשֶׁר־עָלַיִךְ וְאֶחֳזִי־בָהּ וַתֹּאחֶז בָּהּ וַיָּמָד

וְאֶחֳזִי: ★; וַיָּמָד: (מדד)

f. The word אם is not pointed because it was not present in the scribe's reading tradition.

g. This phrase "alive (adj.) is the Lord" voices an oath (i.e., "as the Lord lives").

h. The difference between the *ketiv* and *qere* is merely the difference between a defective spelling without the *yod* vowel marker and a full spelling with the *yod* vowel marker (מרגלתו vs מרגלתיו).

i. This *qere* adopts the standard form of the preposition (טֶרֶם) instead of what appears to be an alternate form of the same word טְרוֹם (attested only here).

שֵׁשׁ־שְׂעֹרִים֙ וַיָּ֣שֶׁת עָלֶ֔יהָ וַיָּבֹ֖א הָעִֽיר׃ 16 וַתָּבוֹא֙ אֶל־חֲמוֹתָ֔הּ

(שית) (בוא) mother-in-law

וַתֹּ֖אמֶר מִי־אַ֣תְּ בִּתִּ֑י וַתַּ֨גֶּד־לָ֔הּ אֵ֛ת כָּל־אֲשֶׁ֥ר עָֽשָׂה־לָ֖הּ הָאִֽישׁ׃

(נגד)

17 וַתֹּ֕אמֶר שֵׁשׁ־הַשְּׂעֹרִ֥ים הָאֵ֖לֶּה נָ֣תַן לִ֑י כִּ֚י אָמַ֣ר [k] ק אלי

אַל־תָּב֥וֹאִי רֵיקָ֖ם אֶל־חֲמוֹתֵֽךְ׃ 18 וַתֹּ֗אמֶר שְׁבִ֣י בִתִּ֔י עַ֚ד אֲשֶׁ֣ר

★ mother-in-law

תֵּֽדְעִ֔ין אֵ֖יךְ יִפֹּ֣ל דָּבָ֑ר כִּ֣י לֹ֤א יִשְׁקֹט֙ הָאִ֔ישׁ כִּֽי־אִם־כִּלָּ֥ה

(נפל)

הַדָּבָ֖ר הַיּֽוֹם׃

j. Consider that it was still dark out when Ruth arrived.

k. The inclusion of the vowels even where there are no consonants shows that the reading tradition had the word אלי where the standardized consonantal text did not.

4:1 וּבֹ֨עַז עָלָ֣ה הַשַּׁ֘עַר֮ וַיֵּ֣שֶׁב שָׁם֒ וְהִנֵּ֨ה הַגֹּאֵ֤ל עֹבֵר֙ אֲשֶׁ֣ר

דִּבֶּר־בֹּ֔עַז וַיֹּ֛אמֶר ס֥וּרָה שְׁבָה־פֹּ֖ה פְּלֹנִ֣י אַלְמֹנִ֑י וַיָּ֖סַר וַיֵּשֵֽׁב׃

so and so

2 וַיִּקַּ֞ח עֲשָׂרָ֧ה אֲנָשִׁ֛ים מִזִּקְנֵ֥י הָעִ֖יר וַיֹּ֣אמֶר שְׁבוּ־פֹ֑ה וַיֵּשֵֽׁבוּ׃

(לקח)

3 וַיֹּ֨אמֶר֙ לַגֹּאֵ֔ל חֶלְקַת֙ הַשָּׂדֶ֔ה אֲשֶׁ֥ר לְאָחִ֖ינוּ לֶאֱלִימֶ֑לֶךְ מָכְרָ֣ה[a]

p.n.

נָעֳמִ֔י הַשָּׁ֖בָה[b] מִשְּׂדֵ֥ה מוֹאָֽב׃ 4 וַאֲנִ֨י אָמַ֜רְתִּי[c] אֶגְלֶ֧ה אָזְנְךָ֣

לֵאמֹ֗ר קְ֠נֵה נֶ֣גֶד הַיֹּשְׁבִים֮ וְנֶ֣גֶד זִקְנֵ֣י עַמִּי֒ אִם־תִּגְאַל֙ גְּאָ֔ל

וְאִם־לֹ֨א יִגְאַ֜ל[d] הַגִּ֣ידָה לִּ֗י וְאֵדְעָ֗[e] כִּ֣י אֵ֤ין זוּלָֽתְךָ֙ לִגְא֔וֹל ק ואדעה

★ (נגד)

a. Naomi and her husband would have sold the property when they moved to Moab. The responsibility of the kinsman redeemer was to buy the property back on Naomi's behalf.

b. The definite article (used with nouns and adjectives) might suggest that this verb is a participle, but the accent identifies it is as a perfect (pf. שָׁ֫בָה vs. ptc. שָׁבָ֫ה). Hebrew occasionally uses the definite article with the perfect in place of using אֲשֶׁר. The perfect presents the event as past ("the/who returned") while the participle would focus on the person ("the one returning").

c. The verb אמר is sometimes used to express what someone thought.

d. Third person active verbs are sometimes used in an impersonal sense almost like a passive—i.e., "if someone is not going to redeem" = "if it is not going to be redeemed". We do something similar in English when we say, "They say it's a good movie," to mean "The movie is said to be good."

e. This *ketiv-qere* reflects the difference between an imperfect and cohortative (וְאֵדַע vs. וְאֵדְעָה).

וְאָנֹכִי אַחֲרֶיךָ וַיֹּאמֶר אָנֹכִי אֶגְאָל׃ 5 וַיֹּאמֶר בֹּעַז בְּיוֹם־קְנוֹתְךָ

הַשָּׂדֶה מִיַּד נָעֳמִי וּמֵאֵת[f] רוּת הַמּוֹאֲבִיָּה אֵשֶׁת־הַמֵּת

p.n.

קָנִיתִי[g] לְהָקִים שֵׁם־הַמֵּת עַל־נַחֲלָתוֹ׃[h] 6 וַיֹּאמֶר הַגֹּאֵל — ק קניתה

לֹא אוּכַל לִגְאָול־לִי[i] פֶּן־אַשְׁחִית אֶת־נַחֲלָתִי[j] גְּאַל־לְךָ אַתָּה — ק לגאל

אֶת־גְּאֻלָּתִי כִּי לֹא־אוּכַל לִגְאֹל׃ 7 וְזֹאת לְפָנִים בְּיִשְׂרָאֵל

★

עַל־הַגְּאוּלָּה וְעַל־הַתְּמוּרָה לְקַיֵּם כָּל־דָּבָר שָׁלַף אִישׁ נַעֲלוֹ וְנָתַן

★ ★

לְרֵעֵהוּ וְזֹאת הַתְּעוּדָה בְּיִשְׂרָאֵל׃ 8 וַיֹּאמֶר הַגֹּאֵל לְבֹעַז קְנֵה־לָךְ

★

f. MT וּמֵאֵת probably resulted from a letter *gimel* being lost during the copying of the text (e.g., וגם את → ומאת). Compare the similar statement in 4:10, וְגַם אֶת־רוּת הַמֹּאֲבִיָּה אֵשֶׁת מַחְלוֹן קָנִיתִי.

g. The vowels of the *qere* indicate that one should read a second person (קָנִיתָ) instead of a first person form represented by the consonantal text (קָנִיתִי).

h. The practice of the kinsman redeemer is discussed in Leviticus 25 and the related practice of levirate marriage can be found in Deuteronomy 25:5–10 (compare Gen 38).

i. The difference between the *ketiv* (לִגְאוֹל לִי) and the *qere* (לִגְאָל־לִי) is related to the accents. Without *maqqeph*, גְּאוֹל (inf. cst.) is written with a long vowel. But when joined by *maqqeph*, words are treated as a single unit, and the accent in the first word is lost. The resulting closed, unaccented syllable takes a short vowel (לִגְאָל־).

j. The kinsman expresses a legitimate financial concern. The money spent to redeem Elimelek's land would deplete his own wealth, and the land itself would be given to Elimelek's heir born through this marriage to Ruth without benefitting his own children. Depending on the redeemer's wealth and family dynamics, this could leave his own children (and potential future children of him and Ruth together) without an inheritance.

וַיִּשְׁלֹף נַעֲלוֹ׃ 9 וַיֹּאמֶר בֹּעַז לַזְּקֵנִים וְכָל־הָעָם עֵדִים אַתֶּם הַיּוֹם

כִּי קָנִיתִי אֶת־כָּל־אֲשֶׁר לֶאֱלִימֶלֶךְ וְאֵת כָּל־אֲשֶׁר לְכִלְיוֹן וּמַחְלוֹן

p.n. p.n. p.n.

מִיַּד נָעֳמִי׃ 10 וְגַם אֶת־רוּת הַמֹּאֲבִיָּה אֵשֶׁת מַחְלוֹן קָנִיתִי לִי

p.n. p.n.

לְאִשָּׁה לְהָקִים שֵׁם־הַמֵּת עַל־נַחֲלָתוֹ וְלֹא־יִכָּרֵת שֵׁם־הַמֵּת מֵעִם

אֶחָיו וּמִשַּׁעַר מְקוֹמוֹ עֵדִים אַתֶּם הַיּוֹם׃ 11 וַיֹּאמְרוּ כָּל־הָעָם

אֲשֶׁר־בַּשַּׁעַר וְהַזְּקֵנִים עֵדִים יִתֵּן יְהוָה אֶת־הָאִשָּׁה הַבָּאָה

(נתן)

אֶל־בֵּיתֶךָ כְּרָחֵל ׀ וּכְלֵאָה אֲשֶׁר בָּנוּ שְׁתֵּיהֶם אֶת־בֵּית יִשְׂרָאֵל

p.n. p.n.

וַעֲשֵׂה־חַיִל[k] בְּאֶפְרָתָה וּקְרָא־שֵׁם בְּבֵית לָחֶם׃ 12 וִיהִי בֵיתְךָ

Ephratah

k. The imperative is sometimes used after a jussive or cohortative to indicate a consequence that is viewed as a certainty (cf. GKC §110i). Thus, "May the Lord give (יִתֵּן) . . . , so that you do (וַעֲשֵׂה) . . . ."

כְּבֵית פֶּרֶץ אֲשֶׁר־יָלְדָה תָמָר לִיהוּדָה[l] מִן־הַזֶּרַע אֲשֶׁר יִתֵּן
p.n. p.n. p.n. (נתן)

יְהוָה לְךָ מִן־הַנַּעֲרָה הַזֹּאת׃ 13 וַיִּקַּח בֹּעַז אֶת־רוּת וַתְּהִי־לוֹ
(לקח)

לְאִשָּׁה וַיָּבֹא אֵלֶיהָ וַיִּתֵּן יְהוָה לָהּ הֵרָיוֹן וַתֵּלֶד בֵּן׃
(נתן) pregnancy

14 וַתֹּאמַרְנָה הַנָּשִׁים אֶל־נָעֳמִי בָּרוּךְ יְהוָה אֲשֶׁר לֹא הִשְׁבִּית לָךְ

גֹּאֵל הַיּוֹם וְיִקָּרֵא שְׁמוֹ בְּיִשְׂרָאֵל׃ 15 וְהָיָה לָךְ לְמֵשִׁיב נֶפֶשׁ[m]

וּלְכַלְכֵּל אֶת־שֵׂיבָתֵךְ כִּי כַלָּתֵךְ אֲשֶׁר־אֲהֵבַתֶךְ יְלָדַתּוּ אֲשֶׁר־הִיא

טוֹבָה לָךְ מִשִּׁבְעָה בָּנִים׃ 16 וַתִּקַּח נָעֳמִי אֶת־הַיֶּלֶד וַתְּשִׁתֵהוּ
(לקח)

בְחֵיקָהּ וַתְּהִי־לוֹ לְאֹמֶנֶת׃ 17 וַתִּקְרֶאנָה לוֹ הַשְּׁכֵנוֹת שֵׁם לֵאמֹר

★

l. The clause אֲשֶׁר־יָלְדָה תָמָר לִיהוּדָה describes Perez. The rest of the verse returns to the original topic of blessing Boaz' house (וִיהִי בֵיתְךָ כְּבֵית פֶּרֶץ).

m. In the *hiphil*, the verb שׁוב means "to cause to return" and can imply restoration to an original state. Thus, when used with נֶפֶשׁ (soul), it means "to refresh" or "revive." The child is one who will revive or refresh Naomi's soul (i.e., a comforter or an encourager).

יָֽלַּד־בֵּ֖ן לְנָעֳמִ֑י וַתִּקְרֶ֤אנָה שְׁמוֹ֙ עוֹבֵ֔ד ה֥וּא אֲבִי־יִשַׁ֖י אֲבִ֥י דָוִֽד׃ פ

p.n. p.n. p.n.

18 וְאֵ֙לֶּה֙ תּוֹלְד֣וֹת פָּ֔רֶץ פֶּ֖רֶץ הוֹלִ֥יד אֶת־חֶצְרֽוֹן׃

p.n. p.n. p.n.

19 וְחֶצְרוֹן֙ הוֹלִ֣יד אֶת־רָ֔ם וְרָ֖ם הוֹלִ֥יד אֶת־עַמִּֽינָדָֽב׃

p.n. p.n. p.n. p.n.

20 וְעַמִּֽינָדָב֙ הוֹלִ֣יד אֶת־נַחְשׁ֔וֹן וְנַחְשׁ֖וֹן הוֹלִ֥יד אֶת־שַׂלְמָֽה׃

p.n. p.n. p.n. p.n.

21 וְשַׂלְמוֹן֙ הוֹלִ֣יד אֶת־בֹּ֔עַז וּבֹ֖עַז הוֹלִ֥יד אֶת־עוֹבֵֽד׃

p.n. p.n. p.n. p.n.

22 וְעֹבֵד֙ הוֹלִ֣יד אֶת־יִשָׁ֔י וְיִשַׁ֖י הוֹלִ֥יד אֶת־דָּוִֽד׃

p.n. p.n. p.n. p.n.

The Book of Jonah

Jonah prophesied during the days of Jeroboam king of Israel (793–753 BCE). He was a contemporary of Hosea and Amos. We know little about his ministry in Israel except that he predicted the restoration of Israel's traditional borders because the Lord had compassion on the nation in spite of their sin (2 Kgs 14:25–27). The book of Jonah is unlike all the other Minor Prophets in that it is a story *about* the prophet rather than a record of prophecies delivered *by* the prophet. Moreover, it is important to distinguish between the prophetic message to Nineveh and the literary message to Israel. When reading for that literary message, be sure to enjoy the irony in the way the story is told.

JONAH 1

1:1 וַֽיְהִי֙ דְּבַר־יְהֹוָ֔ה אֶל־יוֹנָ֥ה בֶן־אֲמִתַּ֖י לֵאמֹֽר׃ 2 ק֠וּם לֵ֧ךְ

Amittai Jonah

אֶל־נִֽינְוֵ֛ה הָעִ֥יר הַגְּדוֹלָ֖ה וּקְרָ֣א עָלֶ֑יהָ כִּֽי־עָלְתָ֥ה רָעָתָ֖ם לְפָנָֽי׃

Nineveh

3 וַיָּ֤קָם יוֹנָה֙ לִבְרֹ֣חַ תַּרְשִׁ֔ישָׁה מִלִּפְנֵ֖י יְהוָ֑ה וַיֵּ֨רֶד יָפ֜וֹ וַיִּמְצָ֥א

Joppa Tarshish

אָנִיָּ֣ה[a] ׀ בָּאָ֣ה תַרְשִׁ֗ישׁ וַיִּתֵּ֨ן שְׂכָרָ֜הּ וַיֵּ֤רֶד בָּהּ֙ לָב֤וֹא עִמָּהֶם֙

p.n.

תַּרְשִׁ֔ישָׁה מִלִּפְנֵ֖י יְהוָֽה׃ 4 וַֽיהוָ֗ה הֵטִ֤יל רֽוּחַ־גְּדוֹלָה֙ אֶל־הַיָּ֔ם וַיְהִ֥י

★ p.n.

סַֽעַר־גָּד֖וֹל בַּיָּ֑ם וְהָ֣אֳנִיָּ֔ה חִשְּׁבָ֖ה לְהִשָּׁבֵֽר׃ 5 וַיִּֽירְא֣וּ הַמַּלָּחִ֗ים

sailor ★

a. This word should be pointed אֳנִיָּה as in vv. 4–5.

וַיִּזְעֲקוּ֙ אִ֣ישׁ אֶל־אֱלֹהָ֔יו וַיָּטִ֨לוּ אֶת־הַכֵּלִ֜ים אֲשֶׁ֤ר בָּֽאֳנִיָּה֙ אֶל־הַיָּ֔ם
★

לְהָקֵ֖ל מֵעֲלֵיהֶ֑ם וְיוֹנָ֗ה יָרַד֙ אֶל־יַרְכְּתֵ֣י הַסְּפִינָ֔ה וַיִּשְׁכַּ֖ב וַיֵּרָדַֽם׃
★ hold (of a ship)

6 וַיִּקְרַ֤ב אֵלָיו֙ רַ֣ב הַחֹבֵ֔ל וַיֹּ֥אמֶר ל֖וֹ מַה־לְּךָ֣ נִרְדָּ֑ם ק֚וּם קְרָ֣א
★ sailor(s)

אֶל־אֱלֹהֶ֔יךָ אוּלַ֞י יִתְעַשֵּׁ֧ת הָאֱלֹהִ֛ים לָ֖נוּ וְלֹ֥א נֹאבֵֽד׃ 7 וַיֹּאמְר֞וּ
★

אִ֣ישׁ אֶל־רֵעֵ֗הוּ לְכוּ֙ וְנַפִּ֣ילָה גוֹרָל֔וֹת וְנֵ֣דְעָ֔ה בְּשֶׁלְּמִ֛י[b] הָרָעָ֥ה הַזֹּ֖את

לָ֑נוּ וַיַּפִּ֙לוּ֙ גּֽוֹרָל֔וֹת וַיִּפֹּ֥ל הַגּוֹרָ֖ל עַל־יוֹנָֽה׃ 8 וַיֹּאמְר֣וּ אֵלָ֔יו

הַגִּֽידָה־נָּ֣א לָ֔נוּ בַּאֲשֶׁ֛ר לְמִי־הָרָעָ֥ה הַזֹּ֖את לָ֑נוּ מַה־מְּלַאכְתְּךָ֙ וּמֵאַ֣יִן

תָּב֔וֹא מָ֣ה אַרְצֶ֔ךָ וְאֵֽי־מִזֶּ֥ה עַ֖ם אָֽתָּה׃ 9 וַיֹּ֣אמֶר אֲלֵיהֶ֖ם עִבְרִ֣י
Hebrew

b. The phrase בְּשֶׁלְּמִי is a combination of בְּ + שֶׁ (אֲשֶׁר) + לְ + מִי and means "on account of whom" (lit. "on what pertains to whom"). The particle שֶׁ is a form of the relative pronoun dominantly used in later books in the Hebrew Bible. A fuller form is seen in the identical phrase בַּאֲשֶׁר לְמִי in the following verse (1:8).

אָנֹ֑כִי וְאֶת־יְהוָ֞ה אֱלֹהֵ֤י הַשָּׁמַ֙יִם֙ אֲנִ֣י יָרֵ֔א אֲשֶׁר־עָשָׂ֥ה אֶת־הַיָּ֖ם

וְאֶת־הַיַּבָּשָֽׁה׃ 10 וַיִּֽירְא֤וּ הָֽאֲנָשִׁים֙ יִרְאָ֣ה גְדוֹלָ֔ה וַיֹּאמְר֥וּ אֵלָ֖יו

מַה־זֹּ֣את עָשִׂ֑יתָ כִּֽי־יָדְע֣וּ הָאֲנָשִׁ֗ים כִּֽי־מִלִּפְנֵ֤י יְהוָה֙ ה֣וּא בֹרֵ֔חַ כִּ֥י

הִגִּ֖יד לָהֶֽם׃ 11 וַיֹּאמְר֤וּ אֵלָיו֙ מַה־נַּ֣עֲשֶׂה לָּ֔ךְ וְיִשְׁתֹּ֥ק הַיָּ֖ם מֵעָלֵ֑ינוּ

be quiet

כִּ֥י הַיָּ֖ם הוֹלֵ֥ךְ וְסֹעֵֽר׃[c] 12 וַיֹּ֣אמֶר אֲלֵיהֶ֗ם שָׂא֙וּנִי֙ וַהֲטִילֻ֣נִי

★ ★

אֶל־הַיָּ֔ם וְיִשְׁתֹּ֥ק הַיָּ֖ם מֵעֲלֵיכֶ֑ם כִּ֚י יוֹדֵ֣עַ אָ֔נִי כִּ֣י בְשֶׁלִּ֔י הַסַּ֧עַר

be quiet ★

הַגָּד֛וֹל הַזֶּ֖ה עֲלֵיכֶֽם׃ 13 וַיַּחְתְּר֣וּ הָאֲנָשִׁ֗ים לְהָשִׁ֛יב אֶל־הַיַּבָּשָׁ֖ה

to dig, row

וְלֹ֣א יָכֹ֑לוּ כִּ֣י הַיָּ֔ם הוֹלֵ֥ךְ וְסֹעֵ֖ר עֲלֵיהֶֽם׃ 14 וַיִּקְרְא֨וּ אֶל־יְהוָ֜ה

★

c. The participle or infinitive absolute of הלך together with another verb in the participle or infinitive absolute form expresses the continuance ("the sea continued to storm") or progress of an action ("the sea grew stormier").

וַיֹּאמְר֗וּ אָנָּ֤ה יְהוָה֙ אַל־נָ֣א נֹאבְדָ֗ה בְּנֶ֙פֶשׁ֙ הָאִ֣ישׁ הַזֶּ֔ה וְאַל־תִּתֵּ֥ן

please

עָלֵ֖ינוּ דָּ֣ם נָקִ֑יא כִּֽי־אַתָּ֣ה יְהוָ֔ה כַּאֲשֶׁ֥ר חָפַ֖צְתָּ עָשִֽׂיתָ׃ 15 וַיִּשְׂאוּ֙

אֶת־יוֹנָ֔ה וַיְטִלֻ֖הוּ אֶל־הַיָּ֑ם וַיַּעֲמֹ֥ד הַיָּ֖ם מִזַּעְפּֽוֹ׃ 16 וַיִּֽירְא֧וּ הָאֲנָשִׁ֛ים

raging
(זַעַף)
★

יִרְאָ֥ה גְדוֹלָ֖ה אֶת־יְהוָ֑ה וַיִּֽזְבְּחוּ־זֶ֙בַח֙ לַֽיהוָ֔ה וַֽיִּדְּר֖וּ נְדָרִֽים׃

2:1 וַיְמַ֤ן יְהוָה֙ דָּ֣ג גָּד֔וֹל לִבְלֹ֖עַ אֶת־יוֹנָ֑ה וַיְהִ֤י יוֹנָה֙ בִּמְעֵ֣י הַדָּ֔ג

שְׁלֹשָׁ֥ה יָמִ֖ים וּשְׁלֹשָׁ֥ה לֵילֽוֹת׃ 2 וַיִּתְפַּלֵּ֣ל יוֹנָ֔ה אֶל־יְהוָ֖ה אֱלֹהָ֑יו

מִמְּעֵ֖י הַדָּגָֽה׃ 3 וַיֹּ֗אמֶר

קָ֠רָאתִי מִצָּ֥רָה לִ֛י אֶל־יְהוָ֖ה וַֽיַּעֲנֵ֑נִי

מִבֶּ֧טֶן שְׁא֛וֹל שִׁוַּ֖עְתִּי שָׁמַ֥עְתָּ קוֹלִֽי׃

4 וַתַּשְׁלִיכֵ֤נִי מְצוּלָה֙ בִּלְבַ֣ב יַמִּ֔ים וְנָהָ֖ר יְסֹבְבֵ֑נִי

the deep

כָּל־מִשְׁבָּרֶ֥יךָ וְגַלֶּ֖יךָ עָלַ֥י עָבָֽרוּ׃

wave breaker

5 וַאֲנִ֣י אָמַ֔רְתִּי נִגְרַ֖שְׁתִּי מִנֶּ֣גֶד עֵינֶ֑יךָ

אַ֚ךְ אוֹסִ֣יף לְהַבִּ֔יט אֶל־הֵיכַ֖ל קָדְשֶֽׁךָ׃

6 אֲפָפ֤וּנִי מַ֙יִם֙ עַד־נֶ֔פֶשׁ תְּה֖וֹם יְסֹבְבֵ֑נִי

encircle

ס֖וּף חָב֥וּשׁ לְרֹאשִֽׁי׃

weeds

7 לְקִצְבֵ֤י הָרִים֙ יָרַ֔דְתִּי הָאָ֛רֶץ בְּרִחֶ֥יהָ בַעֲדִ֖י לְעוֹלָ֑ם

base

(קֶ֫צֶב)

וַתַּ֧עַל מִשַּׁ֛חַת חַיַּ֖י יְהוָ֥ה אֱלֹהָֽי׃

8 בְּהִתְעַטֵּ֤ף עָלַי֙ נַפְשִׁ֔י אֶת־יְהוָ֖ה זָכָ֑רְתִּי

be faint

וַתָּב֤וֹא אֵלֶ֙יךָ֙ תְּפִלָּתִ֔י אֶל־הֵיכַ֖ל קָדְשֶֽׁךָ׃

9 מְשַׁמְּרִ֖ים הַבְלֵי־שָׁ֑וְא חַסְדָּ֖ם יַעֲזֹֽבוּ׃[a]

10 וַאֲנִ֗י בְּק֤וֹל תּוֹדָה֙ אֶזְבְּחָה־לָּ֔ךְ

a. This phrase can be translated either as "forsake their faithfulness [toward God]" (thus NASB; NRSV) or "forfeit their faithfulness [from God]" (thus NIV).

אֲשֶׁר נָדַרְתִּי אֲשַׁלֵּמָה יְשׁוּעָתָה[b] לַיהוָה׃ ס

11 וַיֹּאמֶר יְהוָה לַדָּג וַיָּקֵא אֶת־יוֹנָה אֶל־הַיַּבָּשָׁה׃ פ

vomit
(קיא)

b. Poetic form of יְשׁוּעָה.

3:1 וַיְהִ֧י דְבַר־יְהוָ֛ה אֶל־יוֹנָ֖ה שֵׁנִ֥ית לֵאמֹֽר׃ 2 ק֗וּם לֵ֛ךְ אֶל־נִֽינְוֵ֖ה
p.n.

הָעִ֣יר הַגְּדוֹלָ֑ה וּקְרָ֤א אֵלֶ֙יהָ֙ אֶת־הַקְּרִיאָ֔ה אֲשֶׁ֥ר אָנֹכִ֖י דֹּבֵ֥ר
★

אֵלֶֽיךָ׃ 3 וַיָּ֣קָם יוֹנָ֗ה וַיֵּ֛לֶךְ אֶל־נִֽינְוֶ֖ה כִּדְבַ֣ר יְהוָ֑ה וְנִֽינְוֵ֗ה הָיְתָ֤ה
p.n. p.n.

עִיר־גְּדוֹלָה֙ לֵֽאלֹהִ֔ים מַהֲלַ֖ךְ שְׁלֹ֥שֶׁת יָמִֽים׃ 4 וַיָּ֤חֶל יוֹנָה֙
★

לָב֣וֹא בָעִ֔יר מַהֲלַ֖ךְ י֣וֹם אֶחָ֑ד וַיִּקְרָא֙ וַיֹּאמַ֔ר ע֚וֹד אַרְבָּעִ֣ים
★

י֔וֹם וְנִֽינְוֵ֖ה נֶהְפָּֽכֶת׃ 5 וַיַּאֲמִ֛ינוּ אַנְשֵׁ֥י נִֽינְוֵ֖ה בֵּֽאלֹהִ֑ים
p.n. p.n.

וַיִּקְרְאוּ־צוֹם֙ וַיִּלְבְּשׁ֣וּ שַׂקִּ֔ים מִגְּדוֹלָ֖ם וְעַד־קְטַנָּֽם׃ 6 וַיִּגַּ֤ע הַדָּבָר֙

אֶל־מֶ֣לֶךְ נִֽינְוֵ֔ה וַיָּ֙קָם֙ מִכִּסְא֔וֹ וַיַּעֲבֵ֥ר אַדַּרְתּ֖וֹ מֵעָלָ֑יו וַיְכַ֣ס שַׂ֔ק
★

וַיֵּ֖שֶׁב עַל־הָאֵֽפֶר׃ 7 וַיַּזְעֵ֗ק וַיֹּ֙אמֶר֙ בְּנִֽינְוֵ֔ה מִטַּ֧עַם הַמֶּ֛לֶךְ וּגְדֹלָ֖יו לֵאמֹ֑ר
p.n.

הָֽאָדָ֨ם וְהַבְּהֵמָ֜ה הַבָּקָ֣ר וְהַצֹּ֗אן אַֽל־יִטְעֲמוּ֙ מְא֔וּמָה אַ֨ל־יִרְע֔וּ וּמַ֖יִם

אַל־יִשְׁתּֽוּ׃ 8 וְיִתְכַּסּ֣וּ שַׂקִּ֗ים הָֽאָדָם֙ וְהַבְּהֵמָ֔ה וְיִקְרְא֥וּ אֶל־אֱלֹהִ֖ים

בְּחָזְקָ֑ה וְיָשֻׁ֗בוּ אִ֚ישׁ מִדַּרְכּ֣וֹ הָֽרָעָ֔ה וּמִן־הֶחָמָ֖ס אֲשֶׁ֥ר בְּכַפֵּיהֶֽם׃

9 מִֽי־יוֹדֵ֣עַ יָשׁ֔וּב וְנִחַ֖ם הָאֱלֹהִ֑ים וְשָׁ֛ב מֵחֲר֥וֹן אַפּ֖וֹ וְלֹ֥א נֹאבֵֽד׃

10 וַיַּ֤רְא הָֽאֱלֹהִים֙ אֶת־מַ֣עֲשֵׂיהֶ֔ם כִּי־שָׁ֖בוּ מִדַּרְכָּ֣ם הָֽרָעָ֑ה

וַיִּנָּ֣חֶם הָאֱלֹהִ֗ים עַל־הָרָעָ֛ה אֲשֶׁר־דִּבֶּ֥ר לַעֲשֽׂוֹת־לָהֶ֖ם וְלֹ֥א עָשָֽׂה׃

4:1 וַיֵּ֥רַע אֶל־יוֹנָ֖ה רָעָ֣ה גְדוֹלָ֑ה וַיִּ֖חַר לֽוֹ׃ 2 וַיִּתְפַּלֵּ֨ל אֶל־יְהוָ֜ה

וַיֹּאמַ֗ר אָנָּ֤ה יְהוָה֙ הֲלוֹא־זֶ֣ה דְבָרִ֗י עַד־הֱיוֹתִי֙ עַל־אַדְמָתִ֔י עַל־כֵּ֥ן
★

קִדַּ֖מְתִּי לִבְרֹ֣חַ תַּרְשִׁ֑ישָׁה כִּ֣י יָדַ֗עְתִּי כִּ֤י אַתָּה֙ אֵל־חַנּ֣וּן וְרַח֔וּם
p.n. ★

אֶ֚רֶךְ אַפַּ֙יִם֙ וְרַב־חֶ֔סֶד וְנִחָ֖ם עַל־הָרָעָֽה׃ 3 וְעַתָּ֣ה יְהוָ֔ה קַח־נָ֥א
long

אֶת־נַפְשִׁ֖י מִמֶּ֑נִּי כִּ֛י ט֥וֹב מוֹתִ֖י מֵחַיָּֽי׃ ס 4 וַיֹּ֣אמֶר יְהוָ֔ה

הַהֵיטֵ֖ב חָ֥רָה לָֽךְ׃ 5 וַיֵּצֵ֤א יוֹנָה֙ מִן־הָעִ֔יר וַיֵּ֖שֶׁב מִקֶּ֣דֶם לָעִ֑יר

וַיַּעַשׂ֩ ל֨וֹ שָׁ֜ם סֻכָּ֗ה וַיֵּ֤שֶׁב תַּחְתֶּ֙יהָ֙ בַּצֵּ֔ל עַ֚ד אֲשֶׁ֣ר יִרְאֶ֔ה

מַה־יִּהְיֶ֖ה בָּעִֽיר׃ 6 וַיְמַ֣ן יְהוָֽה־אֱ֠לֹהִים קִיקָי֞וֹן וַיַּ֣עַל ׀ מֵעַ֣ל לְיוֹנָ֗ה
★

לִֽהְי֥וֹת צֵל֙ עַל־רֹאשׁ֔וֹ לְהַצִּ֥יל ל֖וֹ מֵרָֽעָת֑וֹ וַיִּשְׂמַ֥ח יוֹנָ֛ה עַל־הַקִּֽיקָי֖וֹן
★

שִׂמְחָ֥ה גְדוֹלָֽה׃ 7 וַיְמַ֤ן הָֽאֱלֹהִים֙ תּוֹלַ֔עַת בַּעֲל֥וֹת הַשַּׁ֖חַר לַֽמָּחֳרָ֑ת וַתַּ֥ךְ

אֶת־הַקִּיקָי֖וֹן וַיִּיבָֽשׁ׃ 8 וַיְהִ֣י׀ כִּזְרֹ֣חַ הַשֶּׁ֗מֶשׁ וַיְמַ֨ן אֱלֹהִ֜ים ר֤וּחַ

★ ★

קָדִים֙ חֲרִישִׁ֔ית וַתַּ֥ךְ הַשֶּׁ֛מֶשׁ עַל־רֹ֥אשׁ יוֹנָ֖ה וַיִּתְעַלָּ֑ף וַיִּשְׁאַ֤ל

★ ★

אֶת־נַפְשׁוֹ֙ לָמ֔וּת וַיֹּ֕אמֶר ט֥וֹב מוֹתִ֖י מֵחַיָּֽי׃ 9 וַיֹּ֤אמֶר אֱלֹהִים֙

אֶל־יוֹנָ֔ה הַהֵיטֵ֥ב חָֽרָה־לְךָ֖ עַל־הַקִּֽיקָי֑וֹן וַיֹּ֕אמֶר הֵיטֵ֥ב חָֽרָה־לִ֖י

★

עַד־מָֽוֶת׃ 10 וַיֹּ֣אמֶר יְהוָ֔ה אַתָּ֥ה חַ֙סְתָּ֙ עַל־הַקִּ֣יקָי֔וֹן אֲשֶׁ֛ר לֹא־עָמַ֥לְתָּ

★

בּ֖וֹ וְלֹ֣א גִדַּלְתּ֑וֹ שֶׁבִּן־לַ֥יְלָה הָיָ֖ה וּבִן־לַ֥יְלָה אָבָֽד׃ 11 וַאֲנִי֙ לֹ֣א

אָח֔וּס עַל־נִֽינְוֵ֖ה הָעִ֣יר הַגְּדוֹלָ֑ה אֲשֶׁ֣ר יֶשׁ־בָּ֡הּ הַרְבֵּה֩[a] מִֽשְׁתֵּים־עֶשְׂרֵ֨ה

p.n.

רִבּ֜וֹ אָדָ֗ם אֲשֶׁ֤ר לֹֽא־יָדַע֙ בֵּין־יְמִינ֣וֹ לִשְׂמֹאל֔וֹ וּבְהֵמָ֖ה רַבָּֽה׃

★

a. This *hiphil* infinitive absolute of רבה is used in the sense of "a great quantity". With the following מִן of comparison it means "more than"..

The Book of Esther

The book of Esther recounts the deliverance of the Jewish people living in Persia when they are threatened by the schemes of hostile adversaries. Threats that seem inevitable are reversed through circumstances that are too remarkable to be coincidental. Though the name of God is not mentioned in the book, the author seems to urge us to look for the unseen hand of God in the events of the book.

The book of Esther likewise presents the origin of the Feast of Purim that is still practiced today and serves as a continuing memorial to God's grace and deliverance. Today the feast of Purim is preceded by the three-day "Fast of Esther." The feast of Purim is then observed with celebration, sending of gifts, dressing up in costumes, and the reading of the text of Esther.

Note to students: *We translate the first nine verses in the classroom with our students because they are the most difficult in the book. If you are reading this on your own and become discouraged, read the first nine verses in English along with the Hebrew text. After that point the book of Esther is well-suited for your skill level. It will push you, but this glossed text provides guidance.*

ESTHER 1

1:1 וַיְהִ֖י בִּימֵ֣י אֲחַשְׁוֵר֑וֹשׁ ה֣וּא אֲחַשְׁוֵר֗וֹשׁ הַמֹּלֵךְ֙ מֵהֹ֣דּוּ[a] וְעַד־כּ֔וּשׁ

Ahasuerus (Xerxes) — p.n. — India — Cush

שֶׁ֛בַע וְעֶשְׂרִ֥ים וּמֵאָ֖ה[b] מְדִינָֽה׃ 2 בַּיָּמִ֖ים הָהֵ֑ם כְּשֶׁ֣בֶת ׀ הַמֶּ֣לֶךְ

אֲחַשְׁוֵר֗וֹשׁ עַ֚ל כִּסֵּ֣א מַלְכוּת֔וֹ אֲשֶׁ֖ר בְּשׁוּשַׁ֥ן הַבִּירָֽה׃ 3 בִּשְׁנַ֤ת שָׁלוֹשׁ֙

p.n. — Susa — fortress, capital

לְמָלְכ֔וֹ עָשָׂ֣ה מִשְׁתֶּ֔ה לְכָל־שָׂרָ֖יו וַעֲבָדָ֑יו חֵ֣יל ׀ פָּרַ֣ס וּמָדַ֗י הַֽפַּרְתְּמִ֛ים

Persia — Media — nobles

וְשָׂרֵ֥י הַמְּדִינ֖וֹת לְפָנָֽיו׃ 4 בְּהַרְאֹת֗וֹ אֶת־עֹ֙שֶׁר֙ כְּב֣וֹד מַלְכוּת֔וֹ וְאֶת־יְקָ֕ר

honor

a. Compare with the English word "Hindu." In הֹדּוּ the letter *nun* has assimilated.

b. Numbers are used extensively in the book, and your familiarity with them will greatly enhance your ability to translate. See *LBH* chapter 10.

תִּפְאֶרֶת גְּדוּלָּתוֹ יָמִים רַבִּים שְׁמוֹנִים וּמְאַת יוֹם׃ 5 וּבִמְלוֹאת ׀

greatness (גְּדוּלָּה)

הַיָּמִים הָאֵלֶּה עָשָׂה הַמֶּלֶךְ לְכָל־הָעָם הַנִּמְצְאִים בְּשׁוּשַׁן הַבִּירָה

p.n. — fortress, captial

לְמִגָּדוֹל וְעַד־קָטָן מִשְׁתֶּה שִׁבְעַת יָמִים בַּחֲצַר גִּנַּת בִּיתַן הַמֶּלֶךְ׃[c]

– 6 חוּר ׀ כַּרְפַּס וּתְכֵלֶת אָחוּז בְּחַבְלֵי־בוּץ וְאַרְגָּמָן

white — linen — fine linen

עַל־גְּלִילֵי כֶסֶף וְעַמּוּדֵי שֵׁשׁ

rod — alabaster

– מִטּוֹת ׀ זָהָב וָכֶסֶף עַל רִצְפַת בַּהַט־וָשֵׁשׁ וְדַר וְסֹחָרֶת׃

pavement — porphyry | alabaster — pearl — marble

– 7 וְהַשְׁקוֹת בִּכְלֵי זָהָב וְכֵלִים מִכֵּלִים שׁוֹנִים[d]

– וְיֵין מַלְכוּת רָב כְּיַד הַמֶּלֶךְ׃

c. The following verses are set off by dashes to help you organize the author's thoughts. The opulence of the feast is described in vv. 6–9 with a barrage of sensory images that seem to overwhelm standard syntax.

d. "Vessels from vessels changing" (*qal* ptc. שׁנה) means "vessels (goblets) of different kinds."

– 8 וְהַשְּׁתִיָּ֥ה כַדָּ֖ת אֵ֣ין אֹנֵ֑ס[e] כִּי־כֵ֣ן ׀ יִסַּ֣ד הַמֶּ֗לֶךְ עַ֚ל כָּל־רַ֣ב בֵּית֔וֹ

drinking — to hinder — to establish

לַעֲשׂ֖וֹת כִּרְצ֥וֹן אִישׁ־וָאִֽישׁ׃

– 9 גַּ֚ם וַשְׁתִּ֣י הַמַּלְכָּ֔ה עָשְׂתָ֖ה מִשְׁתֵּ֣ה נָשִׁ֑ים בֵּ֚ית הַמַּלְכ֔וּת אֲשֶׁ֖ר

Vashti

לַמֶּ֥לֶךְ אֲחַשְׁוֵרֽוֹשׁ׃ ס

p.n.

10 בַּיּוֹם֙ הַשְּׁבִיעִ֔י כְּט֥וֹב לֵב־הַמֶּ֖לֶךְ בַּיָּ֑יִן

אָמַ֡ר לִ֠מְהוּמָן בִּזְּתָ֨א חַרְבוֹנָ֜א בִּגְתָ֤א וַאֲבַגְתָא֙ זֵתַ֣ר וְכַרְכַּ֔ס

proper names

שִׁבְעַת֙ הַסָּ֣רִיסִ֔ים הַמְשָׁ֣רְתִ֔ים אֶת־פְּנֵ֖י הַמֶּ֥לֶךְ אֲחַשְׁוֵרֽוֹשׁ׃

p.n.

11 לְ֠הָבִיא אֶת־וַשְׁתִּ֧י הַמַּלְכָּ֛ה לִפְנֵ֥י הַמֶּ֖לֶךְ בְּכֶ֣תֶר מַלְכ֑וּת לְהַרְא֨וֹת

p.n. — crown

הָֽעַמִּ֤ים וְהַשָּׂרִים֙ אֶת־יָפְיָ֔הּ כִּֽי־טוֹבַ֥ת מַרְאֶ֖ה הִֽיא׃ 12 וַתְּמָאֵ֞ן

beauty (יֳפִי)

e. The Hebrew אֵין אֹנֵס means "there was none hindering [them from drinking]." The older translations interpret this phrase to mean "no one compelling [them to drink]." However, the use of אנס in the Babylonian Talmud (b. Nedarim 27a; b. Ketubot 16b) indicates that the verb means "hinder, set restrictions" (Fox, *Character and Ideology*, 274).

הַמַּלְכָּ֣ה וַשְׁתִּ֗י לָבוֹא֙ בִּדְבַ֣ר הַמֶּ֔לֶךְ אֲשֶׁ֖ר בְּיַ֣ד הַסָּרִיסִ֑ים וַיִּקְצֹ֤ף

p.n.

הַמֶּ֙לֶךְ֙ מְאֹ֔ד וַחֲמָת֖וֹ בָּעֲרָ֥ה בֽוֹ׃ 13 וַיֹּ֣אמֶר הַמֶּ֔לֶךְ לַחֲכָמִ֖ים יֹדְעֵ֣י

הָֽעִתִּ֑ים כִּי־כֵן֙ דְּבַ֣ר הַמֶּ֔לֶךְ לִפְנֵ֕י כָּל־יֹדְעֵ֖י דָּ֥ת וָדִֽין׃ 14 וְהַקָּרֹ֣ב

אֵלָ֗יו כַּרְשְׁנָ֤א שֵׁתָר֙ אַדְמָ֣תָא תַרְשִׁ֔ישׁ מֶ֥רֶס מַרְסְנָ֖א מְמוּכָ֑ן

proper names

שִׁבְעַ֞ת שָׂרֵ֣י ׀ פָּרַ֣ס וּמָדַ֗י רֹאֵי֙ פְּנֵ֣י הַמֶּ֔לֶךְ הַיֹּשְׁבִ֥ים רִאשֹׁנָ֖ה

p.n. p.n.

בַּמַּלְכֽוּת׃ 15 כְּדָת֙ מַה־לַּעֲשׂ֔וֹת בַּמַּלְכָּ֖ה וַשְׁתִּ֑י עַ֣ל ׀ אֲשֶׁ֣ר

p.n.

לֹֽא־עָשְׂתָ֗ה אֶֽת־מַאֲמַר֙ הַמֶּ֣לֶךְ אֲחַשְׁוֵר֔וֹשׁ בְּיַ֖ד הַסָּרִיסִֽים׃ ס

command p.n.

16 וַיֹּ֣אמֶר מוּמְכָ֗ן לִפְנֵ֤י הַמֶּ֙לֶךְ֙ וְהַשָּׂרִ֔ים לֹ֤א עַל־הַמֶּ֙לֶךְ֙ ק ממוכן

p.n.

לְבַדּ֔וֹ עָוְתָ֖ה וַשְׁתִּ֣י הַמַּלְכָּ֑ה כִּ֣י עַל־כָּל־הַשָּׂרִים֙ וְעַל־כָּל־

p.n. to do wrong (עוה)

הָֽעַמִּים אֲשֶׁר בְּכָל־מְדִינוֹת הַמֶּלֶךְ אֲחַשְׁוֵרוֹשׁ׃ 17 כִּֽי־יֵצֵא

p.n.

דְבַר־הַמַּלְכָּה עַל־כָּל־הַנָּשִׁים לְהַבְזוֹת בַּעְלֵיהֶן בְּעֵינֵיהֶן בְּאָמְרָם

הַמֶּלֶךְ אֲחַשְׁוֵרוֹשׁ אָמַר לְהָבִיא אֶת־וַשְׁתִּי הַמַּלְכָּה לְפָנָיו

p.n. p.n.

וְלֹא־בָאָה׃ 18 וְֽהַיּוֹם הַזֶּה תֹּאמַרְנָה ׀ שָׂרוֹת פָּֽרַס־וּמָדַי אֲשֶׁר

p.n. p.n.

שָֽׁמְעוּ אֶת־דְּבַר הַמַּלְכָּה לְכֹל שָׂרֵי הַמֶּלֶךְ וּכְדַי[f] בִּזָּיוֹן וָקָצֶף׃

contempt

19 אִם־עַל־הַמֶּלֶךְ טוֹב יֵצֵא דְבַר־מַלְכוּת מִלְּפָנָיו וְיִכָּתֵב בְּדָתֵי

פָרַס־וּמָדַי וְלֹא יַעֲבוֹר אֲשֶׁר לֹא־תָבוֹא וַשְׁתִּי לִפְנֵי הַמֶּלֶךְ

p.n. p.n. p.n.

אֲחַשְׁוֵרוֹשׁ וּמַלְכוּתָהּ יִתֵּן הַמֶּלֶךְ לִרְעוּתָהּ הַטּוֹבָה מִמֶּנָּה׃

neighbor p.n.

20 וְנִשְׁמַע[g] פִּתְגָם הַמֶּלֶךְ אֲשֶׁר־יַעֲשֶׂה בְּכָל־מַלְכוּתוֹ כִּי רַבָּה

decree

f. The combination of ו (conj.) + כ (prep.) + דַי means "and according to the sufficiency of" and can be translated "and there will be lots of."

g. This waw consecutive perfect continues the jussive sense of the previous verbs.

הִ֑יא וְכָל־הַנָּשִׁ֗ים יִתְּנ֤וּ יְקָר֙ לְבַעְלֵיהֶ֔ן לְמִגָּד֖וֹל וְעַד־קָטָֽן׃

honor

21 וַיִּיטַב֙ הַדָּבָ֔ר בְּעֵינֵ֥י הַמֶּ֖לֶךְ וְהַשָּׂרִ֑ים וַיַּ֥עַשׂ הַמֶּ֖לֶךְ כִּדְבַ֥ר

מְמוּכָֽן׃ 22 וַיִּשְׁלַ֤ח סְפָרִים֙ אֶל־כָּל־מְדִינ֣וֹת הַמֶּ֔לֶךְ אֶל־מְדִינָ֤ה

p.n.

וּמְדִינָה֙[h] כִּכְתָבָ֔הּ וְאֶל־עַ֥ם וָעָ֖ם כִּלְשׁוֹנ֑וֹ לִהְי֤וֹת כָּל־אִישׁ֙ שֹׂרֵ֣ר

to rule

בְּבֵית֔וֹ וּמְדַבֵּ֖ר כִּלְשׁ֥וֹן עַמּֽוֹ׃ פ

ESTHER 2

2:1 אַחַר֙ הַדְּבָרִ֣ים הָאֵ֔לֶּה כְּשֹׁ֕ךְ חֲמַ֖ת הַמֶּ֣לֶךְ אֲחַשְׁוֵר֑וֹשׁ

to decrease
(שכך)

זָכַ֤ר אֶת־וַשְׁתִּי֙ וְאֵ֣ת אֲשֶׁר־עָשָׂ֔תָה וְאֵ֥ת אֲשֶׁר־נִגְזַ֖ר עָלֶֽיהָ׃

p.n. ... to decree

2 וַיֹּאמְר֥וּ נַעֲרֵֽי־הַמֶּ֖לֶךְ מְשָׁרְתָ֑יו יְבַקְשׁ֥וּ לַמֶּ֛לֶךְ נְעָר֥וֹת בְּתוּל֖וֹת

h. The construction מְדִינָה וּמְדִינָה ("province and province") is the Hebrew equivalent of "each province". Likewise, עַם וָעָם in this same verse means "each people."

טוֹב֥וֹת מַרְאֶֽה׃ 3 וְיַפְקֵ֨ד הַמֶּ֣לֶךְ פְּקִידִים֮ בְּכָל־מְדִינ֣וֹת מַלְכוּתוֹ֒

overseer

וְיִקְבְּצ֣וּ אֶת־כָּל־נַעֲרָֽה־בְתוּלָ֠ה טוֹבַ֨ת מַרְאֶ֜ה אֶל־שׁוּשַׁ֤ן הַבִּירָה֙

fortress, capital; p.n.

אֶל־בֵּ֣ית הַנָּשִׁ֔ים אֶל־יַ֥ד הֵגֶ֛א[i] סְרִ֥יס הַמֶּ֖לֶךְ שֹׁמֵ֣ר הַנָּשִׁ֑ים וְנָת֖וֹן[j]

Hegai

תַּמְרוּקֵיהֶֽן׃ 4 וְהַנַּעֲרָ֗ה אֲשֶׁ֤ר תִּיטַב֙ בְּעֵינֵ֣י הַמֶּ֔לֶךְ תִּמְלֹ֖ךְ תַּ֣חַת

cosmetics

וַשְׁתִּ֑י וַיִּיטַ֧ב הַדָּבָ֛ר בְּעֵינֵ֥י הַמֶּ֖לֶךְ וַיַּ֥עַשׂ כֵּֽן׃ ס 5 אִ֣ישׁ

p.n.

יְהוּדִ֔י[k] הָיָ֖ה בְּשׁוּשַׁ֣ן הַבִּירָ֑ה וּשְׁמ֣וֹ מָרְדֳּכַ֗י בֶּ֣ן יָאִ֧יר בֶּן־שִׁמְעִ֛י

Jew; p.n.; fortress, capital; Mordecai; p.n.; p.n.

בֶּן־קִ֖ישׁ אִ֥ישׁ יְמִינִֽי׃ 6 אֲשֶׁ֤ר הָגְלָה֙ מִיר֣וּשָׁלַ֔יִם עִם־הַגֹּלָה֙

p.n.; (Ben)-jaminite

אֲשֶׁ֣ר הָגְלְתָ֔ה עִ֖ם יְכָנְיָ֣ה[l] מֶלֶךְ־יְהוּדָ֑ה אֲשֶׁ֣ר הֶגְלָ֔ה נְבוּכַדְנֶאצַּ֖ר

Jeconiah; p.n.; Nebuchadnezzar

i. This spelling of the name is used only here. All other occurrences in the book are spelled הֵגַי.

j. Remember that the infinitive absolute can be used in place of any kind of verb (e.g., perfect, imperfect, imperative—see *LBH* chapter 16). Its function is determined by context. In this verse the verb describes the action of Hegai. The use of the infinitive absolute as a substitute for a finite verb is fairly common in Esther.

k. Designations of nationality or tribal origin typically end in a *ḥireq yod* (*LBH*, chapter 9).

l. Jeconiah is another name for Jehoiachin, the son of King Jehoiakim, who was taken to Babylon in 597 BCE (2 Kgs 24:8–17).

מֶלֶךְ בָּבֶל׃ 7 וַיְהִי אֹמֵן[m] אֶת־הֲדַסָּה הִיא אֶסְתֵּר בַּת־דֹּדוֹ

Babylon Hadassah Esther

כִּי אֵין לָהּ אָב וָאֵם וְהַנַּעֲרָה יְפַת־תֹּאַר וְטוֹבַת מַרְאֶה

form

וּבְמוֹת אָבִיהָ וְאִמָּהּ לְקָחָהּ מָרְדֳּכַי לוֹ לְבַת׃ 8 וַיְהִי

p.n.

בְּהִשָּׁמַע דְּבַר־הַמֶּלֶךְ וְדָתוֹ וּבְהִקָּבֵץ נְעָרוֹת רַבּוֹת אֶל־שׁוּשַׁן

p.n.

הַבִּירָה אֶל־יַד הֵגָי וַתִּלָּקַח אֶסְתֵּר אֶל־בֵּית הַמֶּלֶךְ אֶל־יַד

fortress, capital p.n. p.n.

הֵגַי שֹׁמֵר הַנָּשִׁים׃ 9 וַתִּיטַב הַנַּעֲרָה בְעֵינָיו וַתִּשָּׂא חֶסֶד

p.n.

לְפָנָיו וַיְבַהֵל אֶת־תַּמְרוּקֶיהָ וְאֶת־מָנוֹתֶהָ לָתֵת לָהּ וְאֵת שֶׁבַע

cosmetics portion (מָנָה)

הַנְּעָרוֹת הָרְאֻיוֹת[n] לָתֶת־לָהּ מִבֵּית הַמֶּלֶךְ וַיְשַׁנֶּהָ וְאֶת־נַעֲרוֹתֶיהָ

m. The *qal* participle of אמן can be used of a nanny or guardian (i.e., "a supporting one").

n. This passive participle of ראה ("the ones who are seen") seems to indicate someone who stands out and is suitable or fitting for the task.

לְטוֹב בֵּית הַנָּשִׁים׃[o] 10 לֹא־הִגִּידָה אֶסְתֵּר אֶת־עַמָּהּ וְאֶת־מוֹלַדְתָּהּ

p.n.

כִּי מָרְדֳּכַי צִוָּה עָלֶיהָ אֲשֶׁר לֹא־תַגִּיד׃ 11 וּבְכָל־יוֹם וָיוֹם[p]

p.n.

מָרְדֳּכַי מִתְהַלֵּךְ לִפְנֵי חֲצַר בֵּית־הַנָּשִׁים לָדַעַת אֶת־שְׁלוֹם

p.n.

אֶסְתֵּר וּמַה־יֵּעָשֶׂה בָּהּ׃ 12 וּבְהַגִּיעַ תֹּר נַעֲרָה וְנַעֲרָה לָבוֹא ׀

turn p.n.

אֶל־הַמֶּלֶךְ אֲחַשְׁוֵרוֹשׁ מִקֵּץ הֱיוֹת לָהּ כְּדָת הַנָּשִׁים שְׁנֵים עָשָׂר חֹדֶשׁ

כִּי כֵּן יִמְלְאוּ יְמֵי מְרוּקֵיהֶן שִׁשָּׁה חֳדָשִׁים בְּשֶׁמֶן הַמֹּר וְשִׁשָּׁה

myrrh beautification

חֳדָשִׁים בַּבְּשָׂמִים וּבְתַמְרוּקֵי הַנָּשִׁים׃ 13 וּבָזֶה הַנַּעֲרָה בָּאָה[q]

cosmetic spice (בֹּשֶׂם)

אֶל־הַמֶּלֶךְ אֵת כָּל־אֲשֶׁר תֹּאמַר יִנָּתֵן לָהּ לָבוֹא עִמָּהּ מִבֵּית

o. Since these three words form a construct chain, each word is definite. "The good" indicates a superlative ("the best of").

p. "Day and day" is the equivalent of "each day".

q. In II-Waw/Yod verbs, the accent is all that distinguishes the feminine singular participle "she is going" (בָּאָה seen here) from the 3fs perfect "she went" (בָּאָה; compare Esth 1:17).

הַנָּשִׁ֖ים עַד־בֵּ֥ית הַמֶּֽלֶךְ׃ 14 בָּעֶ֣רֶב ׀ הִ֣יא בָאָ֗ה וּ֠בַבֹּקֶר הִ֣יא

שָׁבָ֞ה אֶל־בֵּ֤ית הַנָּשִׁים֙ שֵׁנִ֔י אֶל־יַ֛ד שַֽׁעַשְׁגַ֛ז סְרִ֥יס הַמֶּ֖לֶךְ

p.n.

שֹׁמֵ֣ר הַפִּֽילַגְשִׁ֑ים לֹא־תָב֥וֹא עוֹד֙ אֶל־הַמֶּ֔לֶךְ כִּ֣י אִם־חָפֵ֥ץ בָּ֛הּ

הַמֶּ֖לֶךְ וְנִקְרְאָ֥ה בְשֵֽׁם׃ 15 וּבְהַגִּ֣יעַ תֹּר־אֶסְתֵּ֣ר בַּת־אֲבִיחַ֣יִל דֹּ֣ד

p.n. p.n. turn

מָרְדֳּכַ֞י אֲשֶׁר֩ לָקַֽח־ל֨וֹ לְבַ֜ת לָב֣וֹא אֶל־הַמֶּ֗לֶךְ לֹ֤א בִקְשָׁה֙ דָּבָ֔ר

p.n.

כִּ֗י אִ֛ם אֶת־אֲשֶׁ֥ר יֹאמַ֛ר הֵגַ֥י סְרִיס־הַמֶּ֖לֶךְ שֹׁמֵ֣ר הַנָּשִׁ֑ים וַתְּהִ֤י

p.n.

אֶסְתֵּר֙ נֹשֵׂ֣את חֵ֔ן בְּעֵינֵ֖י כָּל־רֹאֶֽיהָ׃ 16 וַתִּלָּקַ֨ח אֶסְתֵּ֜ר אֶל־הַמֶּ֣לֶךְ

p.n. p.n.

אֲחַשְׁוֵרוֹשׁ֙ אֶל־בֵּ֣ית מַלְכוּת֔וֹ בַּחֹ֥דֶשׁ הָעֲשִׂירִ֖י הוּא־חֹ֣דֶשׁ טֵבֵ֑ת

Tevet

בִּשְׁנַת־שֶׁ֖בַע לְמַלְכוּתֽוֹ׃ 17 וַיֶּאֱהַ֨ב הַמֶּ֤לֶךְ אֶת־אֶסְתֵּר֙ מִכָּל־הַנָּשִׁ֔ים

p.n.

וַתִּשָּׂא־חֵ֥ן וָחֶ֛סֶד לְפָנָ֖יו מִכָּל־הַבְּתוּלֹ֑ת וַיָּ֤שֶׂם כֶּֽתֶר־מַלְכוּת֙ בְּרֹאשָׁ֔הּ

crown

וַיַּמְלִיכֶ֖הָ תַּ֥חַת וַשְׁתִּֽי׃ 18 וַיַּ֨עַשׂ הַמֶּ֜לֶךְ מִשְׁתֶּ֣ה גָד֗וֹל לְכָל־שָׂרָיו֙

p.n.

וַעֲבָדָ֔יו אֵ֖ת מִשְׁתֵּ֣ה אֶסְתֵּ֑ר וַהֲנָחָ֤ה לַמְּדִינוֹת֙ עָשָׂ֔ה וַיִּתֵּ֥ן מַשְׂאֵ֖ת

p.n. — holiday (from נוח) — gift (from נשא)

כְּיַ֥ד הַמֶּֽלֶךְ׃ 19 וּבְהִקָּבֵ֥ץ בְּתוּל֖וֹת שֵׁנִ֑ית וּמָרְדֳּכַ֖י יֹשֵׁ֥ב בְּשַֽׁעַר־הַמֶּֽלֶךְ׃

p.n.

20 אֵ֣ין אֶסְתֵּ֗ר מַגֶּ֤דֶת מֽוֹלַדְתָּהּ֙ וְאֶת־עַמָּ֔הּ כַּאֲשֶׁ֛ר צִוָּ֥ה עָלֶ֖יהָ

p.n.

מָרְדֳּכָ֑י וְאֶת־מַאֲמַ֤ר מָרְדֳּכַי֙ אֶסְתֵּ֣ר עֹשָׂ֔ה כַּאֲשֶׁ֛ר הָיְתָ֥ה בְאָמְנָ֖ה

p.n. — command — p.n. — p.n. — upbringing

אִתּֽוֹ׃ ס 21 בַּיָּמִ֣ים הָהֵ֔ם וּמָרְדֳּכַ֖י יֹשֵׁ֣ב בְּשַֽׁעַר־הַמֶּ֑לֶךְ קָצַ֡ף

p.n.

בִּגְתָ֣ן וָתֶרֶשׁ֩ שְׁנֵֽי־סָרִיסֵ֨י הַמֶּ֜לֶךְ מִשֹּׁמְרֵ֣י הַסַּ֗ף וַיְבַקְשׁוּ֙ לִשְׁלֹ֣חַ יָ֔ד

Bigtan — Teresh

בַּמֶּ֖לֶךְ אֲחַשְׁוֵרֹֽשׁ׃ 22 וַיִּוָּדַ֤ע הַדָּבָר֙ לְמָרְדֳּכַ֔י וַיַּגֵּ֖ד לְאֶסְתֵּ֣ר הַמַּלְכָּ֑ה

p.n.

וַתֹּ֧אמֶר אֶסְתֵּ֛ר לַמֶּ֖לֶךְ בְּשֵׁ֥ם מָרְדֳּכָֽי׃ 23 וַיְבֻקַּ֤שׁ הַדָּבָר֙ וַיִּמָּצֵ֔א

p.n.

וַיִּתָּל֥וּ שְׁנֵיהֶ֖ם עַל־עֵ֑ץ וַיִּכָּתֵ֗ב בְּסֵ֛פֶר דִּבְרֵ֥י הַיָּמִ֖ים לִפְנֵ֥י הַמֶּֽלֶךְ׃ פ

ESTHER 3

3:1 אַחַ֣ר ׀ הַדְּבָרִ֣ים הָאֵ֗לֶּה גִּדַּל֩ הַמֶּ֨לֶךְ אֲחַשְׁוֵר֜וֹשׁ אֶת־הָמָ֧ן בֶּֽן־הַמְּדָ֛תָא

Haman p.n.

הָאֲגָגִ֖י[r] וַֽיְנַשְּׂאֵ֑הוּ וַיָּ֙שֶׂם֙ אֶת־כִּסְא֔וֹ מֵעַ֕ל כָּל־הַשָּׂרִ֖ים אֲשֶׁ֥ר אִתּֽוֹ׃

Aggagite

2 וְכָל־עַבְדֵ֨י הַמֶּ֜לֶךְ אֲשֶׁר־בְּשַׁ֣עַר הַמֶּ֗לֶךְ כֹּרְעִ֤ים וּמִֽשְׁתַּחֲוִים֙ לְהָמָ֔ן

p.n.

כִּי־כֵ֖ן צִוָּה־ל֣וֹ הַמֶּ֑לֶךְ וּמָ֨רְדֳּכַ֔י לֹ֥א יִכְרַ֖ע וְלֹ֥א יִֽשְׁתַּחֲוֶֽה׃

3 וַ֠יֹּאמְרוּ עַבְדֵ֥י הַמֶּ֛לֶךְ אֲשֶׁר־בְּשַׁ֥עַר הַמֶּ֖לֶךְ לְמָרְדֳּכָ֑י מַדּ֙וּעַ֙ אַתָּ֣ה

עוֹבֵ֔ר אֵ֖ת מִצְוַ֥ת הַמֶּֽלֶךְ׃ 4 וַיְהִ֗י בְּאָמְרָ֤ם אֵלָיו֙ י֣וֹם וָי֔וֹם וְלֹ֥א ק כאמרם

r. As a descendant of Agag, king of the Amalekites, Haman was one of Israel's ancestral enemies (see 1 Sam 15; compare Exod 17:8–14).

שָׁמַע אֲלֵיהֶם וַיַּגִּידוּ לְהָמָן לִרְאוֹת הֲיַעַמְדוּ[s] דִּבְרֵי מָרְדֳּכַי כִּי־הִגִּיד

p.n.

לָהֶם אֲשֶׁר־הוּא יְהוּדִי׃ 5 וַיַּרְא הָמָן כִּי־אֵין מָרְדֳּכַי כֹּרֵעַ וּמִשְׁתַּחֲוֶה

p.n. p.n.

לוֹ וַיִּמָּלֵא הָמָן חֵמָה׃ 6 וַיִּבֶז בְּעֵינָיו לִשְׁלֹחַ יָד בְּמָרְדֳּכַי

p.n.

לְבַדּוֹ כִּי־הִגִּידוּ לוֹ אֶת־עַם מָרְדֳּכָי וַיְבַקֵּשׁ הָמָן לְהַשְׁמִיד

p.n.

אֶת־כָּל־הַיְּהוּדִים אֲשֶׁר בְּכָל־מַלְכוּת אֲחַשְׁוֵרוֹשׁ עַם מָרְדֳּכָי׃

p.n.

7 בַּחֹדֶשׁ הָרִאשׁוֹן הוּא־חֹדֶשׁ נִיסָן בִּשְׁנַת שְׁתֵּים עֶשְׂרֵה לַמֶּלֶךְ

Nisan (1st mo.)

אֲחַשְׁוֵרוֹשׁ הִפִּיל פּוּר[t] הוּא הַגּוֹרָל לִפְנֵי הָמָן מִיּוֹם ׀ לְיוֹם

p.n. "Pur"

וּמֵחֹדֶשׁ לְחֹדֶשׁ שְׁנֵים־עָשָׂר הוּא־חֹדֶשׁ אֲדָר׃ ס 8 וַיֹּאמֶר

Adar (12th mo.)

הָמָן לַמֶּלֶךְ אֲחַשְׁוֵרוֹשׁ יֶשְׁנוֹ[u] עַם־אֶחָד מְפֻזָּר וּמְפֹרָד בֵּין

p.n. to scatter

s. The interrogative ה is sometimes used in the sense of "whether."
t. This word (meaning "lot") was borrowed from the Persian culture.
u. The particle יֵשׁ + 3ms suffix simply means "it is" or "there is".

הָעַמִּ֗ים בְּכָל מְדִינֹ֣ות מַלְכוּתֶ֔ךָ וְדָתֵיהֶ֣ם שֹׁנֹ֣ות מִכָּל־עָ֗ם

וְאֶת־דָּתֵ֤י הַמֶּ֙לֶךְ֙ אֵינָ֣ם עֹשִׂ֔ים וְלַמֶּ֥לֶךְ אֵין־שֹׁוֶה֖ᵛ לְהַנִּיחָֽם:

to
balance out

9 אִם־עַל־הַמֶּ֣לֶךְ טֹ֔וב יִכָּתֵ֖ב לְאַבְּדָ֑ם וַעֲשֶׂ֧רֶת אֲלָפִ֛ים כִּכַּר־כֶּ֖סֶףʷ

אֶשְׁקֹ֗ול עַל־יְדֵי֙ עֹשֵׂ֣י הַמְּלָאכָ֔ה לְהָבִ֖יא אֶל־גִּנְזֵ֥י הַמֶּֽלֶךְ: 10 וַיָּ֣סַר

treasury
(גְּנָזִים)

הַמֶּ֗לֶךְ אֶת־טַבַּעְתֹּ֖ו מֵעַ֣ל יָדֹ֑ו וַֽיִּתְּנָ֗הּ לְהָמָ֧ן בֶּֽן־הַמְּדָ֛תָא הָאֲגָגִ֖י

p.n.   p.n.   p.n.

צֹרֵ֥ר הַיְּהוּדִֽים: 11 וַיֹּ֤אמֶר הַמֶּ֙לֶךְ֙ לְהָמָ֔ן הַכֶּ֖סֶף נָת֣וּן לָ֑ךְ וְהָעָ֕ם

p.n.   p.n.

לַעֲשֹׂ֥ות בֹּ֖ו כַּטֹּ֥וב בְּעֵינֶֽיךָ: 12 וַיִּקָּרְאוּ֩ סֹפְרֵ֨י הַמֶּ֜לֶךְ בַּחֹ֣דֶשׁ

הָרִאשֹׁ֗ון בִּשְׁלֹושָׁ֨ה עָשָׂ֣ר יֹום֮ בֹּו֒ וַיִּכָּתֵ֣ב כְּֽכָל־אֲשֶׁר־צִוָּ֣ה הָמָ֗ן אֶל

---

v. The verb שוה is defined by BDB as "be even, smooth," hence "agree with, be like, resemble." The core idea is based on the imagery of items balanced on a scale. All three uses in Esther compare the relative value/benefit of one situation over another. In this instance, the fact that they do not keep the king's laws does not balance out with the king leaving them alone (hiph. נוח).

w. Ten thousand talents would have been roughly sixty to seventy percent of the annual revenue of the Persian empire. Herodotus (*Histories* III, 95) states that the total yearly revenue of the Persian empire was 14,560 Euboeic talents (or roughly 17,000 Babylonian talents).

אֲחַשְׁדַּרְפְּנֵי־הַמֶּלֶךְ וְאֶל־הַפַּחוֹת אֲשֶׁר | עַל־מְדִינָה וּמְדִינָה וְאֶל־שָׂרֵי

satraps

עַם וָעָם מְדִינָה וּמְדִינָה כִּכְתָבָהּ וְעַם וָעָם כִּלְשׁוֹנוֹ בְּשֵׁם הַמֶּלֶךְ

אֲחַשְׁוֵרֹשׁ נִכְתָּב וְנֶחְתָּם בְּטַבַּעַת הַמֶּלֶךְ׃ 13 וְנִשְׁלוֹחַ סְפָרִים בְּיַד

p.n.

הָרָצִים אֶל־כָּל־מְדִינוֹת הַמֶּלֶךְ לְהַשְׁמִיד לַהֲרֹג וּלְאַבֵּד אֶת־כָּל־

הַיְּהוּדִים מִנַּעַר וְעַד־זָקֵן טַף וְנָשִׁים בְּיוֹם אֶחָד בִּשְׁלוֹשָׁה עָשָׂר

p.n.

לְחֹדֶשׁ שְׁנֵים־עָשָׂר הוּא־חֹדֶשׁ אֲדָר וּשְׁלָלָם לָבוֹז׃ 14 פַּתְשֶׁגֶן הַכְּתָב

p.n. — copy

לְהִנָּתֵן דָּת בְּכָל־מְדִינָה וּמְדִינָה גָּלוּי לְכָל־הָעַמִּים לִהְיוֹת עֲתִדִים

ready

לַיּוֹם הַזֶּה׃ 15 הָרָצִים יָצְאוּ דְחוּפִים בִּדְבַר הַמֶּלֶךְ וְהַדָּת נִתְּנָה

to hurry

בְּשׁוּשַׁן הַבִּירָה וְהַמֶּלֶךְ וְהָמָן יָשְׁבוּ לִשְׁתּוֹת וְהָעִיר שׁוּשָׁן נָבוֹכָה׃ פ

p.n. — fortress, capital — p.n. — to confuse (בוך)

4:1 וּמָרְדֳּכַ֗י יָדַע֙ אֶת־כָּל־אֲשֶׁ֣ר נַעֲשָׂ֔ה וַיִּקְרַ֤ע מָרְדֳּכַי֙ אֶת־בְּגָדָ֔יו

וַיִּלְבַּ֥שׁ שַׂ֖ק וָאֵ֑פֶר וַיֵּצֵא֙ בְּת֣וֹךְ הָעִ֔יר וַיִּזְעַ֛ק זְעָקָ֥ה גְדֹלָ֖ה וּמָרָֽה:

2 וַיָּב֕וֹא עַ֖ד לִפְנֵ֣י שַֽׁעַר־הַמֶּ֑לֶךְ כִּ֣י אֵ֥ין לָב֛וֹא אֶל־שַׁ֖עַרˣ הַמֶּ֑לֶךְ

בִּלְב֥וּשׁ שָֽׂק: 3 וּבְכָל־מְדִינָ֣ה וּמְדִינָ֗ה מְקוֹם֙ אֲשֶׁ֤ר דְּבַר־הַמֶּ֙לֶךְ֙

וְדָת֣וֹ מַגִּ֔יעַ אֵ֤בֶל גָּדוֹל֙ לַיְּהוּדִ֔ים וְצ֥וֹם וּבְכִ֖י וּמִסְפֵּ֑ד שַׂ֥ק וָאֵ֖פֶר
                            wailing   p.n.

יֻצַּ֖ע לָרַבִּֽים: 4 וַ֠תָּב֠וֹאינָה נַעֲר֨וֹת אֶסְתֵּ֤ר וְסָרִיסֶ֙יהָ֙   ק' ותבואנה
to
spread
out

וַיַּגִּ֣ידוּ לָ֔הּ וַתִּתְחַלְחַ֥ל הַמַּלְכָּ֖ה מְאֹ֑ד וַתִּשְׁלַ֨ח בְּגָדִ֜ים לְהַלְבִּ֣ישׁ

אֶת־מָרְדֳּכַ֗י וּלְהָסִ֥יר שַׂקּ֛וֹ מֵעָלָ֖יו וְלֹ֥א קִבֵּֽל: 5 וַתִּקְרָ֩א אֶסְתֵּ֨ר
to
receive

לַהֲתָ֞ךְ מִסָּרִיסֵ֤י הַמֶּ֙לֶךְ֙ אֲשֶׁ֣ר הֶעֱמִ֣יד לְפָנֶ֔יהָ וַתְּצַוֵּ֖הוּ עַֽל־מָרְדֳּכָ֑י
Hatak

---

x. Note that וַיָּבוֹא עַד לִפְנֵי שַׁעַר ("he came until before the gate") means that he he came up to the gate, but did not enter.

לָדַ֥עַת מַה־זֶּ֖ה וְעַל־מַה־זֶּֽה׃ 6 וַיֵּצֵ֥א הֲתָ֖ךְ אֶל־מָרְדֳּכָ֑י אֶל־רְח֣וֹב

p.n.

הָעִ֔יר אֲשֶׁ֖ר לִפְנֵ֥י שַֽׁעַר־הַמֶּֽלֶךְ׃ 7 וַיַּגֶּד־ל֣וֹ מָרְדֳּכַ֔י אֵ֖ת כָּל־אֲשֶׁ֣ר

קָרָ֑הוּ וְאֵ֣ת ׀ פָּרָשַׁ֣ת הַכֶּ֗סֶף אֲשֶׁ֨ר אָמַ֤ר הָמָן֙ לִשְׁק֞וֹל עַל־גִּנְזֵ֥י

amount (פָּרָשָׁה) treasury (גְּנָזִים)

הַמֶּ֛לֶךְ בַּיְּהוּדִיִּ֖ים לְאַבְּדָֽם׃ 8 וְאֶת־פַּתְשֶׁ֣גֶן כְּתָֽב־הַ֠דָּת ק ביהודים

p.n. copy

אֲשֶׁר־נִתַּ֨ן בְּשׁוּשָׁ֥ן לְהַשְׁמִידָם֮ נָ֣תַן ל֒וֹ לְהַרְא֥וֹת אֶת־אֶסְתֵּ֖ר

p.n.

וּלְהַגִּ֣יד לָ֑הּ וּלְצַוּ֣וֹת עָלֶ֗יהָ לָב֨וֹא אֶל־הַמֶּ֧לֶךְ לְהִֽתְחַנֶּן־ל֛וֹ וּלְבַקֵּ֥שׁ

מִלְּפָנָ֖יו עַל־עַמָּֽהּ׃ 9 וַיָּב֖וֹא הֲתָ֑ךְ וַיַּגֵּ֣ד לְאֶסְתֵּ֔ר אֵ֖ת דִּבְרֵ֥י

p.n.

מָרְדֳּכָֽי׃ 10 וַתֹּ֤אמֶר אֶסְתֵּר֙ לַהֲתָ֔ךְ וַתְּצַוֵּ֖הוּ אֶל־מָרְדֳּכָֽי׃

p.n.

11 כָּל־עַבְדֵ֨י הַמֶּ֜לֶךְ וְעַם־מְדִינ֣וֹת הַמֶּ֗לֶךְ יֽוֹדְעִים֮ אֲשֶׁ֣ר כָּל־אִ֣ישׁ

וְאִשָּׁה אֲשֶׁר יָבוֹא־אֶל־הַמֶּלֶךְ אֶל־הֶחָצֵר הַפְּנִימִית אֲשֶׁר לֹא־יִקָּרֵא

אַחַת דָּתוֹ לְהָמִית לְבַד מֵאֲשֶׁר יוֹשִׁיט־לוֹ הַמֶּלֶךְ אֶת־שַׁרְבִיט
scepter — to extend (ישט)

הַזָּהָב וְחָיָה וַאֲנִי לֹא נִקְרֵאתִי לָבוֹא אֶל־הַמֶּלֶךְ זֶה שְׁלוֹשִׁים

יוֹם׃ 12 וַיַּגִּידוּ לְמָרְדֳּכָי אֵת דִּבְרֵי אֶסְתֵּר׃ פ

13 וַיֹּאמֶר מָרְדֳּכַי לְהָשִׁיב אֶל־אֶסְתֵּר אַל־תְּדַמִּי בְנַפְשֵׁךְ לְהִמָּלֵט

בֵּית־הַמֶּלֶךְ מִכָּל־הַיְּהוּדִים׃ 14 כִּי אִם־הַחֲרֵשׁ תַּחֲרִישִׁי בָּעֵת
p.n.

הַזֹּאת רֶוַח וְהַצָּלָה יַעֲמוֹד לַיְּהוּדִים מִמָּקוֹם אַחֵר וְאַתְּ וּבֵית־
relief — deliverance — p.n.

אָבִיךְ תֹּאבֵדוּ וּמִי יוֹדֵעַ אִם־לְעֵת כָּזֹאת הִגַּעַתְּ לַמַּלְכוּת׃

15 וַתֹּאמֶר אֶסְתֵּר לְהָשִׁיב אֶל־מָרְדֳּכָי׃ 16 לֵךְ כְּנוֹס אֶת־כָּל־
to gather (כנס)

הַיְּהוּדִ֨ים הַנִּמְצְאִ֜ים בְּשׁוּשָׁ֗ן וְצ֣וּמוּ עָ֠לַי וְאַל־תֹּאכְל֨וּ וְאַל־תִּשְׁתּ֜וּ
p.n. p.n.

שְׁלֹ֤שֶׁת יָמִים֙ לַ֣יְלָה וָי֔וֹם גַּם־אֲנִ֥י וְנַעֲרֹתַ֖י אָצ֣וּם כֵּ֑ן וּבְכֵ֞ן אָב֤וֹא

אֶל־הַמֶּ֙לֶךְ֙ אֲשֶׁ֣ר לֹֽא־כַדָּ֔ת וְכַאֲשֶׁ֥ר אָבַ֖דְתִּי אָבָֽדְתִּי׃[y] 17 וַיַּעֲבֹ֖ר

מָרְדֳּכָ֑י וַיַּ֕עַשׂ כְּכֹ֛ל אֲשֶׁר־צִוְּתָ֥ה עָלָ֖יו אֶסְתֵּֽר׃ ס

ESTHER 5

5:1 וַיְהִ֣י ׀ בַּיּ֣וֹם הַשְּׁלִישִׁ֗י וַתִּלְבַּ֤שׁ אֶסְתֵּר֙ מַלְכ֔וּת וַֽתַּעֲמֹד֩ בַּחֲצַ֨ר

בֵּית־הַמֶּ֜לֶךְ הַפְּנִימִ֗ית נֹ֚כַח בֵּ֣ית הַמֶּ֔לֶךְ וְ֠הַמֶּלֶךְ יוֹשֵׁ֞ב עַל־כִּסֵּ֤א

מַלְכוּתוֹ֙ בְּבֵ֣ית הַמַּלְכ֔וּת נֹ֖כַח פֶּ֥תַח הַבָּֽיִת׃ 2 וַיְהִי֩ כִרְא֨וֹת הַמֶּ֜לֶךְ

אֶת־אֶסְתֵּ֣ר הַמַּלְכָּ֗ה עֹמֶ֙דֶת֙ בֶּֽחָצֵ֔ר נָשְׂאָ֥ה חֵ֖ן[z] בְּעֵינָ֑יו וַיּ֨וֹשֶׁט
to extend
(ישט)

y. The expression וְכַאֲשֶׁר אָבַדְתִּי אָבָדְתִּי need not be interpreted as an indication that Esther has given up all hope. Rather she resigns herself to the risk, much as Jacob uses the same construction in Gen 43:14, כַּאֲשֶׁר שָׁכֹלְתִּי שָׁכָלְתִּי ("When I am bereaved, I am bereaved").

z. "She carried favor" is another way of saying "she found favor" and is used only in Esther.

הַמֶּ֫לֶךְ לְאֶסְתֵּר֙ אֶת־שַׁרְבִ֣יט הַזָּהָב֙ אֲשֶׁ֣ר בְּיָד֔וֹ וַתִּקְרַ֣ב אֶסְתֵּ֔ר
scepter

וַתִּגַּ֖ע בְּרֹ֥אשׁ הַשַּׁרְבִֽיט׃   ס   ³וַיֹּ֨אמֶר לָ֤הּ הַמֶּ֙לֶךְ֙ מַה־לָּ֣ךְ
scepter

אֶסְתֵּ֣ר הַמַּלְכָּ֔ה וּמַה־בַּקָּשָׁתֵ֖ךְ עַד־חֲצִ֥י הַמַּלְכ֖וּת וְיִנָּ֥תֵֽן לָֽךְ׃
request
(בַּקָּשָׁה)

⁴וַתֹּ֣אמֶר אֶסְתֵּ֔ר אִם־עַל־הַמֶּ֖לֶךְ ט֑וֹב יָב֨וֹא הַמֶּ֤לֶךְ וְהָמָן֙ הַיּ֔וֹם

אֶל־הַמִּשְׁתֶּ֖ה אֲשֶׁר־עָשִׂ֥יתִי לֽוֹ׃   ⁵וַיֹּ֣אמֶר הַמֶּ֗לֶךְ מַהֲרוּ֙ אֶת־הָמָ֔ן

לַעֲשׂ֖וֹת אֶת־דְּבַ֣ר אֶסְתֵּ֑ר וַיָּבֹ֧א הַמֶּ֛לֶךְ וְהָמָ֖ן אֶל־הַמִּשְׁתֶּֽה

אֲשֶׁר־עָשְׂתָ֥ה אֶסְתֵּֽר׃   ⁶וַיֹּ֨אמֶר הַמֶּ֤לֶךְ לְאֶסְתֵּר֙ בְּמִשְׁתֵּ֣ה הַיַּ֔יִן

מַה־שְּׁאֵלָתֵ֖ךְ וְיִנָּ֣תֵֽן לָ֑ךְ וּמַה־בַּקָּשָׁתֵ֛ךְ עַד־חֲצִ֥י הַמַּלְכ֖וּת וְתֵעָֽשׂ׃
request   petition
(שְׁאֵלָה)

⁷וַתַּ֥עַן אֶסְתֵּ֖ר וַתֹּאמַ֑ר שְׁאֵלָתִ֖י וּבַקָּשָׁתִֽי׃   ⁸אִם־מָצָ֨אתִי חֵ֜ן
request   petition

בְּעֵינֵ֣י הַמֶּ֗לֶךְ וְאִם־עַל־הַמֶּ֙לֶךְ֙ ט֔וֹב לָתֵת֙ אֶת־שְׁאֵ֣לָתִ֔י וְלַעֲשׂ֖וֹת

petition

אֶת־בַּקָּשָׁתִ֑י יָב֧וֹא הַמֶּ֣לֶךְ וְהָמָ֗ן אֶל־הַמִּשְׁתֶּה֙ אֲשֶׁ֣ר אֶֽעֱשֶׂ֣ה לָהֶ֔ם

request

וּמָחָ֥ר אֶֽעֱשֶׂ֖ה כִּדְבַ֥ר הַמֶּֽלֶךְ׃ 9 וַיֵּצֵ֤א הָמָן֙ בַּיּ֣וֹם הַה֔וּא שָׂמֵ֖חַ

וְט֣וֹב לֵ֑ב וְכִרְאוֹת֩ הָמָ֨ן אֶֽת־מָרְדֳּכַ֜י בְּשַׁ֣עַר הַמֶּ֗לֶךְ וְלֹא־קָם֙

וְלֹא־זָ֣ע מִמֶּ֔נּוּ וַיִּמָּלֵ֥א הָמָ֛ן עַל־מָרְדֳּכַ֖י חֵמָֽה׃ 10 וַיִּתְאַפַּ֣ק הָמָ֔ן

to tremble (זוע)

to hold, restrain

וַיָּב֖וֹא אֶל־בֵּית֑וֹ וַיִּשְׁלַ֛ח וַיָּבֵ֥א אֶת־אֹהֲבָ֖יו וְאֶת־זֶ֥רֶשׁ אִשְׁתּֽוֹ׃

Zeresh

11 וַיְסַפֵּ֨ר לָהֶ֥ם הָמָ֛ן אֶת־כְּב֥וֹד עָשְׁר֖וֹ וְרֹ֣ב בָּנָ֑יו וְאֵת֩ כָּל־אֲשֶׁ֨ר

גִּדְּל֤וֹ הַמֶּ֙לֶךְ֙ וְאֵ֣ת אֲשֶׁ֣ר נִשְּׂא֔וֹ עַל־הַשָּׂרִ֖ים וְעַבְדֵ֥י הַמֶּֽלֶךְ׃

12 וַיֹּאמֶר֮ הָמָן֒ אַ֣ף לֹא־הֵבִ֣יאָה אֶסְתֵּ֣ר הַמַּלְכָּ֧ה עִם־הַמֶּ֛לֶךְ אֶל־

הַמִּשְׁתֶּה אֲשֶׁר־עָשָׂתָה כִּי אִם־אוֹתִי וְגַם־לְמָחָר אֲנִי קָרוּא־לָהּ

עִם־הַמֶּלֶךְ׃ 13 וְכָל־זֶה אֵינֶנּוּ שֹׁוֶה[a] לִי בְּכָל־עֵת אֲשֶׁר אֲנִי רֹאֶה

to balance out

אֶת־מָרְדֳּכַי הַיְּהוּדִי יוֹשֵׁב בְּשַׁעַר הַמֶּלֶךְ׃ 14 וַתֹּאמֶר לוֹ זֶרֶשׁ

p.n.

אִשְׁתּוֹ וְכָל־אֹהֲבָיו יַעֲשׂוּ־עֵץ גָּבֹהַּ חֲמִשִּׁים אַמָּה וּבַבֹּקֶר ׀ אֱמֹר

לַמֶּלֶךְ וְיִתְלוּ אֶת־מָרְדֳּכַי עָלָיו וּבֹא־עִם־הַמֶּלֶךְ אֶל־הַמִּשְׁתֶּה שָׂמֵחַ

וַיִּיטַב הַדָּבָר לִפְנֵי הָמָן וַיַּעַשׂ הָעֵץ׃ פ

ESTHER 6

6:1 בַּלַּיְלָה הַהוּא נָדְדָה שְׁנַת הַמֶּלֶךְ וַיֹּאמֶר לְהָבִיא אֶת־סֵפֶר

הַזִּכְרֹנוֹת דִּבְרֵי הַיָּמִים וַיִּהְיוּ נִקְרָאִים לִפְנֵי הַמֶּלֶךְ׃ 2 וַיִּמָּצֵא

a. The verb שוה is defined by BDB as "be even, smooth," hence "agree with, be like, resemble." The core idea is based on the imagery of items balanced (being even, equal) on a scale. All three uses in Esther compare the relative value/benefit of one situation over another.

כָּתוּב אֲשֶׁר הִגִּיד מָרְדֳּכַי עַל־בִּגְתָנָא וָתֶרֶשׁ שְׁנֵי סָרִיסֵי הַמֶּלֶךְ

p.n. p.n.

מִשֹּׁמְרֵי הַסַּף אֲשֶׁר בִּקְשׁוּ לִשְׁלֹחַ יָד בַּמֶּלֶךְ אֲחַשְׁוֵרוֹשׁ׃

3 וַיֹּאמֶר הַמֶּלֶךְ מַה־נַּעֲשָׂה יְקָר וּגְדוּלָּה לְמָרְדֳּכַי עַל־זֶה וַיֹּאמְרוּ

greatness (גְּדֻלָּה) honor

נַעֲרֵי הַמֶּלֶךְ מְשָׁרְתָיו לֹא־נַעֲשָׂה עִמּוֹ דָּבָר׃ 4 וַיֹּאמֶר הַמֶּלֶךְ מִי

בֶחָצֵר וְהָמָן בָּא לַחֲצַר בֵּית־הַמֶּלֶךְ הַחִיצוֹנָה לֵאמֹר לַמֶּלֶךְ לִתְלוֹת

אֶת־מָרְדֳּכַי עַל־הָעֵץ אֲשֶׁר־הֵכִין לוֹ׃ 5 וַיֹּאמְרוּ נַעֲרֵי הַמֶּלֶךְ אֵלָיו

הִנֵּה הָמָן עֹמֵד בֶּחָצֵר וַיֹּאמֶר הַמֶּלֶךְ יָבוֹא׃ 6 וַיָּבוֹא הָמָן

וַיֹּאמֶר לוֹ הַמֶּלֶךְ מַה־לַּעֲשׂוֹת בָּאִישׁ אֲשֶׁר הַמֶּלֶךְ חָפֵץ בִּיקָרוֹ

honor (יְקָר)

וַיֹּאמֶר הָמָן בְּלִבּוֹ לְמִי יַחְפֹּץ הַמֶּלֶךְ לַעֲשׂוֹת יְקָר יוֹתֵר מִמֶּנִּי׃

more, excess honor

7 וַיֹּ֥אמֶר הָמָ֖ן אֶל־הַמֶּ֑לֶךְ אִ֕ישׁ אֲשֶׁ֥ר הַמֶּ֖לֶךְ חָפֵ֥ץ בִּיקָרֽוֹ׃
honor

8 יָבִ֙יאוּ֙ לְב֣וּשׁ מַלְכ֔וּת אֲשֶׁ֥ר לָֽבַשׁ־בּ֖וֹ[b] הַמֶּ֑לֶךְ וְס֗וּס אֲשֶׁ֨ר רָכַ֤ב

עָלָיו֙ הַמֶּ֔לֶךְ וַאֲשֶׁ֥ר נִתַּ֛ן כֶּ֥תֶר מַלְכ֖וּת בְּרֹאשֽׁוֹ׃ 9 וְנָת֨וֹן הַלְּב֜וּשׁ
crown

וְהַסּ֗וּס עַל־יַד־אִ֞ישׁ מִשָּׂרֵ֣י הַמֶּלֶךְ֮ הַֽפַּרְתְּמִים֒ וְהִלְבִּ֙ישׁוּ֙ אֶת־הָאִ֔ישׁ
nobles

אֲשֶׁ֥ר הַמֶּ֖לֶךְ חָפֵ֣ץ בִּיקָר֑וֹ וְהִרְכִּיבֻ֤הוּ עַל־הַסּוּס֙ בִּרְח֣וֹב הָעִ֔יר
honor

וְקָרְא֣וּ לְפָנָ֔יו כָּ֚כָה יֵעָשֶׂ֣ה לָאִ֔ישׁ אֲשֶׁ֥ר הַמֶּ֖לֶךְ חָפֵ֥ץ בִּיקָרֽוֹ׃
honor

10 וַיֹּ֨אמֶר הַמֶּ֜לֶךְ לְהָמָ֗ן מַ֠הֵר קַ֣ח אֶת־הַלְּב֤וּשׁ וְאֶת־הַסּוּס֙ כַּאֲשֶׁ֣ר

דִּבַּ֔רְתָּ וַעֲשֵׂה־כֵן֙ לְמָרְדֳּכַ֣י הַיְּהוּדִ֔י הַיּוֹשֵׁ֖ב בְּשַׁ֣עַר הַמֶּ֑לֶךְ אַל־תַּפֵּ֣ל

דָּבָ֔ר מִכֹּ֖ל אֲשֶׁ֥ר דִּבַּֽרְתָּ׃ 11 וַיִּקַּ֤ח הָמָן֙ אֶת־הַלְּב֣וּשׁ וְאֶת־הַסּ֔וּס

b. The verb לבשׁ occurs in different stems in verses 8, 9, and 11. Be sure to reflect the appropriate nuance in each occurrence.

וַיַּלְבֵּשׁ אֶת־מָרְדֳּכָי וַיַּרְכִּיבֵהוּ בִּרְחוֹב הָעִיר וַיִּקְרָא לְפָנָיו כָּכָה

יֵעָשֶׂה לָאִישׁ אֲשֶׁר הַמֶּלֶךְ חָפֵץ בִּיקָרוֹ׃ 12 וַיָּשָׁב מָרְדֳּכַי

honor

אֶל־שַׁעַר הַמֶּלֶךְ וְהָמָן נִדְחַף אֶל־בֵּיתוֹ אָבֵל וַחֲפוּי רֹאשׁ׃[c]

to cover (חפה) — to hurry

13 וַיְסַפֵּר הָמָן לְזֶרֶשׁ אִשְׁתּוֹ וּלְכָל־אֹהֲבָיו אֵת כָּל־אֲשֶׁר קָרָהוּ[d]

p.n.

וַיֹּאמְרוּ לוֹ חֲכָמָיו וְזֶרֶשׁ אִשְׁתּוֹ אִם מִזֶּרַע הַיְּהוּדִים מָרְדֳּכַי

p.n. — p.n.

אֲשֶׁר הַחִלּוֹתָ[e] לִנְפֹּל לְפָנָיו לֹא־תוּכַל לוֹ כִּי־נָפוֹל תִּפּוֹל לְפָנָיו׃

14 עוֹדָם מְדַבְּרִים עִמּוֹ וְסָרִיסֵי הַמֶּלֶךְ הִגִּיעוּ וַיַּבְהִלוּ לְהָבִיא

c. Based on the pairing with אָבֵל, a covered head is evidently a sign of grief.

d. The form קָרָהוּ = קָרָה + 3ms suffix הוּ. The *qal* perfect 3cp of קרה would be קָרוּ. Remember that in III-Waw/Yod verbs the *waw* or *yod* coalesces with consonantal sufformatives and drops everywhere else.

e. We do not parse many words in Esther, but this one proves troublesome. Rely on what you do know. The תָ ending indicates a 2ms perfect and the וֹ is a connecting vowel (used with II-Waw/Yod and Geminate verbs). The dagesh forte in the *lamed* is consistent with a geminate verb (חלל), leaving the ה as a preformative. One expects an i-class vowel under the preformative of a *hiphil* perfect (or, in this case, a composite *shewa* in a distant open syllable), but a-class vowels do occasionally replace the expected vowel. Since this evidence (including context) points to a *hiphil* perfect 2ms, you can translate it that way with confidence. This verb is an example of a rare geminate pattern that doubles both first and second consonants (here with implicit doubling; see chapter 29, note 1).

אֶת־הָמָ֖ן אֶל־הַמִּשְׁתֶּ֥ה אֲשֶׁר־עָשְׂתָ֥ה אֶסְתֵּֽר׃

ESTHER 7

7:1 וַיָּבֹ֤א הַמֶּ֙לֶךְ֙ וְהָמָ֔ן לִשְׁתּ֖וֹת עִם־אֶסְתֵּ֥ר הַמַּלְכָּֽה׃ 2 וַיֹּאמֶר֩

הַמֶּ֨לֶךְ לְאֶסְתֵּ֜ר גַּ֣ם בַּיּ֤וֹם הַשֵּׁנִי֙ בְּמִשְׁתֵּ֣ה הַיַּ֔יִן מַה־שְּׁאֵלָתֵ֛ךְ אֶסְתֵּ֥ר
request

הַמַּלְכָּ֖ה וְתִנָּ֣תֵֽן לָ֑ךְ וּמַה־בַּקָּשָׁתֵ֛ךְ עַד־חֲצִ֥י הַמַּלְכ֖וּת וְתֵעָֽשׂ׃
petition

3 וַתַּ֨עַן אֶסְתֵּ֤ר הַמַּלְכָּה֙ וַתֹּאמַ֔ר אִם־מָצָ֨אתִי חֵ֤ן בְּעֵינֶ֙יךָ֙ הַמֶּ֔לֶךְ[f]

וְאִם־עַל־הַמֶּ֖לֶךְ ט֑וֹב תִּנָּֽתֶן־לִ֤י נַפְשִׁי֙ בִּשְׁאֵ֣לָתִ֔י וְעַמִּ֖י בְּבַקָּשָׁתִֽי׃
request petition

4 כִּ֤י נִמְכַּ֙רְנוּ֙ אֲנִ֣י וְעַמִּ֔י לְהַשְׁמִ֖יד לַהֲר֣וֹג וּלְאַבֵּ֑ד וְאִלּ֨וּ לַעֲבָדִ֤ים
if

וְלִשְׁפָחוֹת֙ נִמְכַּ֔רְנוּ הֶחֱרַ֕שְׁתִּי כִּ֣י אֵ֥ין הַצָּ֛ר שֹׁוֶ֖ה בְּנֵ֥זֶק[g]
to balance out damage

f. When directly speaking to an individual, Hebrew expresses direct address ("O King") by using the definite article.

g. Remember from Esth 5:13 that שוה is defined by BDB as "be even, smooth," hence "agree with, be like, resemble." Here the "distress" (trouble) would not "be equal with" (i.e., worth) the "damage" (disturbance) to the king.

הַמֶּֽלֶךְ׃ ס 5 וַיֹּ֙אמֶר֙ הַמֶּ֣לֶךְ אֲחַשְׁוֵר֔וֹשׁ וַיֹּ֖אמֶר לְאֶסְתֵּ֣ר

הַמַּלְכָּ֑ה מִ֣י ה֥וּא זֶה֙[h] וְאֵי־זֶ֣ה ה֔וּא אֲשֶׁר־מְלָא֥וֹ לִבּ֖וֹ לַעֲשׂ֥וֹת

כֵּֽן׃ 6 וַתֹּ֣אמֶר־אֶסְתֵּ֔ר אִ֚ישׁ צַ֣ר וְאוֹיֵ֔ב הָמָ֥ן הָרָ֖ע הַזֶּ֑ה וְהָמָ֣ן

נִבְעַ֔ת מִלִּפְנֵ֥י הַמֶּ֖לֶךְ וְהַמַּלְכָּֽה׃ 7 וְהַמֶּ֜לֶךְ קָ֤ם בַּחֲמָתוֹ֙ מִמִּשְׁתֵּ֣ה

to terrify

הַיַּ֔יִן אֶל־גִּנַּ֖ת הַבִּיתָ֑ן וְהָמָ֣ן עָמַ֗ד לְבַקֵּ֤שׁ עַל־נַפְשׁוֹ֙ מֵֽאֶסְתֵּ֣ר

palace

הַמַּלְכָּ֔ה כִּ֣י רָאָ֔ה כִּֽי־כָלְתָ֥ה אֵלָ֛יו הָרָעָ֖ה מֵאֵ֥ת הַמֶּֽלֶךְ׃ 8 וְהַמֶּ֡לֶךְ

שָׁב֩ מִגִּנַּ֨ת הַבִּיתָ֜ן אֶל־בֵּ֣ית ׀ מִשְׁתֵּ֣ה הַיַּ֗יִן וְהָמָן֙ נֹפֵ֔ל עַל־הַמִּטָּה֙

palace

אֲשֶׁ֣ר אֶסְתֵּ֣ר עָלֶ֔יהָ וַיֹּ֣אמֶר הַמֶּ֔לֶךְ הֲגַ֛ם לִכְבּ֧וֹשׁ אֶת־הַמַּלְכָּ֛ה עִמִּ֖י

to subdue

h. The pronoun הוא sometimes serves to mark the presence of an implied "to be" verb. In such cases, use the other words to form the clause and insert the appropriate verb tense—i.e, "Who is (he) this one? Where this one is (he)?"

בְּבֵ֣ית הַדָּבָ֗ר יָצָא֙ מִפִּ֣י הַמֶּ֔לֶךְ וּפְנֵ֥י הָמָ֖ן חָפֽוּ׃ ס 9 וַיֹּ֣אמֶר

to cover (חפה)

חַ֠רְבוֹנָה אֶחָ֨ד מִן־הַסָּרִיסִ֜ים לִפְנֵ֣י הַמֶּ֗לֶךְ גַּ֣ם הִנֵּה־הָעֵ֣ץ אֲשֶׁר־עָשָׂ֣ה

p.n.

הָ֠מָן לְֽמָרְדֳּכַ֞י אֲשֶׁ֧ר דִּבֶּר־ט֣וֹב עַל־הַמֶּ֗לֶךְ עֹמֵד֙ בְּבֵ֣ית הָמָ֔ן גָּבֹ֖הַּ

חֲמִשִּׁ֣ים אַמָּ֑ה וַיֹּ֥אמֶר הַמֶּ֖לֶךְ תְּלֻ֥הוּ[i] עָלָֽיו׃ 10 וַיִּתְלוּ֙ אֶת־הָמָ֔ן

עַל־הָעֵ֖ץ אֲשֶׁר־הֵכִ֣ין לְמָרְדֳּכָ֑י וַחֲמַ֥ת הַמֶּ֖לֶךְ שָׁכָֽכָה׃ פ

to decrease

ESTHER 8

8:1 בַּיּ֣וֹם הַה֗וּא נָתַ֞ן הַמֶּ֤לֶךְ אֲחַשְׁוֵרוֹשׁ֙ לְאֶסְתֵּ֣ר הַמַּלְכָּ֔ה אֶת־בֵּ֥ית

הָמָ֖ן צֹרֵ֣ר הַיְּהוּדִ֑יים וּמָרְדֳּכַ֗י בָּ֚א לִפְנֵ֣י הַמֶּ֔לֶךְ כִּֽי־הִגִּ֥ידָה ק׳ היהודים

אֶסְתֵּ֖ר מַ֥ה הוּא־לָֽהּ׃ 2 וַיָּ֨סַר הַמֶּ֜לֶךְ אֶת־טַבַּעְתּ֗וֹ אֲשֶׁ֤ר

i. The fact that the accent is on the second-to-last syllable helps you parse this word. If the ו were the 3mp ending, accent would be on the final syllable. The accent marks the link between verb and suffix. The verb is perhaps more recognizable when written with full spelling so that both the ו sufformative and the הו suffix are plainly visible (תְּלוּהוּ instead of תְּלֻ֫הוּ).

הֶעֱבִיר֙ מֵֽהָמָ֔ן וַֽיִּתְּנָ֖הּ לְמָרְדֳּכָ֑י וַתָּ֧שֶׂם אֶסְתֵּ֛ר אֶֽת־מָרְדֳּכַ֖י

עַל־בֵּ֥ית הָמָֽן׃ פ

3 וַתּ֣וֹסֶף אֶסְתֵּ֗ר וַתְּדַבֵּר֙ לִפְנֵ֣י הַמֶּ֔לֶךְ וַתִּפֹּ֖ל לִפְנֵ֣י רַגְלָ֑יו וַתֵּ֣בְךְּ

וַתִּתְחַנֶּן־ל֗וֹ לְהַֽעֲבִיר֙ אֶת־רָעַת֙ הָמָ֣ן הָאֲגָגִ֔י וְאֵת֙ מַֽחֲשַׁבְתּ֔וֹ אֲשֶׁ֥ר

p.n.

חָשַׁ֖ב עַל־הַיְּהוּדִֽים׃ 4 וַיּ֤וֹשֶׁט הַמֶּ֙לֶךְ֙ לְאֶסְתֵּ֔ר אֵ֖ת שַׁרְבִ֣ט הַזָּהָ֑ב

scepter — to extend (ישט)

וַתָּ֣קָם אֶסְתֵּ֔ר וַֽתַּעֲמֹ֖ד לִפְנֵ֥י הַמֶּֽלֶךְ׃ 5 וַ֠תֹּאמֶר אִם־עַל־הַמֶּ֨לֶךְ

ט֜וֹב וְאִם־מָצָ֧אתִי חֵ֣ן לְפָנָ֗יו וְכָשֵׁ֤ר הַדָּבָר֙ לִפְנֵ֣י הַמֶּ֔לֶךְ וְטוֹבָ֥ה

אֲנִ֖י בְּעֵינָ֑יו יִכָּתֵ֗ב לְהָשִׁ֣יב אֶת־הַסְּפָרִ֡ים מַחֲשֶׁ֜בֶת הָמָ֣ן

בֶּֽן־הַמְּדָ֗תָא הָֽאֲגָגִ֔י אֲשֶׁ֣ר כָּתַ֔ב לְאַבֵּד֙ אֶת־הַיְּהוּדִ֔ים אֲשֶׁ֖ר

p.n. p.n.

בְּכָל־מְדִינ֥וֹת הַמֶּֽלֶךְ׃ 6 כִּ֠י אֵיכָכָ֤ה אוּכַל֙ וְֽרָאִ֔יתִי בָּרָעָ֖ה

how?

אֲשֶׁר־יִמְצָ֣א אֶת־עַמִּ֑י וְאֵֽיכָכָ֤ה אוּכַל֙ וְֽרָאִ֔יתִי בְּאָבְדַ֖ן מוֹלַדְתִּֽי׃ ס

destruction how?

7 וַיֹּ֨אמֶר הַמֶּ֤לֶךְ אֲחַשְׁוֵרֹשׁ֙ לְאֶסְתֵּ֣ר הַמַּלְכָּ֔ה וּֽלְמָרְדֳּכַ֖י הַיְּהוּדִ֑י

הִנֵּ֨ה בֵית־הָמָ֜ן נָתַ֣תִּי לְאֶסְתֵּ֗ר וְאֹתוֹ֙ תָּל֣וּ עַל־הָעֵ֔ץ עַ֛ל אֲשֶׁר־שָׁלַ֥ח

יָד֖וֹ בַּיְּהוּדִֽיים׃ 8 וְ֠אַתֶּם כִּתְב֨וּ עַל־הַיְּהוּדִ֜ים כַּטּ֤וֹב בְּעֵינֵיכֶם֙ ק ביהודים

בְּשֵׁ֣ם הַמֶּ֔לֶךְ וְחִתְמ֖וּ בְּטַבַּ֣עַת הַמֶּ֑לֶךְ כִּֽי־כְתָ֞ב אֲשֶׁר־נִכְתָּ֣ב

בְּשֵׁם־הַמֶּ֗לֶךְ וְנַחְתּ֛וֹם בְּטַבַּ֥עַת הַמֶּ֖לֶךְ אֵ֥ין לְהָשִֽׁיב 9 וַיִּקָּרְא֣וּ

סֹפְרֵֽי־הַמֶּ֣לֶךְ בָּעֵֽת־הַ֠הִיא בַּחֹ֨דֶשׁ הַשְּׁלִישִׁ֜י הוּא־חֹ֣דֶשׁ סִיוָ֗ן

Sivan
(3rd mo.)

בִּשְׁלוֹשָׁ֣ה וְעֶשְׂרִים֮ בּוֹ֒ וַיִּכָּתֵ֣ב כְּכָל־אֲשֶׁר־צִוָּ֣ה מָרְדֳּכַ֣י אֶל־הַיְּהוּדִ֡ים

וְאֶל הָאֲחַשְׁדַּרְפְּנִים־וְהַפַּחוֹת וְשָׂרֵי הַמְּדִינוֹת אֲשֶׁר | מֵהֹדּוּ

India satraps

וְעַד־כּוּשׁ שֶׁבַע וְעֶשְׂרִים וּמֵאָה מְדִינָה מְדִינָה וּמְדִינָה כִּכְתָבָהּ

Cush

וְעַם וָעָם כִּלְשֹׁנוֹ וְאֶל־הַיְּהוּדִים כִּכְתָבָם וְכִלְשׁוֹנָם׃ 10 וַיִּכְתֹּב

בְּשֵׁם הַמֶּלֶךְ אֲחַשְׁוֵרֹשׁ וַיַּחְתֹּם בְּטַבַּעַת הַמֶּלֶךְ וַיִּשְׁלַח סְפָרִים

בְּיַד הָרָצִים בַּסּוּסִים רֹכְבֵי הָרֶכֶשׁ הָאֲחַשְׁתְּרָנִים בְּנֵי הָרַמָּכִים׃

herd royal steed(s)

11 אֲשֶׁר [j] נָתַן הַמֶּלֶךְ לַיְּהוּדִים | אֲשֶׁר בְּכָל־עִיר־וָעִיר לְהִקָּהֵל

וְלַעֲמֹד עַל־נַפְשָׁם לְהַשְׁמִיד וְלַהֲרֹג וּלְאַבֵּד אֶת־כָּל־חֵיל עַם

וּמְדִינָה הַצָּרִים אֹתָם טַף וְנָשִׁים וּשְׁלָלָם לָבוֹז׃ 12 בְּיוֹם

אֶחָד בְּכָל־מְדִינוֹת הַמֶּלֶךְ אֲחַשְׁוֵרוֹשׁ בִּשְׁלוֹשָׁה עָשָׂר לְחֹדֶשׁ

j. Esther 8:11–13 is one long “that” clause serving as the content of what he wrote (וַיִּכְתֹּב in v. 10).

שְׁנֵים־עָשָׂ֖ר הוּא־חֹ֥דֶשׁ אֲדָֽר׃ 13 פַּתְשֶׁ֣גֶן הַכְּתָ֗ב לְהִנָּ֤תֵֽן דָּת֙

p.n. copy

בְּכָל־מְדִינָ֣ה וּמְדִינָ֔ה גָּל֖וּי לְכָל־הָֽעַמִּ֑ים וְלִהְי֨וֹת הַיְּהוּדִיים֩ ק׳ היהודים

עֲתוּדִים֙ לַיּ֣וֹם הַזֶּ֔ה לְהִנָּקֵ֖ם מֵאֹיְבֵיהֶֽם׃ 14 הָרָצִ֞ים רֹכְבֵ֤י ק׳ עתידים

ready

הָרֶ֙כֶשׁ֙ הָֽאֲחַשְׁתְּרָנִ֔ים יָֽצְא֛וּ מְבֹהָלִ֥ים וּדְחוּפִ֖ים בִּדְבַ֣ר הַמֶּ֑לֶךְ

steed(s) royal to hurry

וְהַדָּ֥ת נִתְּנָ֖ה בְּשׁוּשַׁ֥ן הַבִּירָֽה׃ פ

fortress, capital

15 וּמָרְדֳּכַ֞י יָצָ֣א ׀ מִלִּפְנֵ֣י הַמֶּ֗לֶךְ בִּלְב֤וּשׁ מַלְכוּת֙ תְּכֵ֣לֶת וָח֔וּר

white

וַעֲטֶ֤רֶת זָהָב֙ גְּדוֹלָ֔ה וְתַכְרִ֥יךְ בּ֖וּץ וְאַרְגָּמָ֑ן וְהָעִ֣יר שׁוּשָׁ֔ן צָהֲלָ֖ה

mantle fine linen to cry aloud

וְשָׂמֵֽחָה׃ 16 לַיְּהוּדִ֕ים הָֽיְתָ֥ה אוֹרָ֖ה וְשִׂמְחָ֑ה וְשָׂשֹׂ֖ן וִיקָֽר׃

joy honor

17 וּבְכָל־מְדִינָ֨ה וּמְדִינָ֜ה וּבְכָל־עִ֣יר וָעִ֗יר מְקוֹם֙ אֲשֶׁ֨ר דְּבַר־הַמֶּ֤לֶךְ

וְדָתוֹ֙ מַגִּ֔יעַ שִׂמְחָ֤ה וְשָׂשׂוֹן֙ לַיְּהוּדִ֔ים מִשְׁתֶּ֖ה וְי֣וֹם ט֑וֹב וְרַבִּ֞ים

joy

מֵעַמֵּ֤י הָאָ֙רֶץ֙ מִֽתְיַהֲדִ֔ים כִּֽי־נָפַ֥ל פַּֽחַד־הַיְּהוּדִ֖ים עֲלֵיהֶֽם׃

to be a Jew

ESTHER 9

9:1 וּבִשְׁנֵים֩ עָשָׂ֨ר חֹ֜דֶשׁ הוּא־חֹ֣דֶשׁ אֲדָ֗ר בִּשְׁלוֹשָׁ֨ה עָשָׂ֥ר יוֹם֙

p.n.

בּ֔וֹ אֲשֶׁ֨ר הִגִּ֧יעַ דְּבַר־הַמֶּ֛לֶךְ וְדָת֖וֹ לְהֵעָשׂ֑וֹת בַּיּ֗וֹם אֲשֶׁ֨ר שִׂבְּר֜וּ

to hope

אֹיְבֵ֤י הַיְּהוּדִים֙ לִשְׁל֣וֹט בָּהֶ֔ם וְנַהֲפ֣וֹךְ ה֔וּא אֲשֶׁ֨ר יִשְׁלְט֧וּ הַיְּהוּדִ֛ים

to rule — to rule

הֵ֖מָּה[k] בְּשֹׂנְאֵיהֶֽם׃ 2 נִקְהֲל֨וּ הַיְּהוּדִ֜ים בְּעָרֵיהֶ֗ם בְּכָל־מְדִינוֹת֙ הַמֶּ֣לֶךְ

אֲחַשְׁוֵר֔וֹשׁ לִשְׁלֹ֣חַ יָ֔ד בִּמְבַקְשֵׁ֖י רָֽעָתָ֑ם וְאִישׁ֙ לֹא־עָמַ֣ד לִפְנֵיהֶ֔ם

כִּֽי־נָפַ֥ל פַּחְדָּ֖ם עַל־כָּל־הָעַמִּֽים׃ 3 וְכָל־שָׂרֵ֨י הַמְּדִינ֜וֹת וְהָאֲחַשְׁדַּרְפְּנִ֗ים

satraps

k. The pronoun is used to reinforce the subject ("the Jews themselves").

וְהַפַּחוֹת וְעֹשֵׂי הַמְּלָאכָה אֲשֶׁר לַמֶּלֶךְ מְנַשְּׂאִים אֶת־הַיְּהוּדִים

כִּֽי־נָפַל פַּֽחַד־מָרְדֳּכַי עֲלֵיהֶם׃ 4 כִּֽי־גָדוֹל מָרְדֳּכַי בְּבֵית הַמֶּלֶךְ

וְשָׁמְעוֹ הוֹלֵךְ בְּכָל־הַמְּדִינוֹת כִּֽי־הָאִישׁ מָרְדֳּכַי הוֹלֵךְ וְגָדוֹל׃[1] פ

report (שֵׁמַע)

5 וַיַּכּוּ הַיְּהוּדִים בְּכָל־אֹיְבֵיהֶם מַכַּת־חֶרֶב וְהֶרֶג וְאַבְדָן וַיַּעֲשׂוּ

destruction — slaughter

בְשֹׂנְאֵיהֶם כִּרְצוֹנָם׃ 6 וּבְשׁוּשַׁן הַבִּירָה הָרְגוּ הַיְּהוּדִים וְאַבֵּד

fortress, capital

חֲמֵשׁ מֵאוֹת אִישׁ׃ 7 וְאֵת ׀ פַּרְשַׁנְדָּתָא וְאֵת ׀ דַּלְפוֹן

proper names

וְאֵת ׀ אַסְפָּתָא׃ 8 וְאֵת ׀ פּוֹרָתָא וְאֵת ׀ אֲדַלְיָא וְאֵת ׀ אֲרִידָתָא׃

proper names

9 וְאֵת ׀ פַּרְמַשְׁתָּא וְאֵת ׀ אֲרִיסַי וְאֵת ׀ אֲרִדַי וְאֵת ׀ וַיְזָתָא׃

proper names

1. The participle or infinitive absolute of הלך followed by another verb in the participle or infinitive absolute form expresses the continuance ("remained great") or progress of an action ("increased in greatness"). Compare Jonah 1:11, 13 (כִּי הַיָּם הוֹלֵךְ וְסֹעֵר).

10 עֲשֶׂרֶת בְּנֵי הָמָן בֶּן־הַמְּדָתָא צֹרֵר הַיְּהוּדִים הָרָגוּ וּבַבִּזָּה

p.n.

לֹא שָׁלְחוּ אֶת־יָדָם׃ 11 בַּיּוֹם הַהוּא בָּא מִסְפַּר הַהֲרוּגִים בְּשׁוּשַׁן

הַבִּירָה לִפְנֵי הַמֶּלֶךְ׃ ס 12 וַיֹּאמֶר הַמֶּלֶךְ לְאֶסְתֵּר הַמַּלְכָּה

fortress, capital

בְּשׁוּשַׁן הַבִּירָה הָרְגוּ הַיְּהוּדִים וְאַבֵּד חֲמֵשׁ מֵאוֹת אִישׁ וְאֵת

fortress, capital

עֲשֶׂרֶת בְּנֵי־הָמָן בִּשְׁאָר מְדִינוֹת הַמֶּלֶךְ מֶה עָשׂוּ וּמַה־שְּׁאֵלָתֵךְ

petition

וְיִנָּתֵן לָךְ וּמַה־בַּקָּשָׁתֵךְ עוֹד וְתֵעָשׂ׃ 13 וַתֹּאמֶר אֶסְתֵּר

request

אִם־עַל־הַמֶּלֶךְ טוֹב יִנָּתֵן גַּם־מָחָר לַיְּהוּדִים אֲשֶׁר בְּשׁוּשָׁן לַעֲשׂוֹת

כְּדָת הַיּוֹם וְאֵת עֲשֶׂרֶת בְּנֵי־הָמָן יִתְלוּ עַל־הָעֵץ׃ 14 וַיֹּאמֶר הַמֶּלֶךְ

לְהֵעָשׂוֹת כֵּן וַתִּנָּתֵן דָּת בְּשׁוּשָׁן וְאֵת עֲשֶׂרֶת בְּנֵי־הָמָן תָּלוּ׃

15 וַיִּקָּהֲלוּ הַיְּהוּדִיים אֲשֶׁר־בְּשׁוּשָׁן גַּם בְּיוֹם אַרְבָּעָה עָשָׂר ק היהודים

לְחֹדֶשׁ אֲדָר וַיַּהַרְגוּ בְשׁוּשָׁן שְׁלֹשׁ מֵאוֹת אִישׁ וּבַבִּזָּה לֹא

p.n.

שָׁלְחוּ אֶת־יָדָם׃ 16 וּשְׁאָר הַיְּהוּדִים אֲשֶׁר בִּמְדִינוֹת הַמֶּלֶךְ

נִקְהֲלוּ ׀ וְעָמֹד עַל־נַפְשָׁם וְנוֹחַ מֵאֹיְבֵיהֶם וְהָרֹג בְּשֹׂנְאֵיהֶם חֲמִשָּׁה

וְשִׁבְעִים אָלֶף וּבַבִּזָּה לֹא שָׁלְחוּ אֶת־יָדָם׃ 17 בְּיוֹם־שְׁלֹשָׁה עָשָׂר

לְחֹדֶשׁ אֲדָר וְנוֹחַ בְּאַרְבָּעָה עָשָׂר בּוֹ וְעָשֹׂה אֹתוֹ יוֹם מִשְׁתֶּה

p.n.

וְשִׂמְחָה׃ 18 וְהַיְּהוּדִיים אֲשֶׁר־בְּשׁוּשָׁן נִקְהֲלוּ בִּשְׁלֹשָׁה עָשָׂר ק היהודים

בּוֹ וּבְאַרְבָּעָה עָשָׂר בּוֹ וְנוֹחַ בַּחֲמִשָּׁה עָשָׂר בּוֹ וְעָשֹׂה אֹתוֹ

יוֹם מִשְׁתֶּה וְשִׂמְחָה׃ 19 עַל־כֵּן הַיְּהוּדִים הַפְּרָוזִים הַיֹּשְׁבִים ק הפרזים

village dwellers

בְּעָרֵ֣י הַפְּרָזוֹת֒ עֹשִׂ֗ים אֵ֠ת י֣וֹם אַרְבָּעָ֤ה עָשָׂר֙ לְחֹ֣דֶשׁ אֲדָ֔ר

p.n. villages

שִׂמְחָ֥ה וּמִשְׁתֶּ֖ה וְי֣וֹם ט֑וֹב וּמִשְׁל֥וֹחַ מָנ֖וֹת אִ֥ישׁ לְרֵעֵֽהוּ׃ פ

portion (מָנָה) sending

20 וַיִּכְתֹּ֣ב מָרְדֳּכַ֔י אֶת־הַדְּבָרִ֖ים הָאֵ֑לֶּה וַיִּשְׁלַ֨ח סְפָרִ֜ים

אֶל־כָּל־הַיְּהוּדִ֗ים אֲשֶׁר֙ בְּכָל־מְדִינוֹת֙ הַמֶּ֣לֶךְ אֲחַשְׁוֵר֔וֹשׁ הַקְּרוֹבִ֖ים

וְהָרְחוֹקִֽים׃ 21 לְקַיֵּם֮ עֲלֵיהֶם֒ לִהְי֣וֹת עֹשִׂ֗ים אֵ֠ת י֣וֹם אַרְבָּעָ֤ה

עָשָׂר֙ לְחֹ֣דֶשׁ אֲדָ֔ר וְאֵ֛ת יוֹם־חֲמִשָּׁ֥ה עָשָׂ֖ר בּ֑וֹ בְּכָל־שָׁנָ֖ה וְשָׁנָֽה׃

p.n.

22 כַּיָּמִ֗ים אֲשֶׁר־נָ֨חוּ בָהֶ֤ם הַיְּהוּדִים֙ מֵאֹ֣יְבֵיהֶ֔ם וְהַחֹ֗דֶשׁ אֲשֶׁ֩ר

נֶהְפַּ֨ךְ לָהֶ֤ם מִיָּגוֹן֙ לְשִׂמְחָ֔ה וּמֵאֵ֖בֶל לְי֣וֹם ט֑וֹב לַעֲשׂ֣וֹת אוֹתָ֗ם

יְמֵי֙ מִשְׁתֶּ֣ה וְשִׂמְחָ֔ה וּמִשְׁל֤וֹחַ מָנוֹת֙ אִ֣ישׁ לְרֵעֵ֔הוּ וּמַתָּנ֖וֹת

gift (מַתָּנָה) portion (מָנָה) sending

לָאֶבְיוֹנִים׃ 23 וְקִבֵּל[m] הַיְּהוּדִים אֵת אֲשֶׁר־הֵחֵלּוּ לַעֲשׂוֹת

(וְקִבֵּל: to receive (Piel))

וְאֵת אֲשֶׁר־כָּתַב מָרְדֳּכַי אֲלֵיהֶם׃ 24 כִּי הָמָן בֶּן־הַמְּדָתָא הָאֲגָגִי

(הַמְּדָתָא: p.n.; הָאֲגָגִי: p.n.)

צֹרֵר כָּל־הַיְּהוּדִים חָשַׁב עַל־הַיְּהוּדִים לְאַבְּדָם וְהִפִּל פּוּר הוּא

(פּוּר: "Pur")

הַגּוֹרָל לְהֻמָּם וּלְאַבְּדָם׃ 25 וּבְבֹאָהּ לִפְנֵי הַמֶּלֶךְ אָמַר

(לְהֻמָּם: to confuse (המם))

עִם־הַסֵּפֶר יָשׁוּב מַחֲשַׁבְתּוֹ[n] הָרָעָה אֲשֶׁר־חָשַׁב עַל־הַיְּהוּדִים

עַל־רֹאשׁוֹ וְתָלוּ אֹתוֹ וְאֶת־בָּנָיו עַל־הָעֵץ׃ 26 עַל־כֵּן קָרְאוּ

לַיָּמִים הָאֵלֶּה פוּרִים עַל־שֵׁם הַפּוּר עַל־כֵּן[o] עַל־כָּל־דִּבְרֵי

(פוּרִים: Purim; הַפּוּר: "Pur")

הָאִגֶּרֶת הַזֹּאת וּמָה־רָאוּ עַל־כָּכָה וּמָה הִגִּיעַ אֲלֵיהֶם׃

(הָאִגֶּרֶת: letter)

m. The subject of the verb must be "the Jews" despite the lack of agreement in number.

n. This feminine noun is the subject of the verb despite the lack of agreement in gender.

o. In general, when the reason for something is stated before עַל־כֵּן ("on account of this"), English uses the word "therefore" (i.e., they defeated their enemies; ***therefore*** they called the day Purim). When the reason follows עַל־כֵּן, English typically uses "because of" (i.e., they called the day Purim ***because of*** the support of the king and what they had witnessed).

27 קִיְּמ֣וּ וְקִבְּל֣ הַיְּהוּדִ֡ים | עֲלֵיהֶ֣ם | וְעַל־זַרְעָ֡ם וְעַ֨ל ק׳ וקבלו

to receive

כָּל־הַנִּלְוִ֤ים עֲלֵיהֶם֙ וְלֹ֣א יַעֲב֔וֹר לִהְי֣וֹת עֹשִׂ֗ים אֵ֚ת שְׁנֵ֣י הַיָּמִ֣ים

הָאֵ֔לֶּה כִּכְתָבָ֖ם וְכִזְמַנָּ֑ם בְּכָל־שָׁנָ֖ה וְשָׁנָֽה׃ 28 וְהַיָּמִ֣ים הָ֠אֵלֶּה

time

נִזְכָּרִ֨ים וְנַעֲשִׂ֜ים בְּכָל־דּ֣וֹר וָד֗וֹר מִשְׁפָּחָה֙ וּמִשְׁפָּחָ֔ה מְדִינָ֥ה וּמְדִינָ֖ה

וְעִ֣יר וָעִ֑יר וִימֵ֞י הַפּוּרִ֣ים הָאֵ֗לֶּה לֹ֤א יַֽעַבְרוּ֙ מִתּ֣וֹךְ הַיְּהוּדִ֔ים וְזִכְרָ֖ם

p.n.

לֹא־יָס֥וּף מִזַּרְעָֽם׃ ס 29 וַ֠תִּכְתֹּב אֶסְתֵּ֨ר הַמַּלְכָּ֧ה בַת־אֲבִיחַ֛יִל

to end p.n.

וּמָרְדֳּכַ֥י הַיְּהוּדִ֖י אֶת־כָּל־תֹּ֑קֶף לְקַיֵּ֗ם אֵ֣ת אִגֶּ֧רֶת הַפּוּרִ֛ים הַזֹּ֖את

authority letter p.n.

הַשֵּׁנִֽית׃ 30 וַיִּשְׁלַ֨ח סְפָרִ֜ים אֶל־כָּל־הַיְּהוּדִ֗ים אֶל־שֶׁ֨בַע וְעֶשְׂרִ֤ים

וּמֵאָה֙ מְדִינָ֔ה מַלְכ֖וּת אֲחַשְׁוֵר֑וֹשׁ דִּבְרֵ֥י שָׁל֖וֹם וֶאֱמֶֽת׃ 31 לְקַיֵּ֡ם

אֶת־יְמֵי֩ הַפֻּרִ֨ים הָאֵ֜לֶּה בִּזְמַנֵּיהֶ֗ם כַּאֲשֶׁר֩ קִיַּ֨ם עֲלֵיהֶ֜ם מָרְדֳּכַ֤י
time p.n.

הַיְּהוּדִי֙ וְאֶסְתֵּ֣ר הַמַּלְכָּ֔ה וְכַאֲשֶׁ֛ר קִיְּמ֥וּ עַל־נַפְשָׁ֖ם וְעַל־זַרְעָ֑ם דִּבְרֵ֥י

הַצּוֹמ֖וֹת וְזַעֲקָתָֽם׃ 32 וּמַאֲמַ֣ר אֶסְתֵּ֔ר קִיַּ֕ם דִּבְרֵ֥י הַפֻּרִ֖ים הָאֵ֑לֶּה
p.n. command

וְנִכְתָּ֖ב בַּסֵּֽפֶר׃ פ

ESTHER 10

10:1 וַיָּשֶׂם֩ הַמֶּ֨לֶךְ אֲחַשְׁרֹ֥שׁ ׀ מַ֛ס עַל־הָאָ֖רֶץ וְאִיֵּ֥י הַיָּֽם׃ ק אחשורוש

2 וְכָל־מַעֲשֵׂ֤ה תָקְפּוֹ֙ וּגְב֣וּרָת֔וֹ וּפָרָשַׁת֙ גְּדֻלַּ֣ת מָרְדֳּכַ֔י אֲשֶׁ֥ר גִּדְּל֖וֹ
great-ness amount (פָּרָשָׁה) authority (תֹּקֶף)

הַמֶּ֑לֶךְ הֲלוֹא־הֵ֣ם כְּתוּבִ֗ים עַל־סֵ֙פֶר֙ דִּבְרֵ֣י הַיָּמִ֔ים לְמַלְכֵ֖י מָדַ֥י
p.n.

וּפָרָֽס׃ 3 כִּ֣י ׀ מָרְדֳּכַ֣י הַיְּהוּדִ֗י מִשְׁנֶה֙ לַמֶּ֣לֶךְ אֲחַשְׁוֵר֔וֹשׁ וְגָדוֹל֙
p.n.

לַיְּהוּדִ֗ים וְרָצ֖וּי לְרֹ֣ב אֶחָ֑יו דֹּרֵ֥שׁ טוֹב֙ לְעַמּ֔וֹ וְדֹבֵ֥ר שָׁל֖וֹם

לְכָל־זַרְעֽוֹ׃ פ

Part 4: Learning Aids

Glossary

The notation at the end of each entry indicates where the vocabulary word was introduced in the translation exercises. Vocabulary from the Joseph story is indicated with the corresponding chapter number (between 4 and 23) in parentheses—e.g., (1). The vocabulary for the readings from Ruth, Jonah, and Esther are marked with a number between 1 and 10 enclosed in square brackets—e.g., [1]. These numbers correspond to the vocabulary lists numbered 1–10 that follow the introduction to Part 3 of the workbook. Words from frequency lists A–D appear as letters in parentheses—e.g., (A).

א

אָב father (cst. אֲבִי; pl. אָבוֹת) (7)
אָבַד to perish, be lost (13)
אָבָה to be willing, to wait, to long for [A]
אֶבְיוֹן needy [10]
אָבַל to mourn [8]
אָבֵל mourning (adj.) [8]
אֵבֶל mourning (22)
אֶבֶן stone, rock (17)
אָדוֹן lord, master (8)
אָדָם man [4]
אֲדָמָה ground, earth, land [4]
אַדֶּרֶת mantle [5]
אָהַב to love [1]
אֹהֶל tent [C]
אוּלַי perhaps [4]
אוּלָם but, nevertheless (19)
אוֹר / אוֹרָה light [10]
אָז then (adv.) (8)
אֹזֶן ear (f.) (16)
אָח brother (pl. אַחִים) (4)
אֶחָד one (m.), cst. אַחַד (10, 12)
אָחוֹר backwards (16)
אָחוֹת sister (pl. אֲחָיוֹת) [D]
אָחַז to hold (18)
אֲחֻזָּה possession (18)
אַחַר behind, after (7)
אַחֵר other, another (7)
אַחֲרוֹן behind, later; west [3]
אַחֲרִית end, latter part (16)
אַחַת one (f.) (10, 12)
אֵי where? [4]
אִי coastland [9]
אֹיֵב enemy (20)
אֵיךְ / אֵיכָה how? (15)
אַיִן / אֵין there is not (6)
אַיִן from where? [4]
אֵיפָה ephah [2]
אִישׁ man (pl. אֲנָשִׁים) (4)
אַךְ surely, but, however, only [4]
אָכַל to eat (6)
אֹכֶל food (13)
אַל not (with jussive / cohortative) (15)
אֶל to, towards (4)
אֵל God, god (19)
אֵלֶּה these (6)
אֱלֹהִים God, gods (19)
אֶלֶף thousand; cattle (10) [C]
אֵם mother (pl. אִמּוֹת) (16)
אִם if (אִם . . . אִם = whether . . . or) (6)
אָמָה handmaid [3]
אַמָּה cubit [7]
אָמַן to support, make firm (*qal*); to believe (*hiph.*) (17)
אָמֵץ to be strong [1]
אָמַר to say (4)
אֱמֶת truth (14)
אָן / אָנָה where? [2]
אֱנוֹשׁ man, mankind [C]
אֲנַחְנוּ we (13)
אֲנִי I (13)
אֳנִיָּה ship [4]
אָנֹכִי I (13)
אָסוֹן harm (14)
אָסַף to gather (16)

אָסַר to bind (18)

אַף 1) also, indeed; 2) nose, anger (8)

אֹפֶה baker (12)

אֵפוֹ/ אֵפוֹא then (15)

אֵ֫פֶר ashes [5]

אַרְבָּעִים forty (10, 18)

אַרְבַּע four (f.), אַרְבָּעָה, cst. אַרְבַּעַת (m.) (10)

אַרְגָּמָן purple [7]

אָרוֹן box, ark (22)

אֹרַח way, path (16)

אֲרִי / אַרְיֵה lion (20)

אֶ֫רֶץ land, ground (7)

אָרַר to curse (20)

אֵשׁ fire [C]

אִשָּׁה woman (cst. אֵ֫שֶׁת; pl. נָשִׁים [from אֲנָשִׁים]; pl. cst. נְשֵׁי) (7)

אֲשֶׁר which, that (4)

אֵת 1) *dir. obj marker* (with suff. אֹתוֹ); 2) with (with suff. אִתּוֹ) (4)

אַתְּ you (f. sg.) (13)

אַתָּה you (m. sg.) (13)

אָתוֹן female donkey (cf. male חֲמוֹר) (17)

אַתֶּם you (m. pl.) (13)

אַתֵּן / אַתֵּ֫נָה you (f. pl.) (13)

ב

בְּ in, on, with (4)

בֶּ֫גֶד garment (7)

בַּד alone (usually appears as לְבַד, e.g., אִישׁ לְבַדּוֹ—"a man alone"; lit. "according to his aloneness") (14)

בָּהַל to be dismayed, terrified, in haste (*niph.*) [7]

בְּהֵמָה beast [4]

בּוֹא to go in, come (4)

בּוֹר pit (6)

בּוֹשׁ to be ashamed, shameful [A]

בָּזָה to despise [7]

בִּזָּה plunder [8]

בָּזַז to plunder [8]

בִּזָּיוֹן contempt [7]

בָּחַן to test (14)

בָּחַר to choose [3]

בָּחוּר young man (i.e., choice, in one's prime) [3]

בָּטַח to trust [A]

בֶּ֫טֶן belly [4]

בֵּין between (14)

בִּין to understand, perceive [A]

בַּ֫יִת house (cst. בֵּית, pl. בָּתִּים) (7)

בָּכָה to weep (15)

בְּכִי weeping (15)

בְּכוֹר firstborn, birthright (15)

בָּלַע to swallow [4]

בִּלְתִּי not, except [1]

בֵּן son (pl. בָּנִים) (6)

בָּנָה to build [1]

בַּעֲבוּר for the sake of, on account of, in order that (18)

בְּ֫עַד through, behind, about, on behalf of [5]

בַּ֫עַל lord, master (17)

בָּעַר to burn [7]

בָּקַע to break open, break forth [A]

בָּקָר cattle (17)

בֹּ֫קֶר morning (12)

בִּקֵּשׁ to seek (*piel*) (16)

בָּרָא to create [A]

בָּרַח to flee [4]

בְּרִיחַ bar [5]

בְּרִית covenant, treaty [D]

בָּרַךְ to kneel; be blessed (*qal*); to bless (*piel*) (8)

בֶּ֫רֶךְ knee (19)

בְּרָכָה blessing (cst. בִּרְכַּת) (8)

בָּשָׂר flesh, meat (12)

בַּת daughter (pl. בָּנוֹת) (7)

בְּתוּלָה virgin [7]

ג

גָּאַל to redeem (19)

גָּבַהּ to be high, exalted [9]

גָּבֹהַּ	high, exalted [9]
גְּבוּל	border, boundary, territory [D]
גִּבּוֹר	mighty [1]
גְּבוּרָה	might, strength [1]
גָּדוֹל	great, large (6)
גָּדַל	be or become great (7)
גּוֹי	nation, Gentile (18)
גּוֹלָה	captivity [7]
גּוּר	to sojourn, dwell (18)
גּוֹרָל	lot [4]
גָּלָה	to uncover, remove; go into exile [1]
גַּם	also, even (7)
גָּמַל	reward, repay; wean (22)
גַּן	garden [7]
גָּנַב	to steal (16)
גַּנָּה	garden [7]
גֶּפֶן	vine (12)
גֹּרֶן	threshing floor [3]
גָּרַשׁ	to drive away, cast out [5]

ד

דָּבַק	to cling [1]
דִּבֵּר	to speak (*piel, occasionally qal*) (13)
דָּבָר	word, thing (4)
דָּג / דָּגָה	fish [4]
דּוֹד	beloved, uncle [7]
דּוֹר	generation [8]
דַּי	enough, sufficiency [7]
דִּין	to judge (20)
דַּל	poor [3]
דָּם	blood (6)
דָּמָה	1) to be like (*qal*); 2) intend (*piel*) [9]
דָּרַךְ	to tread, march [A]
דֶּרֶךְ	way, path (6)
דָּרַשׁ	to seek [10]
דָּת	law [7]

ה

הֲ	? (*interrogative marker*) (7)
הֶבֶל	vanity, futility, breath [5]
הוּא	he, it; that one (6)
הִיא	she, it; that one (6)
הָיָה	to be (6)
הֵיכָל	temple, palace [5]
הָלַךְ	to walk, go (4)
הִלֵּל	to praise (*piel*) [A]
הֵם / הֵמָּה	them (m.) (12)
הֵן / הֵנָּה	them (f.) (12)
הֵנָּה	here (17)
הִנֵּה	behold! (6)
הָפַךְ	to turn [5]
הַצָּלָה	deliverance [6]
הַר	mountain, hill, hill country (16)
הָרַג	to kill, slay (6)
הָרָה	to be pregnant (vb.) (7)
הָרָה	pregnant (adj.) (7)
הִשְׁתַּחֲוָה	to worship (חוה) (19)

ו

וְ	and (conj.)

ז

זֹאת	this (f.) (6)
זָבַח	to sacrifice, slaughter (18)
זֶבַח	a sacrifice (18)
זֶה	this (m.) (6)
זָהָב	gold (16)
זָכַר	to remember (12)
זֵכֶר	memory [9]
זִכָּרוֹן	memorial [9]
זָנָה	to prostitute [A]
זָעַק	to cry out [4]
זְעָקָה	cry, outcry [4]
זָקֵן	old; elder, old man (16) [D]
זָרָה	to scatter [3]
זְרוֹעַ	arm, shoulder (20)
זָרַע	to sow [A]
זֶרַע	seed, offspring (7)

ח

חֶבֶל	rope, territory [9]
חָבַק	embrace (*qal or piel*) (19)

חָבַשׁ to bind [5]

חָדַל to cease [1]

חֹדֶשׁ month [8]

חוה to worship (hishtaphel) (הִשְׁתַּחֲוָה) (19)

חוּל to dance, whirl; writhe (esp. of childbirth) [8]

חוֹמָה wall [D]

חוּס to pity [17]

חוּץ outside (8)

חָזָה to see, perceive [A]

חָזַק to be strong (13)

חָזְקָה strength, force [6]

חָטָא to sin, offend (12)

חַטָּאת sin, sin offering (22)

חִטָּה wheat [2]

חַי alive, living (14)

חָיָה to live (14)

חַיִּים life (18)

חַיִל strength, wealth, army (18)

חִיצוֹן outer [9]

חֵיק bosom [3]

חָכָם wise (adj.) (13)

חָכְמָה wisdom [D]

חָלָב milk (20)

חֵלֶב fat (17)

חָלָה 1) be sick, weak (qal); 2) entreat the favor of (piel) (19)

חָלִילָה far be it! (16)

חָלַל 1) pollute, defile, profane; 2) begin (hiph.); 3) bore, pierce (20)

חָלַם to dream (4)

חֲלוֹם a dream (4)

חָלַק 1) divide, share; 2) be slippery, smooth (20)

חֶלְקָה portion [2]

חֵמָה anger, heat [7]

חֲמוֹר male donkey (see also: אָתוֹן "female donkey") (14)

חֲמִישִׁי fifth (f. חֲמִישִׁית) (10, 13)

חָמָס violence, wrong (20)

חָמֵשׁ five (f.) חֲמִשָּׁה, cst. חֲמֵשֶׁת (m.) (10, 15)

חֲמִשִּׁים fifty (10) [D]

חֵן grace, favor (8)

חָנָה to camp, encamp [A]

חַנּוּן gracious [6]

חָנַן to be gracious, show favor [6]

חֶסֶד lovingkindness, love; faithfulness (8)

חָסָה to take refuge [2]

חָפֵץ to be pleased with, delight in [3]

חֵץ arrow (20)

חֲצִי half [1]

חָצֵר courtyard, village [7]

חֹק decree, statute, law [D]

חֻקָּה decree, statute, law [D]

חֶרֶב sword (19)

חָרַד to tremble, fear [3]

חָרָה to be hot, angry (8)

חָרוֹן fury, burning [6]

חָרַם to devote to destruction (hiph.) [B]

חָרַשׁ 1) to plow, engrave; 2) to be silent, dumb [9]

חָשַׁב to think, plan (6)

חָתַם to seal [8]

חָתַת be shattered, terrified, dismayed [B]

ט

טַבָּח a guard; a cook (8)

טַבַּעַת ring, signet ring [8]

טָהֵר to be pure [B]

טוֹב good (6)

טָמֵא to be unclean, ritually impure [A]

טָעַם to taste; decree [6]

טַעַם taste, discernment [6]

טַף children (15)

טֶרֶם before, not yet (13)

טָרַף to tear, rip apart (prey) (20)

טֶרֶף prey (20)

י

יָבֵשׁ to be dry, wither [4]

יַבָּשָׁה dry land [4]

יָגוֹן sorrow (16)
יָד hand (f.) (6)
יָדָה to shoot, throw (*qal*); to praise, confess, give thanks (*hiph.*) [A]
יָדַע to know (7)
יָהַב to give, grant [3]
יוֹם day (pl. יָמִים) (6)
יַ֫חַד (adv.) together [D]
יָטַב to be good (12)
יַ֫יִן wine (20)
יָכַח to decide, judge, reprove [B]
יָכֹל to be able; prevail, overcome (impf. יוּכַל) (16)
יָלַד to give birth (4)
יֶ֫לֶד boy, lad (יַלְדָּה “girl”) (16)
יָם sea (pl. יַמִּים) (16)
יָמִין right (vs. שְׂמֹאל “left”) (19)
יָסַף to add, do again (*qal* or *hiph.*) [1]
יָעַץ to advise, counsel [B]
יָפֶה beautiful (f. יָפָה) (8)
יָצָא to go out (7)
יָצַק to pour, cast, flow [B]
יָצַר to form [B]
יְקָר price, honor [7]
יָקָר rare, precious [7]
יָרֵא to fear (14)
יִרְאָה fear (from יָרֵא “to fear”) [4]
יָרַד to go down (7)
יָרָה to throw, cast (*qal*) to teach (*hiph.*) [B]
יָרֵךְ thigh, loin, side (cst. יֶ֫רֶךְ) (18)
יְרֵכָה side, extreme parts, flank (20)
יָרַשׁ possess, dispossess [A]
יֵשׁ there is, there are (opposite of אַ֫יִן) (14)
יָשַׁב to sit, dwell (4)
יְשׁוּעָה salvation (14)
יָשַׁע to save, deliver (*hiph.*) [A]
יָשָׁר straight, right [D]
יָתַר to remain over, have preeminence (20)
יֶ֫תֶר excess, remainder (20)

כ

כְּ like, as, according to (7)
כַּאֲשֶׁר just as, when (7)
כָּבֵד to be heavy (*qal*); to honor (*piel*) (13)
כָּבֵד heavy (adj.) (13)
כָּבוֹד glory, honor, abundance (17)
כִּבֵּס to wash (*piel*) (19)
כֶּ֫בֶשׂ lamb [D]
כֹּה thus, here (17)
כֹּהֵן priest (13)
כּוּל support, nourish (*pilpel* or *hiph.*) (22) [3]
כּוּן to be firm (*niph.*); establish, prepare (*hiph./polel*) [9]
כּוֹס cup (12)
כֹּ֫חַ strength, might (16)
כִּי because, that, when (4)
כִּי אִם except, unless (8)
כָּ֫כָה thus [9]
כִּכָּר round, valley; talent [8]
כֹּל all, every (6)
כָּלָה to be completed, finished (20)
כַּלָּה daughter-in-law, bride [1]
כְּלִי article, utensil, implement, vessel (14)
כָּלַם to be humiliated, shamed (*niph.*) [2]
כְּמוֹ- = כְּ (used with suffixes) (8)
כֵּן 1) thus, so; 2) honest, right (14)
כֶּ֫סֶף silver, money (6)
כָּנָף wing, edge, extremity [2]
כִּסֵּא seat, throne [5]
כָּסָה to cover [5]
כָּעַס to provoke, disturb, incite [B]
כַּף palm of hand [6]
כִּפֶּר to cover, atone, appease (*piel*) [A]
כֶּ֫רֶם vineyard [D]
כָּרַע to kneel, bow (4)
כָּרַת to cut off [3]
כָּשַׁל to stumble, totter [B]
כָּשֵׁר to succeed [10]

כָּתַב	to write [7]
כְּתָב	writing [7]

ל

לְ	to, towards, for (4)
לֹא	no, not (4)
לֵאמֹר	saying (lit. "to say") (12)
לֵב / לֵבָב	heart, mind [2]
לְבוּשׁ	clothing (16)
לָבַשׁ	to clothe, wear (7)
לוּ	if, O that . . . ! (expresses a situation that is more unlikely than when using אִם) (22)
לָוָה	to join [10]
לָחַם	to fight (*niph.*) [A]
לֶחֶם	bread, food (8)
לַיְלָה	night (12)
לִין	to lodge, stay overnight [1]
לָכַד	to capture [A]
לָמַד	to learn (*qal*); to teach (*piel*) [B]
לָמָּה / לָמָה	why? (lit. "for what?") (15)
לְמַעַן	for the sake of, in order that (12)
לָקַח	to take (6)
לָקַט	to gather, glean [2]
לָשׁוֹן	tongue [8]

מ

מְאֹד	much, greatly; abundance (13)
מֵאָה	hundred (10, 18)
מְאוּמָה	anything (8)
מֵאֵן	to refuse (*piel*) (19)
מָאַס	to reject, refuse [B]
מִגְרָשׁ	common land, open land [D]
מָדַד	to measure [3]
מַדּוּעַ	why? (12)
מְדִינָה	province [7]
מַה	what? (7)
מָהַר	to hasten [9]
מוֹדַע	kinsman, relative (from יָדַע) [2]
מוֹלֶדֶת	native land (from יָלַד "to give birth") [2]
מוֹעֵד	meeting, appointed time [D]
מָוֶת	death (cst. מוֹת) (19)
מוּת	to die (6)
מִזְבֵּחַ	altar [C]
מַחֲנֶה	camp (22)
מָחָר	tomorrow [6]
מָחֳרָת	the next day [6]
מַחֲשָׁבָה	thought [10]
מַטֶּה	staff, rod; tribe (7)
מִטָּה	bed (19)
מִי	who? (15)
מַיִם	water [5]
מַכָּה	wound (from נָכָה "to strike") [10]
מָכַר	to sell (6)
מָלֵא	to be full (19)
מְלֹא	fullness (19)
מַלְאָךְ	angel, messenger (19)
מְלָאכָה	work (8)
מִלְחָמָה	battle, war [C]
מָלַט	to escape (*niph.*) [9]
מָלַךְ	to be king, reign [7]
מֶלֶךְ	king (12)
מַלְכוּת	kingdom [7]
מִמֶּנ-	= מִן (used with suffixes) (8)
מִן	from (4)
מָנוֹחַ / מְנוּחָה	resting place, rest [1]
מָנָה	to count, number, appoint [2]
מִנְחָה	offering; grain offering (15)
מַס	forced labor [10]
מִסְפֵּד	wailing, lament [8]
מִסְפָּר	number [9]
מֵעֶה	belly [1]
מְעַט	little, few (15)
מַעֲשֶׂה	deed, thing done (16)
מָצָא	to find (4)
מִצְוָה	commandment (from צִוָּה "to command") [8]
מִצְרַיִם	Egypt (8)
מָקוֹם	place (7)
מִקְנֶה	livestock, property (from קָנָה "acquire") (18)

מַר	bitter [1]
מַרְאֶה	sight, appearance (8)
מְרַגֵּל	spy (14)
מֶרְכָּבָה	chariot (18)
מָרַר	to be bitter [1]
מָשַׁח	to anoint [B]
מִשְׁכָּב	bed (17)
מָשַׁל	to rule (17)
מִשְׁמַר	prison, watch, observance (14)
מִשְׁנֶה	double, second (15)
מִשְׁפָּחָה	family [2]
מִשְׁפָּט	justice, judgment; custom [D]
מַשְׁקֶה	cupbearer (12)
מִשְׁקָל / מִשְׁקוֹל	weight (15)
מִשְׁתֶּה	feast (12)

נ

נָא	please, I pray, now (particle used to add urgency to a request or admonition) (22) [1]
נְאֻם	utterance, declaration [D]
נָבָא	to prophesy [A]
נָבַט	to look (*hiph.*) [5]
נָבִיא	prophet [D]
נָגַד	to tell, declare (*hiph.*) [2]
נֶגֶד	in front of, opposite [2]
נָגַע	to touch, strike [2]
נָגַשׁ	to approach [2]
נָדַד	to flee, wander [9]
נָדַח	to thrust, move, banish [B]
נָדַר	to vow [4]
נֶדֶר	vow [4]
נָהָר	river [5]
נוּחַ	to rest [1]
נוּס	to flee, escape [A]
נַחֲלָה	possession, inheritance (19)
נָחַם	be sorry, console oneself (*niph.*) (22) [1]
נָחָשׁ	serpent (20)
נָטָה	stretch out, incline, bend (20)
נָטַע	to plant [B]
נָכָה	to strike [6]
נֹכַח	in front of, opposite [9]
נָכַר	1) to recognize (*piel/hiph.*); 2) disguise (*niph.*); treat as foreign (*piel*) [2]
נָכְרִי	foreign [2]
נָסַע	to set out, journey (18)
נְעוּרִים	youth (18)
נַעַל	shoe, sandal [3]
נַעַר	boy, young man (16)
נָפַל	to fall (16)
נֶפֶשׁ	soul, self (20)
נָצַב	to stand (*niph.*) [2]
נָצַח	to be preeminent, enduring (*qal*); act as an overseer, director (*piel*) [B]
נָצַל	to deliver oneself (*niph.*); snatch away, deliver (*piel/hiph.*) [6]
נָצַר	to watch, guard, keep [B]
נָקִי	clean, innocent (adj.) (16)
נָקַם	to avenge [10]
נָשָׂא	to lift, carry (8)
נָשַׂג	to overtake (*hiph.*) [B]
נָשַׁק	to kiss (17)
נָתַן	to give, put (7)

ס

סָבַב	to go around [5]
סָגַר	to shut, close [B]
סוֹד	secret counsel (20)
סוּס	horse [9]
סוּר	to turn aside (17)
סֻכָּה	booth [6]
סַף	threshold [8]
סָפַד	to wail, lament [8]
סָפַר	to count (*qal*); recount, tell (*piel*) (12)
סֵפֶר	document, book [8]
סֹפֵר	scribe [8]
סָרִיס	official, eunuch (8)
סָתַר	to hide [B]

ע

עָבַד to serve, be a slave [A]

עֶבֶד servant, slave (8)

עֲבוּר for the sake of, on account of, in order that (used only with a preposition in the phrase בַּעֲבוּר) (18)

עָבַר to pass by, pass through (22) [2]

עֵ֫בֶר other side, beyond (22) [2]

עֶבְרָה wrath (20)

עֲגָלָה cart (17)

עַד until (7)

עֵד witness [3]

עוֹד yet, still (4)

עוֹלָה burnt offering [D]

עוֹלָם long duration, antiquity, forever (19)

עָוֹן iniquity (16)

עוֹף bird (12)

עוּר to awake, get up [B]

עַז strong (20)

עָזַב to abandon, leave (8)

עָזַר to help (17)

עַ֫יִן eye; spring (7)

עִיר city (pl. עָרִים) (13)

עָכַר to trouble (15)

עַל on, over, against, concerning (4)

עָלָה to go up (13)

עַם people (pl. עַמִּים) (19)

עִם with (8)

עָמַד to stand (13)

עָמַל to labor [6]

עָמָל toil, labor [6]

עָנָה 1) to answer, testify;
2) to be humbled, afflicted (13) [A]

עֵץ tree; wood (12)

עֶ֫צֶם bone, substance; self (22)

עָרַב 1) to mix;
2) to pledge, exchange;
3) to be sweet, pleasing;
4) to be evening (15)

עֶ֫רֶב evening (18)

עָרַךְ to arrange, set in order [B]

עֹ֫רֶף neck (20)

עָשָׂה to do, make (8)

עֲשִׂירִי tenth (f. עֲשִׂירִית) (10)

עָשָׂר ten (f.) עֶשְׂרֵה (m.) (used in compound numbers from 11–19) (10, 14)

עֶ֫שֶׂר ten (f.), עֲשָׂרָה ten, cst. עֲשֶׂ֫רֶת (m.) (10, 14)

עֶשְׂרִים twenty (10) [D]

עָשִׁיר rich [3]

עֹ֫שֶׁר riches [7]

עַשְׁתֵּי one (used in the number eleven עַשְׁתֵּי עֶשְׂרֵה) (10)

עֵת time (7)

עַתָּה now (13)

פ

פָּגַע to meet, encounter, entreat [1]

פָּדָה to ransom [B]

פֶּה mouth (cst. פִּי; pl. פִּיּוֹת) (15)

פֹּה here [3]

פּוּץ to be scattered (20)

פַּ֫חַד dread, fear [10]

פֶּחָה governor [8]

פָּלָא to be extraordinary, marvelous, hard, difficult [C]

פִּילֶ֫גֶשׁ concubine [8]

פָּלַט to escape (17)

פְּלֵיטָה an escape (17)

פָּלַל to judge, mediate (*piel*); pray (*hithp.*) (19)

פֶּן lest (7)

פָּנָה to turn [A]

פָּנִים face, presence (12)

פְּנִימִי inner (hint: direction you *face* [פָּנִים] from the outside) [9]

פָּעַל to work, do [2]

פֹּ֫עַל work [2]

פַּ֫עַם footstep; occurrence, instance, time (15)

פָּקַד to attend to, visit, appoint (12)

פַּר bull (m.) (13)
פָּרָה cow (f.) (13)
פָּרַד to separate [1]
פָּרָה to bear fruit (18)
פָּרַשׂ to spread out [3]
פָּרָשׁ horse, horseman (22)
פֶּשַׁע transgression (22)
פָּתַח to open (14)
פֶּתַח opening, door (15)
פָּתַר to interpret (12)
פִּתְרוֹן interpretation (12)

צ

צֹאן flock (4)
צָבָא army, host [D]
צַד side [2]
צַוָּאר neck (17)
צָוָה to command (*piel*) (19)
צוּם to fast [5]
צוֹם a fast (n.) [5]
צֵל shadow (from צָלַל "to shade, overshadow") [6]
צָלַח to prosper, succeed [C]
צָעִיר young, little (15)
צָפָה to look out, keep watch [C]
צַר 1) narrow, distress; 2) adversary [8]
צָרָה distress (14)
צָרַר 1) to bind, be narrow, restricted; 2) to be hostile towards [8]

ק

קָבַץ to gather (17)
קָבַר to bury (18)
קֶבֶר grave (18)
קָדִים east [6]
קָדַם to come before, meet [6]
קֶדֶם east, in front, ancient times [6]
קָדַשׁ to be holy [A]
קֹדֶשׁ holiness [4]
קָהַל to assemble (*niph.*) [10]
קָהָל assembly (19)
קָוָה to wait for (19)
קוֹל voice, sound (6)
קוּם to arise, stand (15)
קָטֹן small, little (14)
קָטַר to burn a sacrifice (*piel/hiph.*) [A]
קָלַל to be insignificant, swift, light (*qal*); to curse (*piel*; i.e., declare insubstantial) [4]
קָנָה to buy, acquire (8)
קֵץ end [8]
קָצֶה end (18)
קָצִיר harvest (from קָצַר "to reap") [1]
קָצַף to be angry [7]
קֶצֶף wrath [7]
קָצַר to reap (4)
קָרָא to call out, read (6)
קָרַב to draw near, approach (17)
קֶרֶב midst (17)
קָרוֹב near (adj.) (17)
קָרָה / קָרָא to encounter (16)
קָרַע to tear (16)
קָשָׁה to be hard, harsh (14)
קָשֶׁה hard, harsh (14)
קָשַׁר to bind, conspire (16)
קֶשֶׁת bow [for archery] (n. f.) (19)

ר

רָאָה to see (4)
רֹאשׁ head (12)
רִאשׁוֹן first (7, 10)
רֵאשִׁית beginning, first (14)
רַב much, many, great (pl. רַבִּים) (6)
רֹב multitude, abundance, greatness [9]
רְבָבָה ten thousand, multitude (10)
רָבָה to be many, great (18)
רִבּוֹא ten thousand (from רבב "to be much, many") (10) [6]
רְבִיעִי fourth (f. רְבִיעִית) (10)
רָבַץ to lie down (20)
רָגַז to be agitated, excited, tremble (17)

רֶ֫גֶל foot (15)

רָדַף to pursue, persecute (16)

רוּחַ spirit, breath, wind (13)

רוּם to be high, exalted, haughty [A]

רוּץ to run [8]

רָחַב to be broad, wide [9]

רְחֹב square, street [9]

רָחוֹק far [10]

רָחַם to have compassion for, love [C]

רֶ֫חֶם womb (20)

רַחֲמִים compassion (15)

רָחַץ to wash, bathe (15)

רָחַק to be far away, distant [C]

רִיב to strive, dispute [C]

רָכַב to mount, ride (17)

רֶ֫כֶב chariot (22)

רָכַשׁ to acquire (18)

רְכוּשׁ goods (18)

רָנַן to shout for joy; moan [C]

רַע evil, bad (6)

רֵ֫עַ friend, companion (15)

רָעָב famine (13)

רָעָה to shepherd, pasture, feed (18)

רָעַע be bad, evil (19)

רָפָא to heal (22)

רָצָה to be pleased with [10]

רָצוֹן pleasure, favor (17)

רַק only (22)

רָשָׁע wicked, guilty [D]

שׂ

שָׂבַע to be satisfied, filled [2]

שָׂבָע plenty (13)

שֹׂ֫בַע abundance [2]

שָׂדֶה field (pl. שָׂדוֹת) (4)

שֵׂיבָה gray hair [3]

שִׂים to put, place (6)

שָׂכַל to understand, be clever (usually *hiph.*) [C]

שָׂכָר wages [4]

שְׂמֹאל left (vs. יָמִין "right") (19)

שָׂמַח to rejoice [5]

שָׂמֵחַ joyful, rejoicing [5]

שִׂמְחָה joy [5]

שִׂמְלָה / שַׂלְמָה garment [3]

שָׂנֵא to hate (4)

שְׂעֹרָה barley [1]

שַׂק sack, sackcloth (14)

שַׂר prince, chief (8)

שָׂרַף to burn [A]

שׁ

שֶׁ· who, which, that [4]

שְׁאוֹל Sheol, underworld (14)

שָׁאַל to ask (4)

שָׁאַר to remain [1]

שְׁאָר remnant [1]

שְׁאֵרִית remnant (17)

שֵׁ֫בֶט staff; tribe (17)

שְׁבִיעִי seventh (fem. שְׁבִיעִית) (10)

שָׁבַע to swear an oath (*niph.*); cause to swear (*hiph.*) (18)

שִׁבְעִים seventy (10, 22)

שֶׁ֫בַע seven (f.), שִׁבְעָה, cst. שִׁבְעַת (m.) (10, 13)

שָׁבַר to buy (14)

שָׁבַת to cease, stop [3]

שָׁדַד to devastate, ruin [C]

שַׁדַּי the Almighty (19)

שָׁוְא vain, false, empty [5]

שׁוּב to turn, return (14)

שׁוּעַ to cry for help [4]

שׁוֹר ox, oxen (17)

שָׁחַט to slaughter [C]

שַׁ֫חַר dawn [6]

שָׁחַת to destroy, corrupt [3]

שַׁ֫חַת pit [5]

שִׁיר to sing [C]

שִׁית to put, place (18)

שָׁכַב to lie down (8)

שָׁכַח	to forget (12)
שָׁכֹל	to be bereaved, lose children (15)
שָׁכַם	to rise early [C]
שָׁכַן	to dwell (17)
שְׁכֵנָה	neighbor [3]
שָׁכַר	to be drunk (15)
שָׁלוֹם	peace, well-being (4)
שָׁלוֹשׁ	three (f.), שְׁלוֹשָׁה cst., שְׁלֹשֶׁת (m.) (10, 12)
שְׁלוֹשִׁים	thirty (10, 12)
שָׁלַח	to send (4)
שְׁלִישִׁי	third (f. שְׁלִישִׁית) (10, 12)
שָׁלַךְ	to throw [5]
שָׁלָל	prey, spoils, booty (20)
שָׁלֵם	to be complete, be sound, pay, make peace [2]
שָׁלַף	to draw (sword) [3]
שִׁלְשׁוֹם	in the past (i.e., "the third day back" or "day before yesterday"; from שָׁלוֹשׁ "three") [2]
שָׁם	there (8)
שֵׁם	name, reputation (7)
שָׁמַד	to exterminate, destroy [8]
שָׁמַיִם	heavens [4]
שְׁמִינִי	eighth (f. שְׁמִינִית) (10)
שָׁמַם	to be desolate, appalled [C]
שֶׁמֶן	oil, fat [8]
שְׁמֹנֶה	eight (f.), שְׁמֹנֶה cst., שְׁמֹנַת (m.) (10)
שְׁמֹנִים	eighty (10)
שָׁמַע	to hear (6)
שָׁמַר	to keep, guard (4)
שֶׁמֶשׁ	sun [6]
שֵׁן	tooth, ivory (20)
שָׁנָה	to change [7]
שָׁנָה	year (13)
שֵׁנָה	sleep (from יָשֵׁן "to sleep") [9]
שֵׁנִי	second (f. שֵׁנִית) (10)
שְׁנַיִם	two (m.), cst. שְׁנֵי (10, 12)
שַׁעַר	gate [3]
שִׁפְחָה	maidservant [2]
שָׁפַט	to judge [1]
שָׁפַךְ	to pour out (6)
שָׁקָה	to cause to drink (*hiph.*) [9]
שָׁקַט	to be quiet [3]
שָׁקַל	to weigh (see also: שֶׁקֶל "shekel") [8]
שָׁרַת	to serve, minister to (*piel*) (12)
שֵׁשׁ	six (f.) שִׁשָּׁה (m.), שֵׁשֶׁת (m. cst.) (10) [D]
שִׁשִּׁי	sixth (f. שִׁשִּׁית) (10)
שִׁשִּׁים	sixty (10)
שָׁתָה	to drink (15)
שְׁתַּיִם	two (f.); cst. שְׁתֵּי (10, 12)

ת

תֹּאַר	form [7]
תְּהוֹם	the deep, the ocean (14)
תּוֹדָה	thanksgiving (from יָדָה *hiph.* "to give thanks") [5]
תָּוֶךְ	midst (cst. תּוֹךְ) (12)
תּוֹלֵדוֹת	generations (from יָלַד "to give birth") [3]
תּוֹלֵעָה	worm, scarlet [6]
תּוֹעֵבָה	abomination (15)
תּוֹרָה	teaching, instruction [D]
תְּחִלָּה	beginning (15)
תַּחַת	under, in place of (7)
תְּכֵלֶת	blue [7]
תָּלָה	to hang [8]
תָּמַהּ	to be astounded (15)
תְּמוֹל	previously, yesterday [2]
תָּמַם	to be complete, whole [C]
תִּפְאֶרֶת	glory, beauty [7]
תְּפִלָּה	prayer (from פלל "to pray") [5]
תָּפַשׂ	to lay hold of, seize (8)
תִּקְוָה	1) hope; 2) thread [1]
תָּקַע	to thrust, drive; strike [C]
תְּשִׁיעִי	ninth (f. תְּשִׁיעִית) (10)
תֵּשַׁע	nine (f.), תִּשְׁעָה, cst. תִּשְׁעַת (m.) (10)
תִּשְׁעִים	ninety (10)

Answer Key to Part 1: Grammar Exercises

EXERCISE 1B: READING PROPER NAMES

Jacob	יעקב	Laban	לבן
Abraham	אברהם	Esther	אסתר
Isaac	יצחק	Obadiah	עבדיה
Israel	ישׂראל	Ezekiel	יחזקאל
Rebekah	רבקה	David	דוד
Nebuchadnezzar	נבכדנאזר	Nehemiah	נחמיה
Jordan	ירדן	Jeroboam	ירבעם
Moses	משה	Mordecai	מרדכי
Goliath	גלית	Deborah	דברה
Esau	עשׂו	Ishmael	ישמעאל

EXERCISE 2: VOWEL IDENTIFICATION

		VOWEL NAME	VOWEL SOUND	DOT
1a	דְּבִיר	vocal *shewa*	abrupt sound	*dagesh lene* (BGDKPT)
1b	דְּבִיר	*ḥireq yod*	long i	
2a	מַאֲכָל	*pataḥ*	short a	
2b	מַאֲכָל	composite *shewa*	abrupt a	
2c	מַאֲכָל	*qamets*	long a	

		VOWEL NAME	VOWEL SOUND	DOT
3a	מָתְנַ֫יִם	*qamets qaton*	short o	
3b	מָתְנַ֫יִם	silent *shewa*	no sound	
3c	מָתְנַ֫יִם	*pataḥ*	short a	
3d	מָתְנַ֫יִם	*ḥireq*	short i	
4a	תְּבוּאָה	vocal *shewa*	abrupt sound	*dagesh lene* (BGDKPT)
4b	תְּבוּאָה	*shureq*	long u	
4c	תְּבוּאָה	*qamets*	long a	
5a	אֹ֫כֶל	*ḥolem*	long o	
5b	אֹ֫כֶל	*seghol*	short e	
6a	תּוֹלֵדוֹת	*ḥolem*	long o	*dagesh lene* (BGDKPT)
6b	תּוֹלֵדוֹת	*tsere*	long e	
6c	תּוֹלֵדוֹת	*ḥolem*	long o	
7a	עֵ֫בֶר	*tsere*	long e	
7b	עֵ֫בֶר	*seghol*	short e	
8a	טֻמְאָה	*qibbuts*	short u	
8b	טֻמְאָה	silent *shewa*	no sound	
8c	טֻמְאָה	*qamets*	long a	

		VOWEL NAME	VOWEL SOUND	DOT
9a	אַרְצָהּ	*pataḥ*	short a	
9b	אַרְצָהּ	silent *shewa*	no sound	
9c	אַרְצָהּ	*qamets*	long a	*mappiq* (H-DOT)
10	רוּץ	*shureq*	long u	
11a	כְּלִמָּה	vocal *shewa*	abrupt sound	*dagesh lene* (BGDKPT)
11b	כְּלִמָּה	*ḥireq*	short i	
11c	כְּלִמָּה	*qamets*	long a	*dagesh forte* (DOUBLING)
12a	אֱלֹהִים	composite *shewa*	abrupt e	
12b	אֱלֹהִים	*ḥolem*	long o	
12c	אֱלֹהִים	*ḥireq yod*	long i	
13a	יַלְדָּה	*pataḥ*	short a	
13b	יַלְדָּה	silent *shewa*	no sound	
13c	יַלְדָּה	*qamets*	long a	*dagesh lene* (BGDKPT)
14a	יֶחֱזַק	*seghol*	short e	
14b	יֶחֱזַק	composite *shewa*	abrupt e	
14c	יֶחֱזַק	*pataḥ*	short a	

		VOWEL NAME	VOWEL SOUND	DOT
15a	גִּלּוּלִים	*ḥireq*	short i	*dagesh lene* (BGDKPT)
15b	גִּלּוּלִים	*shureq*	long u	*dagesh forte* (DOUBLING)
15c	גִּלּוּלִים	*ḥireq yod*	long i	
16a	גֹּבַהּ	*ḥolem*	long o	*dagesh lene* (BGDKPT)
16b	גֹּבַהּ	*pataḥ*	short a	*mappiq* (H-DOT)
17a	מַטֶּה	*pataḥ*	short a	
17b	מַטֶּה	*seghol*	short e	*dagesh forte* (DOUBLING)
18a	מָעֳמָד	*qamets qaton*	short o	
18b	מָעֳמָד	composite *shewa*	abrupt o	
18c	מָעֳמָד	*qamets*	long a	

EXERCISE 3A: SYLLABLE DIVISION

יָ|מִים　　יְ|רוּ|שָׁ|לַ֫|יִם　　דְּ|בָ|רִים

נְ|בֵ|לָה　　מִדְ|בָּר　　וּ|מֵ|אֶ֫|רֶץ

מִלְ|חָ|מָה　　יִשְׁ|כְּ|בוּ　　שֶׁלְ|חֱ|נוֹ|תֵי|הֶם

לְ|שָׁ|לוֹם　　וִי|הוּ|דָה　　שָׁ|מַ֫רְ|תִּי

בִּגְ|דֵי　　יִכְ|תָּב־|שָׁם　　בָּ|קָר

ADVANCED EXAMPLES:

הַטְּ|הוֹ|רָה　　חֻקֹּ|תֵ֫י|נוּ　　חָ|כְ|מָה

הַגֶּ֫|רֶם　　שַׁבְּ|חוּ　　יַעֲ|בֹד

יִכְ|בַּד　　נֶאֱ|מָן　　וַיָּ֫|מָת

קָ|טְ|לוּ　　צַדִּי|קִים　　הָ|אִשָּׁה

EXERCISE 4A: DEFINITE ARTICLE

"king"	הַמֶּ֫לֶךְ	"head"	הָרֹאשׁ
"darkness"	הַחֹ֫שֶׁךְ	"grass"	הָעֵ֫שֶׂב
"men"	הָאֲנָשִׁים	"messiah" (anointed one)	הַמָּשִׁ֫יחַ
"good (man)"	הַטּוֹב	"peace"	הַשָּׁלוֹם
"field"	הַשָּׂדֶה	"temple"	הַהֵיכָל
"dream"	הַחֲלוֹם	"wilderness"	הַמִּדְבָּר
"flock"	הַצֹּאן	"voice"	הַקּוֹל

Advanced Practice:

"mountains"	הֶהָרִים	"mountain"	הָהָר
"wise (man)"	הֶחָכָם	"dust"	הֶעָפָר

EXERCISE 4B: THE CONJUNCTION

"truth"	וֶאֱמֶת	"he sent"	וְשָׁלַח
"man"	וְאִישׁ	"he found"	וּמָצָא
"dream"	וַחֲלוֹם	"silver"	וְכֶ֫סֶף
"places"	וּמְקוֹמוֹת	"sickness"	וָחֳלִי
"Samuel"	וּשְׁמוּאֵל	"son"	וּבֵן
"men"	וַאֲנָשִׁים	"voice"	וְקוֹל

Advanced Practice:

	Add conjunction		Apply secondary adjustment	
"Jerusalem"	וְירוּשָׁלַ֫יִם	→	וִירוּשָׁלַ֫יִם	*shewa drops*
"God"	וֶאֱלֹהִים	→	וֵאלֹהִים	*aleph quiesces & shewa drops*
"Lord"	וַיהוָה	→	וַאדֹנָי	*aleph quiesces*
Also applies to Divine Name	וְיהוָה	→	וַיהוָה	*uses vowels from Adonai*
"formless and void"	תֹּ֫הוּ וָבֹ֫הוּ		*paired words before accent*	

EXERCISE 5: GENDER AND NUMBER ENDINGS

<table>
<tr><th>Desired Phrase</th><th>Historic form</th><th>Add ending & syllabify</th><th>Apply rules (& add prefixes)</th></tr>
<tr><td>the righteous woman
(צַדִּיק)</td><td>*צַדִּיק</td><td>N D[1]
*צַדִּי | קָה</td><td>הַצַּדִּיקָה</td></tr>
<tr><td>and a wise woman
(חָכָם)</td><td>*חַכַם</td><td>N D[1]
*חַ | כַ | מָה</td><td>וַחֲכָמָה</td></tr>
<tr><td>the judgments
(חָכָם)</td><td>*מִשְׁפָּט</td><td>N D[1]
*מִשְׁ | פַּ | טִים</td><td>הַמִּשְׁפָּטִים</td></tr>
<tr><td>the elders
(זָקֵן)</td><td>*זַקִן</td><td>N D[1]
*זַ | קִ | נִים</td><td>הַזְּקֵנִים</td></tr>
<tr><td>and the prophetesses
(נָבִיא)</td><td>*נַבִיא</td><td>N D[1]
*נַ | בִי | אוֹת</td><td>וְהַנְּבִיאוֹת</td></tr>
</table>

Advanced Practice:

<table>
<tr><td>the queen
(מֶלֶךְ)</td><td>*מַלְכּ
(historic sg. base)</td><td>N
*מַלְ | כָּה</td><td>הַמַּלְכָּה</td></tr>
<tr><td>and kings
(מֶלֶךְ)</td><td>*מַלַכ
(historic pl. base)</td><td>N D[1]
*מַ | לַ | כִים</td><td>וּמְלָכִים</td></tr>
</table>

EXERCISE 7: CONSTRUCT NOUN ENDINGS

<table>
<tr><th>Desired Phrase</th><th>Historic form</th><th>Add ending & syllabify</th><th>Apply rules (& add prefixes)</th></tr>
<tr><td>wise women of
(חָכָם)</td><td>*חַכַם</td><td>N D^1 D^2
*חַ|כַ|מוֹת־□</td><td>חַכְמוֹת־□</td></tr>
<tr><td>wise woman of
(חָכָם)</td><td>*חַכַם</td><td>N D^1 D^2
*חַ|כַ|מַת־□</td><td>חַכְמַת־□</td></tr>
<tr><td></td><td></td><td>In examples above, the D^2 syll. retains the historic vowel to avoid two consecutive vocal shewas.</td><td></td></tr>
<tr><td>judgments of
(מִשְׁפָּט)</td><td>*מִשְׁפַּט</td><td>N D^1 D^2
*מִשְׁ|פַּ|טֵי־□</td><td>מִשְׁפְּטֵי־□</td></tr>
<tr><td>hand of
(יָד)</td><td>*יַד</td><td>N
*יַד־□</td><td>יַד־□</td></tr>
</table>

Advanced Practice:

<table>
<tr><td>queen of
(מֶ֫לֶךְ)</td><td>*מַלְכּ
(historic sg. base)</td><td>N D^1
*מַלְ|כַּת־□</td><td>מַלְכַּת־□</td></tr>
<tr><td>kings of
(מֶ֫לֶךְ)</td><td>*מַלַכ
(historic sg. base)</td><td>N D^1 D^2
*מַ|לַ|כֵי־□</td><td>מַלְכֵי־□</td></tr>
<tr><td>books of
(סֵ֫פֶר)</td><td>*סִפַר
(historic pl. base)</td><td>N D^1 D^2
*סִ|פַ|רֵי־□</td><td>סִפְרֵי־□</td></tr>
<tr><td></td><td></td><td>In the final two examples the D^2 syll. retains the historic vowel to avoid two consecutive vocal shewas.</td><td></td></tr>
</table>

EXERCISE 8: NOUNS WITH PRONOMINAL SUFFIXES

Circle suffix (with vowels)	Identify Vocabulary Word +	Endings	Translation
טַבָּחָיו 3ms ("his")	טַבָּח guard	*yod* marks pl. noun	"his guards"
דְּבָרִי 1cs ("my")	דָּבָר word	• *ḥireq-yod* = sg. noun suffix • does not have *patah-yod* of plural noun suffix	"my word"
חֲלוֹמֹתֵינוּ 1cp ("our")	חֲלוֹם dream	• *yod* marks pl. noun • f. cst. pl. וֹת (suggests ָה ending), but irregular ending on m. noun	"our dreams"
מְקוֹמֵךְ 2fs ("your")	מָקוֹם place	no *yod* = sg. noun	"your (fs) place"
עֲבָדָיו 3ms ("his")	עֶ֫בֶד servant	• *yod* marks pl. noun • segholate עֶ֫בֶד = 1-syll. sg. (עַבְד*) & 2-syll. pl. (עֲבַד*)	"his servants"
כַּסְפֵּ֫נוּ 1cp ("our")	כֶּ֫סֶף servant	• no *yod* = sg. noun • segholate כֶּ֫סֶף= 1-syll. sg. (כַּסְפּ*) & 2-syll. pl. (כְּסַפ*)	"our silver"
אַרְצָהּ 3fs ("her")	אֶ֫רֶץ land	• no *yod* = sg. noun • segholate אֶ֫רֶץ = 1-syll. sg. (אַרְצ*) & 2-syll. pl. (אֲרַצ*)	"her land"
אֲנָשַׁ֫יִךְ 2fs ("your")	אִישׁ man	• *yod* marks pl. noun • אֲנָשׁ not in vocab. Try plural אֲנָשִׁים (irregular pl. of אִישׁ)	"your (fs) men"

Circle suffix (with vowels)	Identify Vocabulary Word	+ Endings	Translation
יְמֵיהֶן 3fp ("their")	יוֹם day	• *yod* marks pl. noun • יַם not in vocab Ch. 4-8. Try plural יָמִים (pl. of יוֹם)	"their (fp) days"
בְּנוֹתַי 1cs ("my")	בַּת daughter	• neither 1cs suff. has extra *yod* (*pataḥ-yod* = pl. noun) • Expected form with fem. ה, does not match vocab. Try plural בָּנוֹת (irregular pl. of בַּת formed off בֵּן)	"my daughters"
אַנְשֵׁיכֶם 2mp ("your")	אִישׁ man	• *yod* marks pl. noun • אָנָשׁ not in vocab. Try plural אֲנָשִׁים (irregular pl. of אִישׁ)	"your (mp) men"
נְשֵׁיהֶם 3mp ("their")	אִשָּׁה woman	• *yod* marks pl. noun • נָשׁ not in vocab. Try plural נָשִׁים (irregular pl. of אִשָּׁה formed off אֲנָשִׁים "men")	"their (mp) wives"

EXERCISES 13-20: PARADIGM CHARTS & REPRESENTATIVE FORMS

For the verb paradigm practice sheets and representative forms for Exercises 13-20, see the paradigm charts in *LBH* Appendix 6, pages 450-456.

EXERCISE 23: VERBS WITH DIRECT OBJECT SUFFIXES

The black font indicates the suffixes you should have circled. Circles in the key are only used when part of the suffix has assimilated into the sufformative.

Endings	Suffix	Connecting Vowel	Sufformative	Optional Parsing Practice
נְכַבְּדֵךְ i-class	2fs ("you")	2nd pers. = inconclusive	none	*Piel* impf. 1cp + 2fs suffix ("we will honor you")
בִּקְשָׁם a-class	3mp ("them")	a-class = perfect	none	*Piel* pf. 3ms + 3mp suffix ("he sought them")
תְּבַקְשֶׁהָ i-class	3fs ("her")	i-class = not perfect	none	*Piel* impf. 3fs/2ms + 3fs suffix ("she/you will seek her")
שָׁפְטֵנוּ i-class	1cp ("us")	i-class = not perfect	none	*Qal* 2ms impv. + 1cp suffix ("Judge us!")
הַמְשִׁילוּהוּ none	3ms ("him")	N/A	m. pl. (וּ)	*Hiph.* impv. 2mp + 3ms suffix ("Make him rule!")
שִׁמְרוּהָ none	3fs ("her")	N/A	m. pl. (וּ) *Remember that the sufformative* ו *always = m. pl., but in various paradigms can be 3mp or 2mp*	*Qal* impv. 2mp + 3fs suffix ("Keep her!")
זְכָרַתְנִי none	1cs ("me")	N/A	historic 3fs ("she ___")	*Qal* pf. 3fs + 1cs suffix ("she kept me")
בְּשָׁמְרְכֶם none	2mp ("you")	N/A	none	*Qal* inf. cst. + 2mp suffix ("in you keeping" or "in keeping you")
רְדַפְתִּיךָ none	2ms ("you")	N/A	1cs pf. or historic 2fs pf.	*Qal* pf. 1cs + 2ms suffix ("I pursued you") *Context rules out the historic ending (you cannot say "you pursued you")*
כִּבְּדַתּוּ none	3ms הוּ ("him")	N/A	historic 3fs ("she ___")	*Piel* pf. 3fs + 3ms suffix ("she honored him")

Endings	Suffix	Connecting Vowel	Sufformative	Optional Parsing Practice
הִלְבַּשְׁתּוּנוּ none	1cp ("us")	N/A	תּוּ = historic 2mp/2fp pf.	*Hiph.* pf. 2m/fp + 1cp suffix ("you clothed us" i.e., made us wear)
תַּשְׁמִיעוּם none	3mp ("them")	N/A	m. pl. (וּ)	*Hiph.* impf. 2mp + 3mp suffix ("you will make them hear")
הִלְבִּישַׁתְךָ none	2ms ("you")	N/A	historic 3fs ("she ___")	*Hiph.* pf. 3fs + 2ms suffix ("she clothed you" i.e., made you wear")
יִשְׁמָעֵנִי i-class	1cs ("me")	i-class = not perfect	none	*Qal* impf./juss. 3ms + 1cs suffix ("he will hear me" or "let him hear me")
הִמְשַׁלְתָּהוּ none	3ms ("him")	N/A	2ms pf.	*Hiph. pf.* 2ms + 3ms suffix ("you made him rule")
אֶשְׁמָרְךָ none	2ms ("you")	N/A	none	*Qal* impf. 1cs + 2ms suffix ("I will keep you")
זְכָרַתָּה none	3fs הָ ("her") with vowel marker *heh*	N/A	historic 3fs ("she ___")	*Qal* pf. 3fs + 3fs suffix ("she remembered her")
פִּלְּטוּכֶם none	2mp ("you")	N/A	m. pl. (וּ)	*Piel* pf. 3mp + 2mp suffix ("they caused you to escape")
לְשָׁמְרִי none	1cs ("me") subj. suff.	N/A	none	*Qal* inf. cst. + 1cs suffix (subj.) ("for me keeping" ie., for me to keep)
לְשָׁמְרֵנִי i-class	1cs ("me") D.O. suff.	i-class = not perfect	none	*Qal* inf. cst. + 1cs suffix (D.O.) ("for keeping me" ie., to keep me)
בִּקֶּשְׁךָ none	2ms ("you")	N/A	none	*Piel* pf. 3ms + 2ms suffix ("he sought you")
מְכָרָתַן a-class	3fp ("them")	a-class = perfect	historic 3fs ("she ___")	*Qal* pf. 3fs + 3fp suffix ("she sold them")
בַּקְּשֵׁם i-class	3mp ("them")	i-class = not perfect	none	*Piel* impv. 2ms + 3mp suffix ("Seek them!")

EXERCISE 24A: GENERAL PRINCIPLES FOR WEAK VERBS

The black font indicates the weak consonant you should have circled in each word.

Hypothetical form (strong verb)	Actual form	Explain What Is Happening
*נִנְטֵשׁ	נִטַּשׁ	Vowelless *nun* likes to assimilate
*יִיְטִיב	יֵיטִיב	*Waw/Yod* like to coalesce
*מִאֵּן	מֵאֵן	Gutturals don't double
*הֶוְשֵׁב	הוּשַׁב	*Waw/Yod* like to coallesce
*נִחֵּשׁ	נִחֵשׁ	H-consonants (ח/ה) take implicit ('honorary') doubling
*מְבֻּרָךְ	מְבֹרָךְ	*Resh* doesn't double
*יֶחְזַק	יֶחֱזַק	Gutturals often take composite shewa
*בָּרַאְתִּי	בָּרָאתִי	*Aleph* likes to quiesce (grow quiet)
*יִיְטַב	יִיטַב	*Waw/Yod* like to coalesce
*יִנְשְׂאוּ	יִשְׂאוּ[1]	Vowelless *nun* likes to assimilate
*יִוְשִׁיב	יוֹשִׁיב	*Waw/Yod* like to coalesce
*סָבְבוּ	סַבּוּ	Geminates use *dagesh* rather than writing the letter twice

1. Remember that *dagesh forte* is occasionally dropped from certain consonants when they have no vowel (i.e., are marked with *shewa*). The reason this happens is because the Hebrew scholars who put in the vowel notations could not hear any doubling in these cases. It is easiest to associate the dropping of the *dagesh forte* with the mnemonic *Skin 'em Levi*. This catch-phrase reminds you that the *dagesh forte* is often *stripped off* when the "s" sounds (ס, צ, שׂ, שׁ) or the consonants ק, נ, מ, ל, ו, י (*Skin 'em Levi*) appear with a vocal *shewa*.

EXERCISE 24B: ORIGINAL A-CLASS PREFORMATIVE VOWELS

What the verb would have looked like historically	Actual form	Explain what is happening
*יַקְטֹל	יִקְטֹל	1) Yes, shift occurs (a → i) 2) Closed unacc. syllable allows shift
*יַגַּשׁ (נגשׁ)	יִגַּשׁ	1) Yes, shift occurs (a → i) 2) Closed unacc. syllable allows shift
*יַתֵּן (נתן)	יִתֵּן	1) Yes, shift occurs (a → i) 2) Closed unacc. syllable allows shift
*יַפֹּל (נפל)	יִפֹּל	1) Yes, shift occurs (a → i) 2) Closed unacc. syllable allows shift
*יַעְמֹד	יַעֲמֹד	1) ***No shift.*** 2) Guttural prevents shift
*יַשְׁלַח	יִשְׁלַח	1) Yes, shift occurs (a → i) 2) Closed unacc. syllable allows shift
*יַמְצָא	יִמְצָא	1) Yes, shift occurs (a → i) 2) Closed unacc. syllable allows shift
*וַיַּ֫קָם (קום)	וַיָּ֫קָם	1) ***No shift.*** 2) Open syll. prevents shift
NIPHAL		
*נַקְטַל	נִקְטַל	1) Yes, shift occurs (a → i) 2) Closed unacc. syllable allows shift
*נַוְשַׁב	נוֹשַׁב	1) ***No shift.*** 2) Coalescing prevents shift
*נַסַב (סבב)	נָסַב	1) ***No shift.*** 2) Open syll. prevents shift

EXERCISES 25-31: PARADIGM CHARTS

For the verb paradigms practice sheets for Exercises 25–31, see the paradigm charts in *LBH* Appendix 6, pages 450-456.

EXERCISE AP-5: TRANSLITERATION EXERCISE

Transliteration of Psalm 1:1–3.

1 'ašrê hā'îš 'ăšer lō' hālaḵ ba'ăṣaṯ r^{e}šā'îm
ûb^{e}ḏereḵ ḥaṭṭā'îm lō' 'āmād ûb^{e}môšaḇ lēṣîm lō' yāšāḇ.

2 kî 'im b^{e}ṯôraṯ YHWH ḥep̱ṣô ûb^{e}ṯôrāṯô yehgeh
yômām wālāylâ.

3 w^{e}hāyâ k^{e}'ēṣ šāṯûl 'al palgê māyim
'ăšer piryô yittēn b^{e}'ittô w^{e}'ālēhû lō' yibbôl
w^{e}ḵôl 'ăšer ya'ăśeh yaṣlîaḥ.

Hebrew text of Psalm 23:1–4.

1 מִזְמוֹר לְדָוִד יהוה רֹעִי לֹא אֶחְסָר׃ 2 בִּנְאוֹת דֶּשֶׁא יַרְבִּיצֵנִי
עַל־מֵי מְנֻחוֹת יְנַהֲלֵנִי׃ 3 נַפְשִׁי יְשׁוֹבֵב יַנְחֵנִי בְמַעְגְּלֵי־צֶדֶק
לְמַעַן שְׁמוֹ׃ 4 גַּם כִּי־אֵלֵךְ בְּגֵיא צַלְמָוֶת לֹא־אִירָא רָע כִּי־אַתָּה
עִמָּדִי שִׁבְטְךָ וּמִשְׁעַנְתֶּךָ הֵמָּה יְנַחֲמֻנִי׃

Answer Key to Part 2: Beginning Graded Hebrew Reader

USING THE TRANSLATION KEY

The following English translation of the Joseph story from the Beginning Graded Hebrew Reader is intentionally wooden to help the student see the underlying Hebrew text. When the translation has been smoothed out to help you see the meaning, italicized words or phrases in parentheses provide a formal gloss. A parsing guide follows each translation to identify the verb forms used in that segment of the reader. Words that are implied but not directly stated are included in brackets [ ] so that the beginning student recognizes where each component of the translation comes from. Since these words are implied by context, adding them is not necessarily adding to the text.

CHAPTER 4: JOSEPH IS HATED BY HIS BROTHERS (GENESIS 37:1–17)

Translation

37:1 Jacob dwelt in Canaan. 2 Now[1] Joseph and his brothers watched (*kept*) the flocks[2] for Jacob. But Joseph came to Jacob with a bad report (*word*) against the brothers. 3 Moreover, Jacob loved Joseph because Rachel gave birth to Joseph for Jacob. 4 The brothers saw that Jacob loved Joseph and they hated Joseph. They would not speak to Joseph peaceably (*with respect to peace*).[3]

5 Now Joseph had a dream (*dreamed a dream*) and he spoke to the brothers about the dream that he had (*which he dreamed*). 7 And in the dream Joseph and the brothers were harvesting in a field near (*at*) Hebron. The sheaves that the brothers had harvested bowed down to the sheaf that Joseph harvested. 8 And the brothers said, "Joseph will not rule!" And they hated Joseph even more (*still*) on account of the dream. 9 And he dreamed again and spoke to the brothers about the dream. He said that in the dream the sun and the moon and eleven stars bowed down to Joseph. 10 And he spoke to Jacob about the dream and Jacob rebuked Joseph. He said, "Will Jacob and Rachel and the brothers bow down to Joseph?" 11 So the brothers hated Joseph. But Jacob thought about (*kept*) the matter.

12 Now the brothers were watching the flocks at Shechem. 13 So Jacob said to Joseph, "Are the brothers not at Shechem?" 14 Then Jacob sent Joseph from Hebron so that Joseph might inquire (*ask*) about the brothers and the flocks and send back word to Jacob. So he went to Shechem. 15 Now a man found Joseph in a field near (*at*) Shechem. 16 So Joseph asked the man about the brothers. 17 The man said that the brothers had gone (*walked*) to Dothan. So Joseph went (*walked*) and found the brothers at Dothan.

---

1. Remember, a conjunction is just a link between clauses. Conjunctions will be translated in various ways depending on the context (*and, then, but, now, so*, etc.) and at times should be eliminated altogether.

2. This word is a collective noun, meaning that it has a singular form but can refer to any number of flocks.

3. Hebrew often places a word after a verb without the connections we would expect in English. The relationship between the verb and the "accusative" (a word related to or describing the verb) can be understood if you mentally insert the phrase "with respect to".

Parsing

1	ישׁב	pf. 3ms
2	שׁמר	pf. 3cp
	בוא	waw consec. impf. 3ms
3	אהב	pf. 3ms
	ילד	pf. 3fs
4	ראה	waw consec. impf. 3mp
	אהב	pf. 3ms
	שׂנא	waw consec. impf. 3mp
	אמר	pf. 3cp
5	חלם	waw consec. impf. 3ms
	אמר	waw consec. impf. 3ms
	חלם	pf. 3ms
7	קצר	pf. 3cp
	קצר	pf. 3cp
	כרע	pf. 3cp
	קצר	pf. 3ms
8	אמר	waw consec. impf. 3mp
	משׁל	impf. 3ms
	שׂנא	waw consec. impf. 3mp
9	חלם	waw consec. impf. 3ms
	אמר	waw consec. impf. 3ms
	אמר	waw consec. impf. 3ms
	כרע	pf. 3cp
10	אמר	waw consec. impf. 3ms
	גער	waw consec. impf. 3ms
	אמר	waw consec. impf. 3ms
	כרע	impf. 3mp
11	שׂנא	waw consec. impf. 3mp
	שׁמר	pf. 3ms
12	שׁמר	pf. 3cp
13	אמר	waw consec. impf. 3ms
14	שׁלח	waw consec. impf. 3ms
	שׁאל	impf. 3ms
	שׁלח	waw consec. pf. 3ms
	הלך	waw consec. impf. 3ms
15	מצא	waw consec. impf. 3ms
16	שׁאל	waw consec. impf. 3ms
17	אמר	waw consec. impf. 3ms
	הלך	pf. 3cp
	הלך	waw consec. impf. 3ms
	מצא	waw consec. impf. 3ms

CHAPTER 6: JOSEPH IS SOLD INTO SLAVERY (GENESIS 37:18–36)

Translation

37:18 Now the brothers saw Joseph while (*in yet*) he was on the road. And they devised (*thought*) evil against Joseph. 19 The brothers said, "Behold this dreamer has come." 20 They said that they would kill Joseph and put him in a deep pit and say to Jacob that a fierce (*bad*) beast had eaten Joseph. And then all the dreams that he had dreamed would come to (*be*) nothing. 21 But Reuben heard [this] and said, "Joseph will not die." 22 Reuben said to the brothers that they should put Joseph in a pit but not shed [his] blood or stretch out a hand against Joseph. For Reuben had devised (*thought*) something favorable (*good*) for Joseph so that he might send Joseph back to Jacob in Hebron.

23 So Joseph came to the brothers, and they took the coat from Joseph 24 and put Joseph in a pit. Now the pit was empty and there was no water in the pit. 25 Then they sat down and ate. Now they looked and behold, Ishmaelites had come from Gilead along the road to Egypt. 26 So Judah said to the brothers that there would be no profit (*gain*) if they shed blood and killed Joseph. 27 But if they sold Joseph to the Ishmaelites for money (*silver*), then there would be a profit and there would be no hand against Joseph, for he was a brother. And the brothers listened to Judah. 28 The Ishmaelite men reached them (*came*) and they took Joseph from the pit and sold Joseph to the Ishmaelites for money (*silver*). So Joseph went to Egypt.

29 Now Reuben came to the pit and, behold, Joseph was not in the pit. Reuben cried out with a loud (*great*) voice. 30 He went to the brothers and said, "Joseph is not in the pit. Where is he?" 31 Then they took the coat that belonged (*was*) to Joseph, killed a male goat, and put blood on the coat. 32 Then they sent the coat to Jacob and said, "Take a look (*recognize*)! Is this the coat that belongs to Joseph or not (*if not*)?" 33 And Jacob said, "Behold, this is the coat that belongs to Joseph. A fierce (*bad*) beast has eaten Joseph." 34 Jacob cried out in a loud (*great*) voice and put on sackcloth for many days. 35 All the children (*sons*) spoke comforting (*good*) words to Jacob, but he would not listen to these comforting (*good*) words. He said that he would go to Joseph in Sheol.[1] 36 Now the Ishmaelites sold Joseph to Egypt, to Potiphar.

---

1. That is, he wanted to die.

Parsing

18	ראה	waw consec. impf. 3mp
	חשב	waw consec. impf. 3mp
19	אמר	waw consec. impf. 3mp
	בוא	pf. 3ms (note that this verb has no preformative)
20	אמר	waw consec. impf. 3mp
	הרג	impf. 3mp
	שׂים	waw consec. pf. 3cp (note that this verb has no preformative)
	אמר	waw consec. pf. 3cp
	אכל	pf. 3fs
	חלם	pf. 3ms
	היה	impf. 3mp (note the preformative in front of the root)
21	שׁמע	waw consec. impf. 3ms
	אמר	waw consec. impf. 3ms
	מות	impf. 3ms
22	אמר	waw consec. impf. 3ms
	שׂים	impf. 3mp
	שׁפך	impf. 3mp
	שׁלח	impf. 3mp
	חשב	waw consec. impf. 3ms
	שׁלח	impf. 3ms
23	בוא	waw consec. impf. 3ms
	לקח	waw consec. impf. 3mp
24	שׂים	waw consec. impf. 3mp
25	ישׁב	waw consec. impf. 3mp
	אכל	waw consec. impf. 3mp
	ראה	waw consec. impf. 3mp
	בוא	pf. 3cp (note that this verb has no preformative)
26	אמר	waw consec. impf. 3ms
	שׁפך	impf. 3mp
	הרג	waw consec. pf. 3cp
27	מכר	impf. 3mp
	היה	waw consec. pf. 3ms
	היה	impf. 3fs
	שׁמע	waw consec. impf. 3mp
28	בוא	waw consec. impf. 3mp
	לקח	waw consec. impf. 3mp
	מכר	waw consec. impf. 3mp
	בוא	waw consec. impf. 3ms
29	הלך	waw consec. impf. 3ms
	קרא	waw consec. impf. 3ms
30	הלך	waw consec. impf. 3ms
	אמר	waw consec. impf. 3ms
31	לקח	waw consec. impf. 3mp
	הרג	waw consec. impf. 3mp
	שׂים	waw consec. impf. 3mp
32	שׁלח	waw consec. impf. 3mp
	אמר	waw consec. impf. 3mp
33	אמר	waw consec. impf. 3ms
	אכל	pf. 3fs
34	קרא	waw consec. impf. 3ms
	שׂים	waw consec. impf. 3ms
35	אמר	waw consec. impf. 3mp
	שׁמע	pf. 3ms
	אמר	waw consec. impf. 3ms
	הלך	impf. 3ms (note the *yod* preformative)
36	מכר	pf. 3cp

CHAPTER 7: JUDAH AND TAMAR (GENESIS 38)

Translation

38:1 Now it happened at that time, that Judah went down from the brothers[1] and visited (*went down to*) an Adullamite man. Now the name of the man was Hirah. 2 Judah saw the daughter of a Canaanite man there—the name of the Canaanite was Shua—and he took the daughter of Shua as a wife. 3 She became pregnant and gave birth to a son, and he called the name of the son Er. 4 She became pregnant again and gave birth to a son and she called the name of the son Onan. 5 Then she became pregnant again and gave birth to a son and she called the name of the son Selah. Now he was in Kezib at that time.

6 Now Judah selected a wife for Er, and the name of the woman was Tamar. 7 But Er, the firstborn of Judah, was evil in the eyes of the Lord, and the Lord killed Er. 8 Then Judah said to Onan that he should go to the wife of Er and do [his] brotherly duty for Tamar so that there would be offspring for Er. 9 But Onan knew that the offspring would belong to (*be for*) Er. So it came about that whenever (*if*) he went to the wife of Er, he would waste [his sperm] on the ground (*to the ground*) and he would not provide (*give*) an offspring for Er. 10 Now this was evil in the eyes of the Lord, and the Lord also killed Onan. 11 So Judah said to Tamar that she should go [as] a widow to the house of her father until Shelah grew up. For he thought (*said*), "Lest he too dies like Er and Onan." So Tamar went and dwelt in the house of her father.

12 Now it came about after many days that the daughter of Shua, the wife of Judah, died. Then Judah went to Timnah to shear[2] the flocks—he and Hirah the Adullamite. 13 Tamar heard that Judah had gone to Timnah to shear[4] the flocks. 14 So she put on the garments of a harlot in place of [her] widow's garments, put on a veil, and sat at the entrance of the two wells[3] that were along the road to Timnah. For she saw that Shelah had grown up, but Judah had not given Tamar to Shelah as a wife. 15 Judah saw this woman and thought the woman was a harlot (*for a harlot*) because he did not see the woman's face. 16 So he went to the woman because he did not know that she was Tamar. 17 He said that he would send a young goat from the flocks as payment. But she asked for a pledge. 18 He said, "What should the pledge be?" She asked for the seal and cord and staff that were in Judah's possession (*hand*). So he gave them and went to the woman, and she conceived by Judah. 19 Then she went and put on [her] widow's garments in place of harlot's clothes.

20 Now Judah sent a young goat by means (*the hand*) of Hirah the Adullamite, but he did not find the harlot. 21 He asked the people of the place about the harlot who had been at the two wells along the road. But they said, "There has been no harlot here (*in this [place]*)." 22 So he went to Judah and said that he did not find the harlot and that the people of the place had also said, "There has been no harlot here." 23 So Judah said, "Let her keep (*take*) the pledge lest it lead to ridicule (*be for contempt*)."

24 Now it happened after many days that the men of that place said that Tamar had committed harlotry and that behold she was also pregnant. So Judah said that Tamar would die. 25 But Tamar sent to Judah and said, "I am pregnant by the man to whom these belong (*To the man whose these are, I am pregnant*). Recognize this seal, cord, and staff."[4] 26 So they did not kill Tamar because she was more righteous than Judah, for he had not given Tamar to Shelah as a wife. She stayed in the household of Judah, but he did not have relations with (*know*) Tamar again.

27 And it came about when she gave birth that, behold, there were twins. 28 And it happened at that time that, behold, one son extended (*gave*) a hand, and they put a scarlet [cord] on that hand. For they said, "This one came out first." 29 But the other son came out first. So they said, "What an entrance!" So they called the name of that son Perez. 30 Afterwards the brother came out who had the scarlet [cord] on his hand, and they called the name of this son Zerah.[5]

---

1. Because they lived in the hill country.
2. You have not yet had this type of verb (see chapter 16 of the grammar on infinitives), but you should be able to translate it intuitively here.
3. Note the dual ending.
4. English requires "this" instead of "these."
5. Meaning "dawn, sunrise" (reflecting the fact that this child was the first to appear).

Parsing

1	היה	waw consec. impf. 3ms
	ירד	waw consec. impf. 3ms
	ירד	waw consec. impf. 3ms
2	ראה	waw consec. impf. 3ms
	לקח	waw consec. impf. 3ms
3	הרה	waw consec. impf. 3fs
	ילד	waw consec. impf. 3fs
	קרא	waw consec. impf. 3ms
4	הרה	waw consec. impf. 3fs
	ילד	waw consec. impf. 3fs
	קרא	waw consec. impf. 3fs
5	הרה	waw consec. impf. 3fs
	ילד	waw consec. impf. 3fs
	קרא	waw consec. impf. 3fs
	היה	pf. 3ms
6	לקח	waw consec. impf. 3ms
7	היה	waw consec. impf. 3ms
	הרג	waw consec. impf. 3ms
8	אמר	waw consec. impf. 3ms
	בוא	impf. 3ms
	יבם	waw consec. pf. 3ms (note the absence of a preformative)
	היה	waw consec. pf. 3ms
9	ידע	waw consec. impf. 3ms
	היה	impf. 3ms
	היה	waw consec. impf. 3ms
	בוא	impf. 3ms
	שחת	waw consec. pf. 3ms (note the absence of a preformative)
	נתן	pf. 3ms
10	היה	pf. 3fs
	הרג	waw consec. impf. 3ms
11	אמר	waw consec. impf. 3ms
	בוא	impf. 3fs
	גדל	impf. 3ms
	אמר	pf. 3ms
	מות	impf. 3ms
	הלך	waw consec. impf. 3fs
	ישב	waw consec. impf. 3fs
12	היה	waw consec. impf. 3ms
	מות	waw consec. impf. 3fs
	הלך	waw consec. impf. 3ms
13	שמע	waw consec. impf. 3fs
	הלך	pf. 3ms
14	לבש	waw consec. impf. 3fs
	שׂים	waw consec. impf. 3fs
	ישב	waw consec. impf. 3fs
	ראה	pf. 3fs
	גדל	pf. 3ms
	נתן	pf. 3ms
15	ראה	waw consec. impf. 3ms
	חשב	waw consec. impf. 3ms
	ראה	pf. 3ms
16	בוא	waw consec. impf. 3ms
	ידע	pf. 3ms
17	אמר	waw consec. impf. 3ms
	שלח	impf. 3ms
	שׁאל	waw consec. impf. 3fs
18	אמר	waw consec. impf. 3ms
	שׁאל	waw consec. impf. 3fs
	נתן	waw consec. impf. 3ms
	בוא	waw consec. impf. 3ms
	הרה	waw consec. impf. 3fs
19	הלך	waw consec. impf. 3fs
	לבש	waw consec. impf. 3fs
20	שלח	waw consec. impf. 3ms
	מצא	pf. 3ms
21	שׁאל	waw consec. impf. 3ms
	אמר	waw consec. impf. 3mp
	היה	pf. 3fs
22	הלך	waw consec. impf. 3ms
	אמר	waw consec. impf. 3ms
	מצא	pf. 3ms
	אמר	pf. 3cp
	היה	pf. 3fs
23	אמר	waw consec. impf. 3ms

	לקח	impf. 3fs
	היה	impf. 3ms
24	היה	waw consec. impf. 3ms
	אמר	pf. 3cp
	זנה	pf. 3fs
	חָרָה	adj. fs
	אמר	waw consec. impf. 3ms
	מות	impf. 3fs
25	שׁלח	waw consec. impf. 3fs
	אמר	waw consec. impf. 3fs
	חָרָה	adj (fs)
26	הרג	pf. 3cp
	צדק	pf. 3fs
	נתן	pf. 3ms
	ישׁב	waw consec. impf. 3fs
	ידע	pf. 3ms
27	היה	waw consec. impf. 3ms
	ילד	pf. 3fs
	היה	pf. 3cp
28	היה	waw consec. impf. 3ms
	נתן	pf. 3ms
	שׂים	waw consec. impf. 3mp
	אמר	waw consec. impf. 3mp
	יצא	pf. 3ms
29	יצא	waw consec. impf. 3ms
	אמר	waw consec. impf. 3mp
	קרא	waw consec. impf. 3ms
30	יצא	pf. 3ms
	קרא	waw consec. impf. 3ms

CHAPTER 8: JOSEPH IS FALSELY ACCUSED BY POTIPHAR'S WIFE (GENESIS 39)

Translation

39:1 Joseph went down to Egypt and Potiphar, Pharaoh's official, captain of the guard, an Egyptian man, purchased him from the Ishmaelites. 2 The LORD was with Joseph and he ended up (*was*) in the house of his master, the Egyptian. 3 Now his master saw that the LORD was with him in everything he did. 4 So Joseph found favor in his eyes and he placed him over his house and everything that he had (*all that was to him*) he entrusted (*gave*) into his hand. 5 And it happened after (*from then/when*) he placed him over his house and over everything that he had, the LORD blessed the house of the Egyptian on account of Joseph. The blessing of the LORD rested (*was*) on all that he had in the house and in the field. 6 So he entrusted (*gave up*) all that he had into the hand of Joseph and he did not give thought to (*know*) anything that was in his charge (*with him*) except the food that he himself ate.

Now Joseph was handsome in appearance. 7 And it happened after these things that the wife of his master lifted up her eyes toward Joseph and asked that he would sleep with her. 8 But he was not willing [to do so] and said to the wife of his master, "Behold, because of me (*with me*) my master does not give thought to (*know*) what is in the house and he has put into my hand all that he has. 9 There is no one greater in this house than me and he has not withheld anything from me except you, because (*in that*) you are his wife. This would be a grave offense (*great evil*) toward God." 10 The woman spoke to Joseph day after day, but he would not listen to her. 11 Now it happened that on a certain day (*like this day*) that he came to the house for his work and there was no one from the men of the house present (*there*) in the house. 12 She grabbed him by his garment and asked that he would sleep with her. But he left his garment in her hand and went outside. 13 She noticed that he had left his garment in her hand and had gone outside, 14 so called for the men of her house and said, "The Hebrew man came to me in order to sleep with me. 15 But he heard my cry (*voice*) and left his garment with me and went outside." 16 Then she put his garment beside her until his master came back to his house. 17 She spoke to him in this manner (*according to these things*), "The Hebrew servant came to me in order to sleep with me. 18 But he heard my cry (*voice*) and left his garment with me and went outside." 19 Now his master accepted (*listened to*) the words of his wife when she said to him, "In this manner your servant acted toward me." And he became angry (*his anger burned*). 20 Then his master seized (*took*) him and put (*gave*) him in the prison house, a place where the prisoners of the king were. 21 And the LORD was with Joseph and showed (*did*) him kindness and gave him favor in the eyes of (*put his favor in the eyes of*) the captain of the prison house. 22 So the captain of the prison house entrusted (*gave*) into the hand of Joseph all the prisoners who were in the prison house and all the work that was done (*they did*) there. 23 And the captain of the prison house did not pay attention to (*see*) anything in his control (*hand*) because (*in that*) the LORD was with him in all that he did.

Parsing

1	ירד	pf. 3ms
	קנה	waw consec. impf. 3ms
2	היה	waw consec. impf. 3ms
	היה	waw consec. impf. 3ms
3	ראה	waw consec. impf. 3ms
	עשׂה	pf. 3ms
4	מצא	waw consec. impf. 3ms
	שׂים	waw consec. impf. 3ms
	נתן	pf. 3ms
5	היה	waw consec. impf. 3ms
	שׂים	pf. 3ms
	ברך	waw consec. impf. 3ms
	היה	waw consec. impf. 3ms
6	עזב	waw consec. impf. 3ms
	ידע	pf. 3ms
	אכל	pf. 3ms
	היה	waw consec. impf. 3ms
7	היה	waw consec. impf. 3ms
	נשׂא	waw consec. impf. 3fs
	שׁאל	waw consec. impf. 3fs
	שׁכב	impf. 3ms
8	אבה	pf. 3ms
	אמר	waw consec. impf. 3ms
	ידע	pf. 3ms
	נתן	pf. 3ms
9	חשׁך	pf. 3ms
	היה	impf. 3fs
10	אמר	waw consec. impf. 3fs
	שׁמע	pf. 3ms
11	היה	waw consec. impf. 3ms
	בוא	waw consec. impf. 3ms
12	תפשׂ	waw consec. impf. 3fs
	שׁאל	waw consec. impf. 3fs
	שׁכב	impf. 3ms
	עזב	waw consec. impf. 3ms
	יצא	waw consec. impf. 3ms
13	ראה	waw consec. impf. 3fs
	עזב	pf. 3ms
	יצא	waw consec. impf. 3ms
14	קרא	waw consec. impf. 3fs
	אמר	waw consec. impf. 3fs
	בוא	pf. 3ms
	שׁכב	impf. 3ms
15	שׁמע	waw consec. impf. 3ms
	עזב	waw consec. impf. 3ms
	יצא	waw consec. impf. 3ms
16	שׂים	waw consec. impf. 3fs
	בוא	pf. 3ms
17	אמר	waw consec. impf. 3fs
	בוא	pf. 3ms
	שׁכב	impf. 3ms
18	שׁמע	waw consec. impf. 3ms
	עזב	waw consec. impf. 3ms
	יצא	waw consec. impf. 3ms
19	שׁמע	waw consec. impf. 3ms
	אמר	pf. 3fs
	עשׂה	pf. 3ms
	חרה	waw consec. impf. 3ms
20	לקח	waw consec. impf. 3ms
	נתן	waw consec. impf. 3ms
21	היה	waw consec. impf. 3ms
	עשׂה	waw consec. impf. 3ms
	נתן	waw consec. impf. 3ms
22	נתן	waw consec. impf. 3ms
	עשׂה	pf. 3cp
23	ראה	pf. 3ms
	עשׂה	pf. 3ms

CHAPTERS 9-10: JACOB'S FAMILY (SELECTIONS FROM GENESIS 28-37)

Note: Because some instructors may wish to discuss chapters 9-10 at a later point in the grammar, the vocabulary and translation for this section are independent of the others.

Translation

Jacob's wives

28:5 Isaac had sent Jacob away on account of the anger of his brother Esau, and he went to Paddan-Aram. At that time Jacob was seventy-seven years old (*a son of seventy-seven years*).[1] He went to Laban, the brother of Rebekah, the mother of Jacob and Esau. 29:20 Now he loved Rachel, Laban's daughter, and Jacob worked in exchange for Rachel for seven years. In his eyes they were merely (*like*) a few days. 23 Now it happened when the day arrived, Laban took his daughter Leah instead of Rachel and gave her to him, and he went to her. 24 Laban [also] gave his maidservant Zilpah to Leah as a maidservant. 28 Jacob completed the week with Leah (*Leah's week*) and then Laban gave to him his daughter Rachel as a wife. 29 Laban [also] gave his maidservant Bilhah to Rachel as a maidservant. 30 So he went to Rachel, and he loved Rachel more than Leah. Then he served with him [Laban] seven more (*other*) years.

Children of Leah

29:31 Now the LORD saw that Jacob loved Rachel more than Leah and so he gave sons to Leah while Rachel was barren. 32 And Leah conceived and gave birth to a son and she called his name Reuben.[2] For she said, "The LORD has seen me and now my husband will love me." 33 Then she conceived again and gave birth to a second son and said, "The LORD has heard and has given to me this one also." So she called his name Simeon. 34 She conceived again and gave birth to a third son and said, "My husband will [now] be joined to me." So she called his name Levi. 35 Then she conceived again and gave birth to a fourth son. She said that she would praise the LORD because of this, and called his name Judah. Then she did not give birth again.

Children of Bilhah (Rachel's maidservant)

30:1 Now Rachel saw that she had not given birth for Jacob. 4 So she gave to him her maidservant Bilhah as a wife. And Jacob went to her. 5 And Bilhah conceived and gave birth to a son for Jacob. 6 And Rachel said, "God has judged me and also heard my cry (*voice*). For he has given me a son." So she called his name Dan. 7 Then she conceived again and Rachel's maidservant, Bilhah, gave birth to a second son for Jacob. 8 Rachel said that with the wrestling of God she had wrestled with her sister Leah. So she called his name Naphtali.

Children of Zilpah (Leah's maidservant)

30:9 Now Leah saw that she had not given birth any more, and so she gave her maidservant Zilpah to Jacob as a wife. 10 And Leah's maidservant Zilpah gave birth to a son for Jacob. 11 Leah said, "How fortunate (*With fortune*)!" So she called his name Gad. 12 And Leah's maidservant Zilpah gave birth to a second son for Jacob. 13 Leah said, "They will call me blessed." So she called his name Asher.

---

1. Remember that this translation exercise was designed to provide extra practice with numbers, so phrases have been added that resemble Biblical Hebrew expressions. The numbers are based on the presentation of events in Genesis, but you will not actually find these figures in the biblical text.
2. Reuben means, "Look, a son!"

More children of Leah

30:17 Now God heard Leah, and she conceived and gave birth to a fifth son for Jacob. 18 And Leah said that God had given to her wages because (*on account of that*) she had given her maidservant to her husband. So she called his name Issachar. 19 Now Leah conceived again and gave birth to a sixth son for Jacob. 20 And Leah said that her husband would now honor her because she had given birth to six sons for him. So she called his name Zebulun. 21 Afterwards she gave birth to a daughter and called her name Dinah.

Children of Rachel

30:22 Then God remembered Rachel and listened to her and gave her children. 23 She conceived and gave birth to a son and said, "God has taken away (*gathered*) my reproach." 24 Then she called his name Joseph because she said, "May the Lord add to me another son." 25 And it happened when Rachel gave birth to Joseph that Jacob began to serve (*served*) with Laban another six years for his flocks.

31:41 Now the total time (all the days) that Jacob was in Paddan-Aram was twenty years. Then Jacob returned to the land of Canaan. At that time Jacob was ninety-seven years old. 35:16 Now as they were on the way to Ephratah— that is, Bethlehem—Rachel gave birth and died. 18 And it happened at that time she called his name Ben-oni. But his father called him Benjamin. 22 So there were twelve sons of Jacob. 27 Then Jacob came to Isaac his father at Mamre [or] Kiriath-Arba, that is, Hebron, where Abraham and Isaac had lived.

Joseph in Hebron

35:29 So Joseph grew up in Hebron with Isaac, and it happened after many days that Isaac died. 35:28 And the lifespan (*days*) of Isaac was one hundred eighty years. 37:2 And Joseph was seventeen years old when the brothers of Joseph sold him into Egypt.

Parsing

28:5	שלח	waw consec. impf. 3ms
	הלך	waw consec. impf. 3ms
	היה	pf. 3ms
	הלך	waw consec. impf. 3ms
29:20	אהב	waw consec. impf. 3ms
	עבד	waw consec. impf. 3ms
	היה	waw consec. impf. 3mp
23	היה	waw consec. impf. 3ms
	בוא	pf. 3ms
	לקח	waw consec. impf. 3ms
	נתן	waw consec. impf. 3ms
	בוא	waw consec. impf. 3ms
24	נתן	waw consec. impf. 3ms
28	מלא	waw consec. impf. 3ms
	נתן	waw consec. impf. 3ms
29	נתן	waw consec. impf. 3ms
30	בוא	waw consec. impf. 3ms
	אהב	waw consec. impf. 3ms
	עבד	waw consec. impf. 3ms
31	ראה	waw consec. impf. 3ms
	אהב	pf. 3ms
	נתן	waw consec. impf. 3ms
32	הרה	waw consec. impf. 3fs
	ילד	waw consec. impf. 3fs
	קרא	waw consec. impf. 3fs
	אמר	pf. 3fs
	ראה	pf. 3ms
	אהב	impf. 3ms
33	הרה	waw consec. impf. 3fs
	ילד	waw consec. impf. 3fs
	אמר	waw consec. impf. 3fs
	שמע	pf. 3ms
	נתן	waw consec. impf. 3ms
	קרא	waw consec. impf. 3fs
34	הרה	waw consec. impf. 3fs
	ילד	waw consec. impf. 3fs
	אמר	waw consec. impf. 3fs
	לוה	impf. 3ms
	קרא	waw consec. impf. 3fs

35	הרה	waw consec. impf. 3fs
	ילד	waw consec. impf. 3fs
	אמר	waw consec. impf. 3fs
	ידה	impf. 3fs
	קרא	waw consec. impf. 3fs
	ילד	pf. 3fs
30:1	ראה	waw consec. impf. 3fs
	ילד	pf. 3fs
4	נתן	waw consec. impf. 3fs
	בוא	waw consec. impf. 3ms
5	הרה	waw consec. impf. 3fs
	ילד	waw consec. impf. 3fs
6	אמר	waw consec. impf. 3fs
	דין	pf. 3ms
	שמע	pf. 3ms
	נתן	waw consec. impf. 3ms
	קרא	waw consec. impf. 3fs
7	הרה	waw consec. impf. 3fs
	ילד	waw consec. impf. 3fs
8	אמר	waw consec. impf. 3fs
	פתל	pf. 3fs
	קרא	waw consec. impf. 3fs
9	ראה	waw consec. impf. 3fs
	ילד	pf. 3fs
	נתן	waw consec. impf. 3fs
10	ילד	waw consec. impf. 3fs
11	אמר	waw consec. impf. 3fs
	קרא	waw consec. impf. 3fs
12	ילד	waw consec. impf. 3fs
13	אמר	waw consec. impf. 3fs
	אשר	impf. 3mp
	קרא	waw consec. impf. 3fs
17	שמע	waw consec. impf. 3ms
	הרה	waw consec. impf. 3fs
	ילד	waw consec. impf. 3fs
18	אמר	waw consec. impf. 3fs
	נתן	pf. 3ms
	נתן	pf. 3fs
	קרא	waw consec. impf. 3fs

19	הרה	waw consec. impf. 3fs		ילד	pf. 3fs
	ילד	waw consec. impf. 3fs		עבד	waw consec. impf. 3ms
20	אמר	waw consec. impf. 3fs	31:41	היה	pf. 3cp
	זבל	impf. 3ms		שׁוב	waw consec. impf. 3ms
	ילד	pf. 3fs	35:16	היה	waw consec. impf. 3mp
	קרא	waw consec. impf. 3fs		ילד	waw consec. impf. 3fs
21	ילד	pf. 3fs		מות	waw consec. impf. 3fs
	קרא	waw consec. impf. 3fs	18	היה	waw consec. impf. 3ms
22	זכר	waw consec. impf. 3ms		קרא	waw consec. impf. 3fs
	שׁמע	waw consec. impf. 3ms		קרא	pf. 3ms
	נתן	waw consec. impf. 3ms	22	היה	waw consec. impf. 3mp
23	הרה	waw consec. impf. 3fs	27	בוא	waw consec. impf. 3ms
	ילד	waw consec. impf. 3fs		ישׁב	pf. 3cp
	אמר	waw consec. impf. 3fs	29	גדל	waw consec. impf. 3ms
	אסף	pf. 3ms		היה	waw consec. impf. 3ms
24	קרא	waw consec. impf. 3fs		מות	waw consec. impf. 3ms
	אמר	pf. 3fs	28	היה	waw consec. impf. 3mp
	יסף	impf. 3ms	37:2	מכר	pf. 3cp
25	היה	waw consec. impf. 3ms			

CHAPTERS 11–12: JOSEPH INTERPRETS DREAMS IN PRISON (GENESIS 40)

Translation

40:1 Now it happened after these things that the cupbearer of the king of Egypt and his baker committed an offense (*sinned*) against their lord, the king of Egypt. 2 So Pharaoh became angry (*the anger of Pharaoh burned*) against his two officials—against the chief cupbearer and against the chief baker. 3 He put them in the confinement of the house of the chief guard, the prison house where Joseph was (*the place which Joseph was there*). 4 And the chief guard appointed Joseph over them (*with them*) and he took care of (*ministered to*) them and they were in confinement for some time (*days*). 5 And the two of them had a dream—each one his own dream in a single night [and] each according to the interpretation of his own dream—the cupbearer and the baker of the king of Egypt who were in the prison house. 6 And Joseph came to them in the morning and he saw them and, behold, their faces were sad (*bad*). 7 And he asked Pharaoh's officials who were with him in the confinement of the house of his master, saying, "Why are your faces sad today?" 8 And they said that they had had a dream, but there was no one who could interpret it. Then Joseph said to them, "Do not interpretations belong to God?" And he asked them about the dreams. 9 The chief cupbearer recounted his dream to Joseph and said that in his dream there was a vine before him. 10 And on the vine there were three branches and on them were grapes. 11 Now the cup of Pharaoh was in his hand and he took the grapes and squeezed them into Pharaoh's cup. Then he gave the cup to Pharaoh. 12 Then Joseph told him, "This is the interpretation of the dream: The three branches are three days. 13 In three more days Pharaoh will lift up your head[1] and he will drink from the cup that is in your hand as at the beginning when you were his cupbearer." 14 Then Joseph asked of him (*from him*) that he remember him when it goes well with him and show (*do*) kindness to him and mention him (*speak about him*) to Pharaoh so that he might leave that house. 15 Joseph told the men that they had taken him from the land of the Hebrews and that even in Egypt he had not done anything that they should have put him into prison (*the pit*). 16 Now the chief baker saw that he had interpreted positively (*good*) and so he said to Joseph, "Also in my dream, behold, there were three baskets on my head. 17 And in the baskets there was some of every kind of Pharaoh's food (*from all food*)—baked goods. But the birds ate them from the basket on my head." 18 And Joseph said, "This is its interpretation: The three baskets are three days. 19 In three more days Pharaoh will lift up your head and hang you on a tree. And the birds will eat your flesh off you." 20 Now it happened on the third day that Pharaoh held (*made*) a feast for all his servants. And he lifted up the head of the chief cupbearer and the head of the chief baker in the midst of his servants. 21 He established (*put*) the chief cupbearer as his cupbearer and he placed (*gave*) the cup in the hand of Pharaoh. 22 But the chief baker he hanged, just as Joseph had interpreted for them. 23 But the chief cupbearer did not remember Joseph and forgot him.

Parsing

1	היה	waw consec. impf. 3ms
	חטא	pf. 3cp
2	חרה	waw consec. impf. 3ms
3	נתן	waw consec. impf. 3ms
4	פקד	waw consec. impf. 3ms
	שׁרת	waw consec. impf. 3ms
	היה	waw consec. impf. 3mp
5	חלם	waw consec. impf. 3mp
6	בוא	waw consec. impf. 3ms
	ראה	waw consec. impf. 3ms
7	שׁאל	waw consec. impf. 3ms
8	אמר	waw consec. impf. 3mp
	חלם	pf. cp
	פתר	impf. 3ms
	אמר	waw consec. impf. 3ms
	שׁאל	waw consec. impf. 3ms
9	ספר	waw consec. impf. 3ms
	אמר	waw consec. impf. 3ms
	היה	pf. 3ms
11	לקח	waw consec. impf. 3ms
	שׁחט	waw consec. impf. 3ms
	נתן	waw consec. impf. 3ms
12	ספר	impf. 3ms
13	נשׂא	impf. 3ms
	שׁתה	impf. 3ms
14	שׁאל	waw consec. impf. 3ms
	זכר	impf. 3ms
	יטב	impf. 3ms
	עשׂה	waw consec. pf. 3ms
	אמר	waw consec. pf. 3ms
	יצא	impf. 3ms
15	ספר	waw consec. impf. 3ms
	לקח	pf. 3cp
	עשׂה	pf. 3ms
	שׂים	pf. 3cp
16	ראה	waw consec. impf. 3ms
	פתר	pf. 3ms
	אמר	waw consec. impf. 3ms
17	אכל	pf. 3ms
18	אמר	waw consec. impf. 3ms
19	נשׂא	impf. 3ms
	תלח	waw consec. pf. 3ms
	אכל	waw consec. pf. 3ms
20	היה	waw consec. impf. 3ms
	עשׂה	waw consec. impf. 3ms
	נשׂא	waw consec. impf. 3ms
21	שׂים	waw consec. impf. 3ms
	נתן	waw consec. impf. 3ms
22	תלה	pf. 3ms
	פתר	pf. 3ms
23	זכר	pf. 3ms
	שׁכח	waw consec. impf. 3ms

CHAPTER 13: JOSEPH INTERPRETS PHARAOH'S DREAMS (GENESIS 41)

Translation

41:1 And it happened at the end of two full years that Pharaoh had a dream in the night. 8 And it happened in the morning that he sent and called all the wise men of Egypt. Pharaoh recounted to them his dream, but they did not know the interpretation of the dream.

9 Then the chief cupbearer recounted to Pharaoh, saying, "In earlier times we committed an offense against the king—I and the chief baker. 10 And Pharaoh was angry with his servants and put me in the confinement of the house of the chief guard—both me and the chief baker. 11 On one night we had a dream, he and I. We each dreamed according to the interpretation of his own dream. 12 There was with us a Hebrew man, a servant of the chief guard, and he interpreted our dreams for us. He interpreted each according to his own dream. 13 And just as he interpreted for us, thus it happened. You installed me in my office, but him you hanged."

14 So Pharaoh sent and summoned (*called*) Joseph. He came out of the prison and came to Pharaoh. 15 And Pharaoh said to Joseph, "I had a dream, but the wise men of Egypt could not interpret it. And I have heard concerning you that you interpreted the dream of the chief cupbearer."

16 And Joseph answered Pharaoh, "God will give a satisfactory answer to Pharaoh (*answer the peace of Pharaoh*)."

17 So Pharaoh told his dream to Joseph and said, "I was standing by the Nile. 18 And behold, seven cows came up from the Nile, fat and sleek (*fat of flesh and beautiful of form*), and stood beside the Nile. 19 Then behold, seven other cows came up after them, very gaunt and lean (*very bad in form and thin of flesh*). I have not seen any as bad as these (*like these for badness*) in all the land of Egypt. 20 And the thin poor cows consumed the first seven fat cows. 21 But one (a person) would never (*not*) know that they had eaten them. For their appearance was just as bad as before. 24 I recounted my dream to the wise men of Egypt, but they could not interpret it."

25 And Joseph said to Pharaoh, "Pharaoh's dream has one meaning (*is one*)—God has told Pharaoh what he is going to do. 26 The seven good cows are seven years. 27 And the seven thin gaunt (*bad*) cows are also seven years. 28 This is just what (*the word*) I told Pharaoh—God has told Pharaoh what he is going to do. 29 Behold, seven very plentiful years will come on all the land of Egypt. 30 But there will be seven years of famine after them in the land of Egypt. And the famine will ravage (*eat up*) the land. 31 And they will not remember the plenty in the land because of the famine after it, for it will be very harsh (*heavy*). 33 So now Pharaoh should identify (*see*) a wise man and put him over the land of Egypt. 34 Pharaoh should appoint (*make*) officials over the land and they should collect (*take*) a fifth of the food from the land of Egypt during the seven years of plenty. 35 And they should take all the food of these good years and put it under the control of Pharaoh for food in the cities and keep guard over it. 36 And it will be the food for the land during the seven years of famine in the land of Egypt so that the land does not perish during the famine."

37 And the statement was good in the eyes of Pharaoh and in the eyes of all his servants. 38 And Pharaoh said to his servants, "Could one find a man like this in all the land of Egypt, a man in whom is the spirit of God?" 39 And Pharaoh said to Joseph, "Since (*after*) you know all this, there is no one wise like you. 41 I place (*have placed*) you over all the land of Egypt."

45 And Pharaoh called Joseph by the name Tsaphenath-paeneah and he gave him Asenath, the daughter of Potiphera, the priest of On, as a wife. So Joseph went out across the land of Egypt. 46 And Joseph was thirty years old when he stood before Pharaoh, the king of Egypt. 47 And the land produced (*made*) abundantly (*by fistfuls*) during the seven years of plenty. 48 And he gathered all the food during the seven years which were in the land of Egypt and put the food in the cities—the food of the fields of a [particular] city he put in that city.

50 Now (*and*) Asenath bore two sons to Joseph before the year of famine arrived.

51 And Joseph called the name of his firstborn Manasseh. 52 And the name of the second he called Ephraim.
53 And it happened after the seven years of plenty 54 that the seven years of famine arrived just as Joseph had said.
And there was a famine among all the countries, but in the land of Egypt there was food. 55 And the people cried
out to Pharaoh for food. So Pharaoh sent all Egypt to Joseph so that he could tell them what they should do. 57 And
all the earth came into Egypt, to Joseph, for the famine was severe (*strong*) in all the earth.

Parsing

1	היה	*qal* waw consec. impf. 3ms
	חלם	*qal* waw consec. impf. 3ms
8	היה	*qal* waw consec. impf. 3ms
	שׁלח	*qal* waw consec. impf. 3ms
	קרא	*qal* waw consec. impf. 3ms
	ספר	*piel* waw consec. impf. 3ms
	ידע	*qal* pf. 3cp
9	ספר	*piel* waw consec. impf. 3ms
	חטא	*qal* pf. 1cp
10	חרה	*qal* waw consec. impf. 3ms
	נתן	*qal* waw consec. impf. 3ms
11	חלם	*qal* pf. 1cp
	חלם	*qal* pf. 1cp
12	פתר	*qal* waw consec. impf. 3ms
	פתר	*qal* pf. 3ms (pausal form)
13	היה	*qal* waw consec. impf. 3ms
	פתר	*qal* pf. 3ms
	היה	*qal* pf. 3ms
	שׂים	*qal* pf. 2ms
	תלה	*qal* pf. 2ms
14	שׁלח	*qal* waw consec. impf. 3ms
	קרא	*qal* waw consec. impf. 3ms
	יצא	*qal* waw consec. impf. 3ms
	בוא	*qal* waw consec. impf. 3ms
15	אמר	*qal* waw consec. impf. 3ms
	חלם	*qal* pf. 1cs
	פתר	*qal* pf. 3cp
	שׁמע	*qal* pf. 1cs
	פתר	*qal* pf. 2ms
16	ענה	*qal* waw consec. impf. 3ms
	ענה	*qal* impf. 3ms
17	ספר	*piel* waw consec. impf. 3ms
	אמר	*qal* waw consec. impf. 3ms
	עמד	*qal* pf. 1cs
18	עלה	*qal* pf. 3cp
	עמד	*qal* waw consec. impf. 3mp
19	עלה	*qal* pf. 3cp
	ראה	*qal* pf. 1cs
20	אכל	*qal* pf. 3cp
21	ידע	*qal* impf. 3ms
	אכל	*qal* pf. 3cp
24	ספר	*piel* pf. 1cs
	פתר	*qal* pf. 3cp
25	אמר	*qal* waw consec. impf. 3ms
	עשׂה	*qal* impf. 3ms
	ספר	*piel* pf. 3ms
28	דבר	*piel* pf. 1cs
	עשׂה	*qal* impf. 3ms
	ספר	*piel* pf. 3ms
29	בוא	*qal* impf. 3mp
30	היה	*qal* waw consec. pf. 3cp
	אכל	*qal* waw consec. pf. 3ms
31	זכר	*qal* impf. 3mp
33	ראה	*qal* impf. 3ms
	שׂים	*qal* waw consec. pf. 3ms
34	עשׂה	*qal* impf. 3ms
	לקח	*qal* waw consec. pf. 3cp
35	לקח	*qal* impf. 3mp
	שׂים	*qal* impf. 3mp
	שׁמר	*qal* waw consec. pf. 3cp
36	היה	*qal* waw consec. pf. 3ms
	אבד	*qal* impf. 3fs
37	יטב	*qal* waw consec. impf. 3ms
38	אמר	*qal* waw consec. impf. 3ms

	מצא	*qal* impf. 3ms
39	אמר	*qal* waw consec. impf. 3ms
	ידע	*qal* pf. 2ms
41	נתן	*qal* pf. 1cs
45	קרא	*qal* waw consec. impf. 3ms
	נתן	*qal* waw consec. impf. 3ms
	יצא	*qal* waw consec. impf. 3ms
46	עמד	*qal* pf. 3ms
47	עשׂה	*qal* waw consec. impf. 3fs
48	קבץ	*qal* waw consec. impf. 3ms
	היה	*qal* pf. 3cp
	נתן	*qal* waw consec. impf. 3ms
	נתן	*qal* pf. 3ms
50	ילד	*qal* pf. 3fs
	בוא	*qal* impf. 3fs
51	קרא	*qal* waw consec. impf. 3ms
52	קרא	*qal* pf. 3ms
53	היה	*qal* waw consec. impf. 3ms
54	בוא	*qal* waw consec. impf. 3mp
	אמר	*qal* pf. 3ms
	היה	*qal* waw consec. impf. 3ms
	היה	*qal* pf. 3ms
55	צעק	*qal* waw consec. impf. 3ms
	שׁלח	*qal* waw consec. impf. 3ms
	אמר	*qal* impf. 3ms
	עשׂה	*qal* impf. 3mp
57	בוא	*qal* pf. 3cp
	חזק	*qal* pf. 3ms

CHAPTER 14: JOSEPH'S BROTHERS TRAVEL TO EGYPT (GENESIS 42)

Translation

42:1 Now Jacob saw that there was food in Egypt. 2 And he said, "Behold, I have heard that there is food in Egypt. So now you should go there and buy [food] for us from there that we will live and not die." 3 So ten of Joseph's brothers went down in order that they might buy food from Egypt. 4 But Jacob did not send Joseph's brother Benjamin with his brothers because he said, "Lest harm come to him." 5 Now the sons of Israel came for food in the midst of the people of all the earth because the famine was in the land of Canaan. 6 And Joseph was the prince over the land and all the people purchased from him. So the brothers of Joseph came and bowed to him. 7 Joseph saw his brothers and spoke with them harshly (harsh things) and he said to them, "From where have you come?" And they said, "From the land of Canaan for food." 8 Now he recognized (knew) them, but they did not recognize (know) him. 9 Then Joseph remembered the dreams that he had dreamed concerning them, and he said to them, "You are spies!" 10 But they said to him, "No, my lord. For your servants have come for food. 11 All of us are the sons of one man. Your servants are not spies."

12 But he said to them, "No! For you have come as spies into the land." 13 Then they said, "Your twelve servants are brothers (we are brothers), sons of one man[1] in the land of Canaan. And behold, the youngest is with our father today and another (the one) is no more (he is not)." 14 But Joseph said, "It is as I said to you, 'You are spies!' 15 I will test you with this. As Pharaoh lives, you will surely not leave (go out) from here unless your youngest brother comes to Egypt. 16 So now you will send one from among you and he will get (take) your brother so that I can test your words [as to] whether there is truth in you (with you). And if not, then by the life of Pharaoh, you are spies." 17 And he put them in confinement for three days. 18 And Joseph said to them on the third day, "This you will do and live, for I fear God. 19 One of your brothers will remain in your house of your confinement and you yourselves may go to your homes with food. 20 But your youngest brother will come to me so that you will not die." So they did this. 21 And they said to one another (each to his brother), "We have sinned against our brother, whose soul we saw in distress (whom we looked upon the distress of his soul), but did not listen. Therefore, this distress has come upon us." 22 And Reuben responded to them, saying, "Did I not say to you, 'Do not sin against him?' But you would not listen. And so behold, his blood is on us." 23 Now they did not realize that Joseph understood (heard) because there was an interpreter between them. 24 Then he took Simeon from them and bound him while they looked on (before their eyes). 25 And Joseph spoke to his servants, and they filled their packs with food and put the money of each man in his sack. He also gave provisions to them for the journey. 26 So they put what they had purchased on their donkeys and departed from there. 27 And a certain one (the one) gave fodder to his donkey at the lodging place and saw his money. Behold, it was in his sack. 28 And he said to his brothers, "Behold, my money is in my sack." And their hearts sank (went out) and were terribly frightened, saying, "What is this that God has done to us?"

29 And they came to Jacob their father in the land of Canaan and said to him, 30 "The man [who is] master of the land spoke harshly (harsh things) with us and he took (gave) us for spies. 31 We said to him, 'We are honest men. We are not spies. 32 We are twelve brothers, sons of our father. One is no more and the youngest is this day with our father in the land of Canaan.' 33 But the man [who is] master of the land said to us, 'In this I will know that you are honest men. One of your brothers must stay with me, but you may take food for your households and go. 34 But you will come to me with your youngest brother that I may know that you are not spies, but are honest men. Then I will give your brother to you and you can buy food.'"

---

1. The word אֶחָד can be used as a simple indefinite marker (e.g., a man), but in this context the brothers are stressing the fact that they are genuinely brothers and not men who have banded together for the purpose of spying.

35 Then they opened their sacks and behold, each man's money was in his sack. When they and their father saw their money, they were afraid. 36 And their father Jacob said to them, "I have been bereaved. Joseph is no more. Simeon is no more. And you wish to take Benjamin. Everything is against me." 37 And Reuben said to his father, "My two sons will die if Benjamin does not return to you. If you put him in my hand, then I will return with him to you." 38 But he said, "My son will not go down with you. For his brother is dead and he alone is still with me. If harm comes to him on the journey that you are making *(you are going on it)*, then I would descend in sorrow to Sheol."

Parsing

1	ראה	*qal* waw consec. impf. 3ms
2	אמר	*qal* waw consec. impf. 3ms
	שׁמע	*qal* pf. 1cs
	בוא	*qal* impf. 2mp
	שׁבר	*qal* waw consec. pf. 2mp
	חיה	*qal* impf. 1cp
	מות	*qal* impf. 1cp
3	ירד	*qal* waw consec. impf. 3mp
	שׁבר	*qal* impf. 3mp
4	שׁלח	*qal* pf. 3ms
	אמר	*qal* pf. 3ms
	היה	*qal* impf. 3ms
5	בוא	*qal* waw consec. impf. 3mp
	היה	*qal* pf. 3ms
6	שׁבר	*qal* waw consec. impf. 3ms
	בוא	*qal* waw consec. impf. 3mp
	כרע	*qal* waw consec. impf. 3mp
7	ראה	*qal* waw consec. impf. 3ms
	דבר	*piel* waw consec. impf. 3ms
	אמר	*qal* waw consec. impf. 3ms
	בוא	*qal* pf. 2mp
	אמר	*qal* waw consec. impf. 3mp
8	ידע	*qal* pf. 3ms
	ידע	*qal* pf. 3cp
9	זכר	*qal* waw consec. impf. 3ms
	חלם	*qal* pf. 3ms
	אמר	*qal* waw consec. impf. 3ms
10	אמר	*qal* waw consec. impf. 3mp
	בוא	*qal* pf. 3cp
11	היה	*qal* pf. 3cp
12	אמר	*qal* waw consec. impf. 3ms
	בוא	*qal* pf. 2mp
13	אמר	*qal* waw consec. impf. 3mp
14	אמר	*qal* waw consec. impf. 3ms
	דבר	*piel* pf. 1cs
15	בחן	*qal* impf. 1cs
	יצא	*qal* impf. 2mp
	בוא	*qal* impf. 3ms
16	שׁלח	*qal* impf. 2mp
	לקח	*qal* impf. 3ms
	בחן	*qal* impf. 1cs
17	שׂים	*qal* waw consec. impf. 3ms
18	אמר	*qal* waw consec. impf. 3ms
	עשׂה	*qal* impf. 2mp
	חיה	*qal* waw consec. pf. 2mp
19	ישׁב	*qal* impf. 3ms
	הלך	*qal* impf. 2mp
20	בוא	*qal* impf. 3ms
	מות	*qal* impf. 2mp
	עשׂה	*qal* waw consec. impf. 3mp
21	אמר	*qal* waw consec. impf. 3mp
	חטא	*qal* pf. 1cp
	ראה	*qal* pf. 1cp
	שׁמע	*qal* pf. 1cp
	בוא	*qal* pf. 3fs
22	ענה	*qal* waw consec. impf. 3ms
	אמר	*qal* pf. 1cp
	חטא	*qal* impf. 2mp
	שׁמע	*qal* pf. 2mp
23	ידע	*qal* pf. 3cp
	שׁמע	*qal* pf. 3ms
24	לקח	*qal* waw consec. impf. 3ms
	אסר	*qal* waw consec. impf. 3ms

25 דבר *piel* waw consec. impf. 3ms
מלא *piel* waw consec. impf. 3mp
שׂים *qal* waw consec. impf. 3mp
נתן *qal* waw consec. impf. 3mp
26 נשׂא *qal* waw consec. impf. 3mp
שׁבר *qal* pf. 3cp
הלך *qal* waw consec. impf. 3mp
27 נתן *qal* waw consec. impf. 3ms
ראה *qal* waw consec. impf. 3ms
28 אמר *qal* waw consec. impf. 3ms
יצא *qal* waw consec. impf. 3ms
ירא *qal* waw consec. impf. 3mp
עשׂה *qal* pf. 3ms
29 בוא *qal* waw consec. impf. 3mp
אמר *qal* waw consec. impf. 3mp
30 דבר *piel* pf. 3ms
נתן *qal* waw consec. impf. 3ms
31 אמר *qal* waw consec. impf. 1cp
היה *qal* pf. 1cp
33 אמר *qal* waw consec. impf. 3ms
ידע *qal* impf. 1cs
עמד *qal* impf. 3ms
לקח *qal* impf. 2mp
הלך *qal* impf. 2mp
34 בוא *qal* impf. 2mp
ידע *qal* impf. 1cs
נתן *qal* impf. 1cs
שׁבר *qal* impf. 2mp
35 פתח *qal* waw consec. impf. 3mp
ראה *qal* waw consec. impf. 3mp
ירא *qal* waw consec. impf. 3mp
36 אמר *qal* waw consec. impf. 3ms
שׂכל *qal* pf. 1cs
לקח *qal* impf. 2mp
היה *qal* pf. 3cp
37 אמר *qal* waw consec. impf. 3ms
מות *qal* impf. 3mp
שׁוב *qal* impf. 3ms
שׂים *qal* impf. 2ms
שׁוב *qal* impf. 1cs
38 אמר *qal* waw consec. impf. 3ms
ירד *qal* impf. 3ms
היה *qal* impf. 3ms
הלך *qal* impf. 2mp
ירד *qal* waw consec. pf. 1cs

CHAPTER 15: THE BROTHERS RETURN TO EGYPT WITH BENJAMIN (GENESIS 43)

Translation

43:1 Now the famine was severe (*heavy*) in the land. 2 And it happened when they had eaten all the food that they had purchased in Egypt, that their father said to them, "Return and buy for us a little food." 3 But Judah said to him, "Listen to me, my father. The man said, 'You will not see my face unless your brother is with you.' 4 Let us go along with our brother (*with our brother with us*) and go down and buy food for you. 5 But if our brother does not go, we will not go down. For the man said to us, 'You will not see my face unless your brother is with you.'" 6 But Israel said, "Why have you troubled me? Why would you say to the man whether you had another brother (*have still a brother*)?" 7 And they said, "The man asked us, saying, 'Is your father still alive? Do you have a brother?' So we spoke to him according to these things. How could we know that he would say to us, 'Return to Egypt with your brother'?" 8 Then Judah said to Israel, his father, "Send the lad with me. And let us arise and go, that we may live and not die—both we and you and our children. 9 I will act as his guarantee. From my hand you will require (*seek*) him. If he does not come to you and stand before you, then I will be held guilty by you from then on (*all the days*). 10 And now, send us off. For by now we could have returned twice." 11 And Israel their father said to them, "If it is so, then do this. Make preparations to take some of the best (*from the good things*) of the land in your packs. Go to the man with an offering—a little balm, a little honey, spices, myrrh, nuts, and almonds. 12 And take a duplicate amount of money in your hands and the money that was in the mouth of your sacks you should [also] take in your hands. 13 And take your brother and arise and return to the man. 14 May God Almighty grant (*give*) you compassion before the man so that he gives to you your other brother and Benjamin. And as for me, when I lose my child, I lose my child."

15 So the men took this offering and a duplicate amount of money in their hands, and Benjamin, and they arose and went down to Egypt and stood before Joseph. 16 And Joseph saw Benjamin with them and said to the one who was in charge of (*over*) his house, "Send the men to my house. And prepare food because the men will dine with me at noon." 17 And the man did just as Joseph had said. So the man and the brothers went to the house of Joseph.

18 Now the men were afraid because they had come to the house of Joseph, and they said, "It is on account of the money that was in our sacks at first that we have come to his house. Now he will take us as slaves along with our donkeys." 19 So they spoke to the man who was in charge of Joseph's house and spoke with him at the entrance of the house. 20 And they said, "Please sir, we came down earlier (*at first*) and bought food. 21 And it happened when we arrived at the lodging place and opened our sacks, behold each man's money was in the mouth of his sack in the exact amount (*our money by its weight*). Behold, that money is in our hands 22 and other money is also in our hands. So now, let us buy food. We do not know who put our money in our sacks." 23 But he said, "Peace be upon you! Do not fear! Your God and the God of your father has given you money in your sacks. Your money came to me." And Simeon came out to them. 24 So the man and the brothers entered the house of Joseph. He provided water so they could wash their feet and he provided fodder for their donkeys. 25 Then they set out their offering there at the house, because they had heard that there they would eat dinner.

26 When Joseph came home, they gave him the offering that they had prepared (*was in their hands*) at the house. 27 He asked them about their welfare and said, "Is your aged father whom you mentioned well? Is he still alive?" 28 And they said, "It is well with your servant our father. He is still alive." 29 And he lifted up his eyes and saw Benjamin, his brother, his mother's own son, and said, "Is this your youngest brother that you mentioned to me?" Then he said, "May God be with you, my son." 30 Then Joseph went out because his compassion toward his brother was great. And he left their presence and wept. 31 Then he washed his face and went back and said, "Serve (*set*) the food!" 32 And they served him by himself and them by themselves and the Egyptians with

him by themselves. For the Egyptians will not eat food with the Hebrews because it is detestable to the Egyptians. 33 And they sat before him, the firstborn in his place (*according to his firstborn status*) and the youngest in his place (*according to his youth*). And each of them (*one to another*) was amazed. 34 And he provided (*carried*) food to them from his own table (*before him*) and gave more food to Benjamin than he did to all the others five times over (*five hands*). And they drank and got drunk with him.

Parsing

1	כבד	adj. ms
2	היה	*qal* waw consec. impf. 3ms
	אכל	*qal* pf. 3cp
	שׁבר	*qal* pf. 3cp
	אמר	*qal* waw consec. impf. 3ms
	שׁוב	*qal* impv. 2mp
	שׁבר	*qal* impv. 2mp
3	אמר	*qal* waw consec. impf. 3ms
	שׁמע	*qal* impv. 2ms
	אמר	*qal* pf. 3ms
	ראה	*qal* impf. 2mp
4	בוא	*qal* coh. 1cp
	ירד	*qal* coh. 1cp
	שׁבר	*qal* coh. 1cp
5	בוא	*qal* impf. 3ms
	ירד	*qal* impf. 1cp
	אמר	*qal* pf. 3ms
	ראה	*qal* impf. 2mp
6	אמר	*qal* waw consec. impf. 3ms
	עכר	*qal* pf. 2mp
	אמר	*qal* impf. 2mp
7	אמר	*qal* waw consec. impf. 3mp
	שׁאל	*qal* pf. 3ms
	דבר	*piel* waw consec. impf. 1cp
	ידע	*qal* impf. 1cp
	אמר	*qal* impf. 3ms
	שׁוב	*qal* impv. 2mp
8	אמר	*qal* waw consec. impf. 3ms
	שׁלח	*qal* impv. 2ms
	קום	*qal* coh. 1cp
	הלך	*qal* coh. 1cp
	חיה	*qal* impf. 1cp
	מות	*qal* impf. 1cp
9	ערב	*qal* impf. 1cs
	בקשׁ	*piel* impf. 2ms
	בוא	*qal* impf. 3ms
	עמד	*qal* waw consec. pf. 3ms
	חטא	*qal* waw consec. pf. 1cs
10	שׁלח	*qal* impv. 2ms
	שׁוב	*qal* pf. 1cp
11	אמר	*qal* waw consec. impf. 3ms
	עשׂה	*qal* impv. 2mp
	לקח	*qal* impv. 2mp
	בוא	*qal* impv. 2mp
12	לקח	*qal* impv. 2mp
	לקח	*qal* impf. 2mp
13	לקח	*qal* impv. 2mp
	קום	*qal* impv. 2mp
	שׁוב	*qal* impv. 2mp
14	נתן	*qal* juss. 3ms
	נתן	*qal* juss. 3ms
	שׁכל	*qal* pf. 1cs
15	לקח	*qal* waw consec. impf. 3mp
	לקח	*qal* pf. 3cp
	קום	*qal* waw consec. impf. 3mp
	ירד	*qal* waw consec. impf. 3mp
	עמד	*qal* waw consec. impf. 3mp
16	ראה	*qal* waw consec. impf. 3ms
	אמר	*qal* waw consec. impf. 3ms
	שׁלח	*qal* impv. 2ms
	עשׂה	*qal* impv. 2ms
	אכל	*qal* impf. 3mp

17	עשׂה	*qal* waw consec. impf. 3ms
	אמר	*qal* pf. 3ms
	בוא	*qal* waw consec. impf. 3mp
18	ירא	*qal* waw consec. impf. 3mp
	בוא	*qal* pf. 3cp
	אמר	*qal* waw consec. impf. 3mp
	בוא	*qal* pf. 1cp
	לקח	*qal* impf. 3ms
19	אמר	*qal* waw consec. impf. 3mp
	דבר	*piel* waw consec. impf. 3mp
20	אמר	*qal* waw consec. impf. 3mp
	ירד	*qal* pf. 1cp
	שׁבר	*qal* waw consec. impf. 1cp
21	היה	*qal* waw consec. impf. 3ms
	בוא	*qal* pf. 1cp
	פתח	*qal* waw consec. impf. 1cp
22	שׁבר	*qal* coh. 1cp
	ידע	*qal* pf. 1cp
	שׂים	*qal* pf. 3ms
23	אמר	*qal* waw consec. impf. 3ms
	ירא	*qal* juss. 2mp
	נתן	*qal* pf. 3ms
	בוא	*qal* pf. 3ms
	יצא	*qal* waw consec. impf. 3ms
24	בוא	*qal* waw consec. impf. 3mp
	נתן	*qal* waw consec. impf. 3ms
	רחץ	*qal* waw consec. impf. 3mp
	נתן	*qal* waw consec. impf. 3ms
25	שׂים	*qal* waw consec. impf. 3mp
	שׁמע	*qal* pf. 3cp
	אכל	*qal* impf. 3mp
26	בוא	*qal* waw consec. impf. 3ms
	נתן	*qal* waw consec. impf. 3mp
27	שׁאל	*qal* waw consec. impf. 3ms
	אמר	*qal* waw consec. impf. 3ms
	אמר	*qal* pf. 2mp
28	אמר	*qal* waw consec. impf. 3mp
29	נשׂא	*qal* waw consec. impf. 3ms
	ראה	*qal* waw consec. impf. 3ms
	אמר	*qal* waw consec. impf. 3ms
	אמר	*qal* pf. 2mp
	אמר	*qal* waw consec. impf. 3ms
	היה	*qal* juss. 3ms
30	יצא	*qal* waw consec. impf. 3ms
	יצא	*qal* waw consec. impf. 3ms
	בכה	*qal* waw consec. impf. 3ms
31	רחץ	*qal* waw consec. impf. 3ms
	יצא	*qal* waw consec. impf. 3ms
	אמר	*qal* waw consec. impf. 3ms
	שׂים	*qal* impv. 2mp
32	שׂים	*qal* waw consec. impf. 3mp
	אכל	*qal* impf. 3mp
33	ישׁב	*qal* waw consec. impf. 3mp
	תמהּ	*qal* waw consec. impf. 3mp
34	נשׂא	*qal* waw consec. impf. 3ms
	נתן	*qal* waw consec. impf. 3ms
	שׁתה	*qal* waw consec. impf. 3mp
	שׁכר	*qal* waw consec. impf. 3mp

CHAPTER 16: JOSEPH THREATENS TO ENSLAVE BENJAMIN (GENESIS 44)

Translation

44:1 And he said to the man who was in charge of his house, saying, "Place food in their sacks and put each man's money in the mouth of his sack. 2 And my cup, the cup of silver, you will put in the mouth of the youngest one's sack along with the money for his food." And he did according to what Joseph had spoken.

3 And it came about in the morning that the men and their donkeys left. 4 They had just gone out of the city and were not far off when Joseph said to the man in charge of his house, "Rise and pursue after the men. And you will say to them, 'Why have you returned (done) evil in place of good so as to steal the cup of my master? 5 Is this not the one with which my master drinks and practices divination? You have done evil in stealing it.'"

6 So he pursued after them and spoke these words to them. 7 And they said to him, "Why does my lord speak like this (according to these things)? Far be it from your servants to steal (from stealing) this cup. 8 Behold, the money that we found in the mouth of our sacks we gave to you. So how could we steal silver or gold from the house of your master? 9 Whomever you find with the cup (the cup with him) among your servants will die, and we ourselves will become my lord's slaves." 10 Then he said, "Very well (lit. also now), it will be as you have said (according to your words). Whomever I find with the cup (the cup with him) will be my slave, but [the rest of] you will be innocent." 11 So each man put his sack on the ground and they opened them. 12 And he searched from the oldest to the youngest and he found the cup in the sack of Benjamin. 13 Now it happened, when he found the cup, that they tore their clothes and each one loaded his sack onto his donkey and they returned to the city.

14 And Judah and his brothers came to the house of Joseph, for he was still there, and they fell on the ground before him. 15 And Joseph said to them, "What is this deed that you have done? Do you not know that a man like me can practice divination?" 16 Then Judah said, "What can we say to my lord? What can we state to become innocent (and become innocent)? God has discovered (found) the transgression of your servants. Behold, we are my lord's slaves, we and the one in whose hands you found the cup." 17 But he said, "Far be it from me to do such a thing (this)! The man in whose hands I found the cup, he will be my slave. But the rest of you, go up in peace to your father." 18 Then Judah spoke to him and said, "Please, my lord. Let your servant speak a word in the hearing of my lord. And let not your anger burn against your servant, for you are like Pharaoh. 19 My lord asked his servants, saying, 'Do you have a father or brother?' 20 And when you asked us, we said to my lord, 'We have an old father and a young brother. But his brother is gone, and so he is the only one from (to) his mother that remains and his father loves him.' 21 But you said to your servants, 'Let him come to me that I may set my eyes on him.' 22 We said to my lord, 'The boy is not able to leave his father. For were he to leave his father, then he would die.' 23 But you said to your servants, 'If your youngest brother does not come down with you, you will not be able to see my face.' 24 So it happened that we went back up to your servant my father and we told him the words of my lord. 25 Now our father said, 'Go back and buy a little food for us.' 26 But we said, 'We are not able to buy food. If our youngest brother is with us, then we will go down. For we are not able to see the man's face if (and) our youngest brother is not with us.' 27 So your servant my father said to us, 'You are well aware (you yourselves know) that my wife bore two sons to me. 28 One of them went out from me and I said, 'Surely he is dead!,' and I have not seen him any more (until now). 29 Now you will take this one from my presence as well, and harm may come to him, and I will go down to Sheol in sorrow.' 30 So now when I go to your servant my father and the boy is not with us—for his life is bound to his—31 when he sees that the boy is not there, he will die and your servant our father will go down to Sheol in sorrow. 32 For your servant has made a pledge with his father concerning the boy, saying, 'If he does not come back to you, my father, then I can be held guilty from then on (all the days).' 33 So now let your servant stay in place of the boy as a slave to my lord, and let the boy go back up with his brothers. 34 For how can I go back up to my father if (and) the boy is not with me? Lest I see (look upon) the misfortune that will find my father."

Parsing

1	אמר	*qal* waw consec. impf. 3ms
	שׁמר	*qal* ptc. ms
	אמר	*qal* inf. cst.
	שׂים	*qal* impv. 2ms
2	שׂים	*qal* impf. 2ms
	עשׂה	*qal* waw consec. impf. 3ms
	דבר	*piel* pf. 3ms
3	היה	*qal* waw consec. impf. 3ms
	הלך	*qal* pf. 3cp
4	יצא	*qal* ptc. mp
	אמר	*qal* pf. 3ms
	קום	*qal* impv. 2ms
	רדף	*qal* impv. 2ms
	אמר	*qal* waw consec. pf. 2ms
	עשׂה	*qal* pf. 2mp
	גנב	*qal* inf. cst.
5	שׁתה	*qal* impf. 3ms
	נחשׁ	*piel* impf. 3ms
	עשׂה	*qal* pf. 2mp
6	רדף	*qal* waw consec. impf. 3ms
	דבר	*piel* waw consec. impf. 3ms
7	אמר	*qal* waw consec. impf. 3mp
	דבר	*piel* impf. 3ms
	גנב	*qal* inf. cst.
8	מצא	*qal* pf. 1cp
	נתן	*qal* pf. 1cp
	גנב	*qal* impf. 1cp
9	מצא	*qal* impf. 2ms
	מות	*qal* impf. 3ms
	היה	*qal* impf. 1cp
10	אמר	*qal* waw consec. impf. 3ms
	מצא	*qal* impf. 1cs
	היה	*qal* impf. 3ms
	היה	*qal* impf. 2mp
11	שׂים	*qal* waw consec. impf. 3mp
	פתח	*qal* waw consec. impf. 3mp
12	בקשׁ	*piel* waw consec. impf. 3ms
	מצא	*niphal* waw consec. impf. 3ms
13	היה	*qal* waw consec. impf. 3ms
	מצא	*qal* inf. cst. + 3ms suff.
	קרע	*qal* waw consec. impf. 3mp
	עמס	*qal* waw consec. impf. 3ms
	שׁוב	*qal* waw consec. impf. 3mp
14	בוא	*qal* waw consec. impf. 3ms
	נפל	*qal* waw consec. impf. 3mp
15	אמר	*qal* waw consec. impf. 3ms
	עשׂה	*qal* pf. 2mp
	ידע	*qal* pf. 2mp
	נחשׁ	*piel* impf. 3ms
16	אמר	*qal* waw consec. impf. 3ms
	אמר	*qal* impf. 1cp
	דבר	*piel* impf. 1cp
	היה	*qal* impf. 1cp
	מצא	*qal* pf. 3ms
	מצא	*qal* pf. 2ms
17	אמר	*qal* waw consec. impf. 3ms
	עשׂה	*qal* inf. cst.
	מצא	*qal* pf. 1cs
	היה	*qal* impf. 3ms
	עלה	*qal* impv. 2mp
18	דבר	*piel* waw consec. impf. 3ms
	אמר	*qal* waw consec. impf. 3ms
	דבר	*piel* juss. 3ms
	חרה	*qal* juss. 3ms
19	שׁאל	*qal* pf. 3ms
	אמר	*qal* inf. cst.
20	היה	*qal* waw consec. impf. 3ms
	שׁאל	*qal* inf. cst. + 2ms suff.
	אמר	*qal* waw consec. impf. 1cp
	אהב	*qal* ptc. ms
21	אמר	*qal* waw consec. impf. 2ms
	בוא	*qal* juss. 3ms
	שׂים	*qal* coh. 1cs
22	אמר	*qal* waw consec. impf. 1cp
	יכל	*qal* impf. 3ms
	עזב	*qal* inf. cst.
	עזב	*qal* waw consec. pf. 3ms
	מות	*qal* waw consec. pf. 3ms

23	אמר	*qal* waw consec. impf. 2ms
	ירד	*qal* impf. 3ms
	יכל	*qal* impf. 2mp
	ראה	*qal* inf. cst.
24	היה	*qal* waw consec. impf. 3ms
	עלה	*qal* pf. 1cp
	ספר	*piel* waw consec. impf. 1cp
25	אמר	*qal* waw consec. impf. 3ms
	שׁוב	*qal* impv. 2mp
	שׁבר	*qal* impv. 2mp
26	אמר	*qal* waw consec. impf. 1cp
	יכל	*qal* impf. 1cp
	שׁבר	*qal* inf. cst.
	ירד	*qal* waw consec. pf. 1cp
	יכל	*qal* impf. 1cp
	ראה	*qal* inf. cst.
27	אמר	*qal* waw consec. impf. 3ms
	ידע	*qal* pf. 2mp
	ילד	*qal* pf. 3fs
28	יצא	*qal* waw consec. impf. 3ms
	אמר	*qal* waw consec. impf. 1cs
	מות	*qal* pf. 3ms
	ראה	*qal* pf. 1cs
29	לקח	*qal* waw consec. pf. 2mp
	קרה	*qal* waw consec. pf. 3ms
	ירד	*qal* waw consec. pf. 1cs
30	בוא	*qal* inf. cst. + 1cs suff.
	קשׁר	*qal* pass ptc. fs
31	היה	*qal* waw consec. pf. 3ms
	ראה	*qal* inf. cst. + 3ms suff.
	מות	*qal* waw consec. pf. 3ms
	ירד	*qal* waw consec. pf. 3ms
32	ערב	*qal* pf. 3ms
	אמר	*qal* inf. cst.
	בוא	*qal* impf. 3ms
	חטא	*qal* waw consec. pf. 1cs
33	ישׁב	*qal* juss. 3ms
	עלה	*qal* juss. 3ms
34	עלה	*qal* impf. 1cs
	ראה	*qal* impf. 1cs
	מצא	*qal* impf. 3ms

CHAPTER 17: JOSEPH REVEALS HIMSELF TO HIS BROTHERS (GENESIS 45)

Translation

45:1 Now Joseph was about *(going)* to weep and he cried out, "Send everyone away from me." So no one stayed *(stood)* with him when he said to them that he was their brother Joseph. 2 And he wept so loud *(gave his voice in weeping)* that the Egyptians and the house of Pharaoh heard. 3 And Joseph said to his brothers, "I am Joseph. Is my father still alive?" But his brothers were not able to respond to him because they were afraid of him. 4 And Joseph said to his brothers, "Please come near me." So they drew near. Then he said, "I am your brother Joseph whom you sold to Egypt. 5 But now, do not be afraid and do not be angry with yourselves *(let it be angry in your eyes)* because you sold me here. For God sent me before you to preserve life. 6 For these two years the famine has been in the land and there are still five years left without plowing or harvesting. 7 And God sent me before you to establish for you a remnant on earth and so that you might have many survivors. 8 So then, it was not you that sent me here, but God. And he has made *(set)* me as a father to Pharaoh, lord of all his house, and ruler over all the land of Egypt. 9 Go up to my father and say to him, 'Thus says your son Joseph, "God has made me *(placed me as)* lord of all Egypt. Come down to me. Do not stay *(stand)*. 10 For you shall live in the land of Goshen and be near to me, you and your sons and your grandchildren, your flocks and herds and all that you have. 11 And I will take care of *(visit)* you there, for there are still five years of famine. Lest you and your house and all that you have should perish."' 12 Now behold, your eyes and the eyes of my brother Benjamin see that I am speaking to you with my own mouth *(my mouth is the one speaking)*. 13 So you must speak to my father about all my glory in Egypt and all that you have seen and come down here with my father." 14 Then he fell upon the neck of his brother Benjamin and wept. And Benjamin wept upon his neck. 15 Then he kissed all his brothers and wept over them. And afterwards his brothers spoke with him.

16 Now the house of Pharaoh heard the announcement *(voice)*, saying, "Joseph's brothers have come." And this was pleasing to Pharaoh and his servants. 17 Then Pharaoh said to Joseph, "Say to your brothers, 'Do this—load your donkeys and go to the land of Canaan. 18 Take your father and households and come to me. And I will give to you the best of the land of Egypt and you will eat the fat of the land. 19 So do this—take for yourselves wagons from the land of Egypt for your little ones and your wives and bring *(carry)* your father and come. 20 Don't let your eye pity any of your belongings, for the best of all the land of Egypt is yours.'"

21 So the sons of Israel did so, and Joseph gave them wagons as Pharaoh had commanded *(according to the mouth of Pharaoh)*, and he also gave them food for the trip. 22 To each one of them he gave garments, but to Benjamin he gave three hundred pieces of silver and five changes of garment. 23 And for his father he sent as follows: ten donkeys bearing some of the best things of Egypt and ten female donkeys carrying food for his father's journey. 24 And it happened when his brothers left that he said to them, "Do not argue on the journey."

25 And they went up from Egypt and came to the land of Canaan to their father Jacob. 26 And they spoke to him, saying, "Joseph is still alive. And he is ruler over all the land of Egypt." Then his heart went numb because he did not believe them. 27 But they spoke to him all the things Joseph had spoken to them. Then he saw the wagons that Joseph had sent for him, and the spirit of their father Jacob revived *(lived)*. 28 So Israel said, "I am convinced *(It is enough)*! Joseph my son is still alive. I will go and see him before I die."

Parsing

1 היה *qal* waw consec. impf. 3ms
הלך *qal* ptc. ms
בכה *qal* inf. cst.
קרא *qal* waw consec. impf. 3ms
שׁלח *qal* impv. 2mp
עמד *qal* pf. 3ms
אמר *qal* inf. cst.

2 נתן *qal* waw consec. impf. 3ms
שׁמע *qal* waw consec. impf. 3mp
שׁמע *qal* waw consec. impf. 3ms

3 אמר *qal* waw consec. impf. 3ms
יכל *qal* pf. 3cp
ענה *qal* inf. cst.
ירא *qal* pf. 3cp

4 אמר *qal* waw consec. impf. 3ms
קרב *qal* impv. 2mp
קרב *qal* waw consec. impf. 3mp
אמר *qal* waw consec. impf. 3ms
מכר *qal* pf. 2mp

5 ירא *qal* juss. 2mp
חרה *qal* juss. 3ms
מכר *qal* pf. 2mp
שׁלח *qal* pf. 3ms

7 שׁלח *qal* waw consec. impf. 3ms
שׂים *qal* inf. cst.
היה *qal* impf. 3ms

8 שׁלח *qal* pf. 2mp
שׂים *qal* waw consec. impf. 3ms
משׁל *qal* ptc. ms

9 עלה *qal* impv. 2mp
אמר *qal* waw consec. pf. 2mp
אמר *qal* pf. 3ms
שׂים *qal* pf. 3ms
ירד *qal* impv. 2ms
עמד *qal* juss. 2ms

10 ישׁב *qal* waw consec. pf. 2ms
היה *qal* waw consec. pf. 2ms

11 פקד *qal* waw consec. pf. 1cs
אבד *qal* impf. 2ms

12 ראה *qal* ptc. fp
אמר *qal* ptc. ms

13 דבר *piel* waw consec. pf. 2mp
ראה *qal* pf. 2mp
ירד *qal* waw consec. pf. 2mp

14 נפל *qal* waw consec. impf. 3ms
בכה *qal* waw consec. impf. 3ms
בכה *qal* pf. 3ms

15 נשׁק *qal* waw consec. impf. 3ms
בכה *qal* waw consec. impf. 3ms
דבר *piel* pf. 3cp

16 שׁמע *qal* pf. 3ms
אמר *qal* inf. cst.
בוא *qal* pf. 3cp
יטב *qal* waw consec. impf. 3ms

17 אמר *qal* waw consec. impf. 3ms
אמר *qal* impv. 2ms
עשׂה *qal* impv. 2mp
עמס *qal* impv. 2mp
בוא *qal* impv. 2mp

18 לקח *qal* impv. 2mp
בוא *qal* impv. 2mp
נתן *qal* coh. 1cs
אכל *qal* impv. 2mp

19 עשׂה *qal* impv. 2mp
לקח *qal* impv. 2mp
נשׂא *qal* waw consec. pf. 2mp
בוא *qal* waw consec. pf. 2mp

20 חוס *qal* juss. 2ms

21 עשׂה *qal* waw consec. impf. 3mp
נתן *qal* waw consec. impf. 3ms
נתן *qal* waw consec. impf. 3ms

22 נתן *qal* pf. 3ms
נתן *qal* pf. 3ms

23 שׁלח *qal* pf. 3ms
נשׂא *qal* ptc. mp
נשׂא *qal* ptc. fp

24 היה *qal* waw consec. impf. 3ms
הלך *qal* inf. cst.

אמר *qal* waw consec. impf. 3ms

רגז *qal* juss. 2mp

25 עלה *qal* waw consec. impf. 3mp

בוא *qal* waw consec. impf. 3mp

26 דבר *piel* waw consec. impf. 3mp

אמר *qal* inf. cst.

משל *qal* ptc. ms

פוג *qal* waw consec. impf. 3ms

אמן *hiph* pf. 3ms

27 דבר *piel* waw consec. impf. 3mp

דבר *piel* pf. 3ms

ראה *qal* waw consec. impf. 3ms

שׁלח *qal* pf. 3ms

חיה *qal* waw consec. impf. 3fs

28 אמר *qal* waw consec. impf. 3ms

הלך *qal* coh. 1cs

ראה *qal* impf. 1cs

מות *qal* impf. 1cs

CHAPTER 18: JACOB TRAVELS TO EGYPT (GENESIS 46–47)

Translation

46:1 Then Israel and all who were with him set out and came to Beer-Sheba. And he offered sacrifices to the God of his father Isaac. 2 And God spoke to Israel in visions during the night and said, "Jacob, Jacob!" So he said, "Here I am (*Behold, me*)." 3 And he said, "I am God, the God of your father. Do not be afraid of (*from*) going down to Egypt, for I will make you a great nation there. 4 I will go down with you to Egypt, and you will also indeed come up again. And Joseph will put his hand on your eyes."[1] 5 Then Jacob arose from Beer-Sheba, and he and their little ones and their wives were carried in the wagons that had been sent by Pharaoh. 6 So they took their livestock and their possessions that they had acquired in the land of Canaan and they came to Egypt—Jacob and all his descendants with him.

28 Then he sent Judah before him to Joseph to find directions (*the path*) to Goshen, and they arrived in the land of Goshen. 29 And Joseph hitched (*bound*) his chariot and went up to meet his father Israel at Goshen. He presented himself to him and fell on his neck and wept on his neck for some time (*still*). 30 And Israel said to Joseph, "I can die now after seeing your face, for you are still alive." 31 And Joseph said to his brothers and his father's house, "I will go up and speak to Pharaoh, and I will say to him, 'My brothers and my father's house who were in the land of Canaan have come to me. 32 Now the men tend flocks, for they own livestock (*are men of livestock*). And their flocks and herds and all that belongs to them (*all that is to them*) have come to me.' 33 And it will be that when you are summoned before Pharaoh and you are asked, 'What are your occupations?' 34 that you will say, 'Your servants have been owners of livestock (*men of livestock*) from our youth until now, both we and our forefathers,' so that you may live in the land of Goshen. Because all those who tend flocks are detestable to the Egyptians."

47:1 So Joseph went and spoke with Pharaoh, saying, "My father and brothers and their flocks and herds and all they own have arrived from the land of Canaan. And behold, they are in the land of Goshen." 2 Then he took five men from among (*from the end of*) his brothers and they came before Pharaoh. 3 And Pharaoh said to his brothers, "What are your occupations?" And they said to Pharaoh, "Your servants tend flocks, both we and our forefathers." 4 Then they said to Pharaoh, "We have come to sojourn in the land because there is no pasture for the flocks that your servants own. For the famine is severe (*heavy*) in the land of Canaan. So now let your servants dwell in the land of Goshen." 5 And Pharaoh spoke to Joseph, saying, "Your father and brothers have come to you. 6 The land of Egypt is before you. Let your father and brothers live in the best of the land; let them live in the land of Goshen. And if you know that there are capable men among them, then appoint (*put*) them as overseers of my own livestock." 7 Then Joseph went with his father Jacob and they stood before Pharaoh, and Jacob blessed Pharaoh. 8 Now Pharaoh said to Jacob, "How old are you?" 9 And Jacob said to Pharaoh, "The years of my sojourning have been one hundred thirty years. Few and harsh have been the years of my life and they do not compare to (*are like*) the years of my father's lives in the days of their sojourning." 10 So Jacob blessed Pharaoh and they left Pharaoh's presence. 11 So a portion of land (*possession*) was given to Jacob and the brothers of Joseph in Egypt, in the best of the land, in the land of Rameses, just as Pharaoh had said. 12 And Joseph provided for his father and his brothers and all his father's house, in proportion to the number of (*according to the mouth of*) their dependents.

27 So Israel lived in the land of Egypt, in the land of Goshen. And they acquired property there (*found holdings for themselves in it*) and were fruitful and multiplied greatly. 28 And Jacob lived in the land of Egypt seventeen years. And the years of Jacob's life were one hundred forty-seven years. 29 When the days of Israel approached for him to die, he summoned his son Joseph and said to him, "If I have found favor in your eyes, place your hand under my thigh and treat me faithfully and truly (*do with me faithfulness and truth*). Do not let me be buried in Egypt. 30 But let me lie with my fathers. So you will carry me from Egypt and let me be buried in their tomb." And he said, "I will do as you have said (*according to your words*)." 31 And he said, "Swear to me!" So he swore to him.

---

1. That is, close his eyes when he dies.

Parsing

1 נסע *qal* waw consec. impf. 3ms

   בוא *qal* waw consec. impf. 3ms

   זבח *qal* waw consec. impf. 3ms

2 אמר *qal* waw consec. impf. 3ms

   אמר *qal* waw consec. impf. 3ms

   אמר *qal* waw consec. impf. 3ms

3 אמר *qal* waw consec. impf. 3ms

   ירא *qal* juss. 2ms

   ירד *qal* inf. cst.

   שים *qal* impf. 1cs

4 ירד *qal* impf. 1cs

   עלה *qal* impf. 2ms

   עלה *qal* inf. abs.

   שית *qal* impf. 3ms

5 קום *qal* waw consec. impf. 3ms

   נשא *niph.* waw consec. impf. 3ms

   שלח *niph.* pf. 3cp

6 לקח *qal* waw consec. impf. 3mp

   רכש *qal* pf. 3cp

   בוא *qal* waw consec. impf. 3mp

28 שלח *niph.* pf. 3ms

   מצא *qal* inf. cst.

   בוא *qal* waw consec. impf. 3mp

29 אסר *qal* waw consec. impf. 3ms

   עלה *qal* waw consec. impf. 3ms

   קרה *qal* inf. cst.

   ראה *niph.* waw consec. impf. 3ms

   נפל *qal* waw consec. impf. 3ms

   בכה *qal* waw consec. impf. 3ms

30 אמר *qal* waw consec. impf. 3ms

   מות *qal* coh. 1cs

   ראה *qal* inf. cst. + 1cs suff.

31 אמר *qal* waw consec. impf. 3ms

   עלה *qal* impf. 1cs

   דבר *piel* waw consec. pf. 1cs

   אמר *qal* coh. 1cs

   בוא *qal* pf. 3cp

32 רעה *qal* ptc. mp cst.

      היה *qal* pf. 3cp

      בוא *qal* pf. 3cp

33 היה *qal* waw consec. pf. 3ms

   קרא *niph.* impf. 2mp

   שאל *niph.* impf. 2mp

34 אמר *qal* waw consec. pf. 2mp

   היה *qal* pf. 3cp

   ישב *qal* impf. 2mp

   רעה *qal* ptc. ms

47:1 בוא *qal* waw consec. impf. 3ms

   דבר *piel* waw consec. impf. 3ms

   אמר *qal* waw consec. impf. 3ms

   בוא *qal* pf. 3cp

2 לקח *qal* pf. 3ms

   בוא *qal* waw consec. impf. 3mp

3 אמר *qal* waw consec. impf. 3ms

   אמר *qal* waw consec. impf. 3mp

   רעה *qal* ptc. ms

4 אמר *qal* waw consec. impf. 3mp

   גור *qal* inf. cst.

   בוא *qal* pf. 1cp

   ישב *qal* juss. 3mp

5 אמר *qal* waw consec. impf. 3ms

   אמר *qal* inf. cst.

   בוא *qal* pf. 3cp

6 ישב *qal* impf. 3mp

   ישב *qal* impf. 3mp

   ידע *qal* pf. 2ms

   שים *qal* waw consec. pf. 2ms

7 בוא *qal* waw consec. impf. 3ms

   עמד *qal* waw consec. impf. 3mp

   ברך *piel* waw consec. impf. 3ms

8 אמר *qal* waw consec. impf. 3ms

9 אמר *qal* waw consec. impf. 3ms

   היה *qal* pf. 3cp

   היה *qal* pf. 3cp

10 ברך *piel* waw consec. impf. 3ms

   יצא *qal* waw consec. impf. 3ms

11 נתן *niph.* waw consec. impf. 3fs

דבר *piel* pf. 3ms

12 כול waw consec. impf. 3ms

27 ישׁב *qal* waw consec. impf. 3ms

אחז *niph.* waw consec. impf. 3mp

פרה *qal* waw consec. impf. 3mp

רבה *qal* waw consec. impf. 3mp

28 חיה *qal* waw consec. impf. 3ms

היה *qal* waw consec. impf. 3ms

29 קרב *qal* waw consec. impf. 3mp

מות *qal* inf. cst.

קרא *qal* waw consec. impf. 3ms

אמר *qal* waw consec. impf. 3ms

מצא *qal* pf. 1cs

שׂים *qal* impv. 2ms

עשׂה *qal* waw consec. pf. 2ms

קבר *niph.* coh. 1cs

30 שׁכב *qal* waw consec. pf. 1cs

נשׂא *qal* waw consec. pf. 2ms

קבר *niph.* coh. 1cs

אמר *qal* waw consec. impf. 3ms

עשׂה *qal* impf. 1cs

31 אמר *qal* waw consec. impf. 3ms

שׁבע *niph.* impv. 2ms

שׁבע *niph.* waw consec. impf. 3ms

CHAPTER 19: JACOB BLESSES EPHRAIM AND MANASSEH (GENESIS 48)

Translation

48:1 And it happened after these things that it was said (*one said*) to Joseph, "Behold, your father is sick." So he took his two sons with him, Manasseh and Ephraim, 2 and he spoke to Jacob and said, "Behold, your son Joseph has come to you." And Israel strengthened himself and sat up on his bed. 3 And Jacob said to Joseph, "God Almighty appeared to me at Luz in the land of Canaan and blessed me. 4 And he said to me, 'Be fruitful and multiply, and I will make (*give*) you into an company of peoples and I will give this land to your descendants after you as an enduring possession.' 5 So now your two sons who were born to you in the land of Egypt before I came (*before my coming*) to you in Egypt are mine. Ephraim and Manasseh will be mine, just like Reuben and Simeon are mine. 6 But your children who are born after them are yours. According to the name of their brothers[1] they will be designated in their inheritance. 7 For when I came from Paddan, Rachel died[2] in the land of Canaan along the way while there was still some distance (*land*) to go to Ephrath. And I buried her there along the way to Ephrath, that is, Bethlehem."

8 Then Israel saw the sons of Joseph and said, "Who are these?" 9 And Joseph said to his father, "These are my sons whom God has given me here (*in this place*)." So he said, "Bring them to me that I may bless them." 10 Now the eyes of Israel were dim with age. He was not able to see. They came to Jacob and he kissed them and hugged them. 11 Then Israel said to Joseph, "I never expected (*do not judge*) to see your face. Yet behold, I have seen you and also your offspring." 12 And his two sons stepped back (*went out*) from between his knees, and he[3] worshipped with his face to the ground. 13 Then Joseph took the two of them—Ephraim with his right hand to Israel's left and Manasseh with his left hand to Israel's right—and brought them near to him. 14 But Israel stretched out his right hand and put it on the head of Ephraim, though he was the youngest, and his left hand on the head of Manasseh. He crossed his hands, though Manasseh was the firstborn.

15 And he blessed Joseph and said, "The God before whom my fathers, Abraham and Isaac, walked, the God who has watched over me all my life until now (*this day*), 16 the angel who redeemed me from all calamity—may he bless these boys. May my name, and the name of my fathers, Abraham and Isaac, be placed (*called*) on them and may they increase in the midst of the land."

17 Now Joseph saw that his father was placing his right hand on the head of Ephraim, and it was displeasing to him (*evil in his eyes*). So he grabbed hold of his father's hand to place it on the head of Manasseh. 18 And Joseph said to his father, "You have made a mistake (*it is not correct*), my father. For this one is the firstborn. Put your right hand on his head."

19 But his father refused and said, "I know, my son. I know. He too will become a nation and he too will become great. But his younger brother will be greater than him, and his descendants will fill the nations (*be the fullness of the nations*)." 20 Then he blessed them on that day, saying, "Israel will pronounce their blessings in reference to you (*in you*), saying, 'May God make you like Ephraim and Manasseh.'" And so he put Ephraim before Manasseh. 21 Then Israel said to Joseph, "Behold, the time of my death is coming, and God will be with you and you will return to the land of your forefathers. 22 I have given to you one portion more than (*above*) your brothers, [the portion] which I took from the control (*hand*) of the Amorite with my sword and my bow."

---

1. The second half of this verse is likely referring back to Ephraim and Manasseh who will receive an inheritance like the rest of Jacob's sons (i.e., their brothers).
2. Lit. "died concerning me", expressing that he feels the loss.
3. That is, Jacob.

Parsing

1	היה	*qal* waw consec. impf. 3ms
	אמר	*qal* waw consec. impf. 3ms
	חלה	*qal* ptc. ms
	לקח	*qal* waw consec. impf. 3ms
2	דבר	*piel* waw consec. impf. 3ms
	אמר	*qal* waw consec. impf. 3ms
	בוא	*qal* pf. 3ms
	חזק	*hithp.* waw consec. impf. 3ms
	ישב	*qal* waw consec. impf. 3ms
3	אמר	*qal* waw consec. impf. 3ms
	ראה	*niph.* pf. 3ms
	ברך	*piel* waw consec. impf. 3ms
4	אמר	*qal* waw consec. impf. 3ms
	פרה	*qal* impv. 2ms
	רבה	*qal* impv. 2ms
	נתן	*qal* waw consec. pf. 1cs
	נתן	*qal* waw consec. pf. 1cs
5	ילד	*niph.* ptc. mp
	בוא	*qal* inf cst + 1cs suff.
	היה	*qal* impf. 3mp
6	ילד	*pual* pf. 3cp
	היה	*qal* impf. 3mp
	קרא	*niph.* impf. 3mp
7	בוא	*qal* inf cst + 1cs suff.
	מות	*qal* pf. 3fs
	בוא	*qal* inf. cst.
	קבר	*qal* waw consec. impf. 1cs
8	ראה	*qal* waw consec. impf. 3ms
	אמר	*qal* waw consec. impf. 3ms
9	אמר	*qal* waw consec. impf. 3ms
	נתן	*qal* pf. 3ms
	אמר	*qal* waw consec. impf. 3ms
	לקח	*qal* impv. 2ms
	ברך	*piel* impf. 1cs
10	כבד	*qal* pf. 3cp
	יכל	*qal* impf. 3ms
	ראה	*qal* inf. cst.
	בוא	*qal* waw consec. impf. 3mp
	נשק	*piel* waw consec. impf. 3ms
	חבק	*piel* waw consec. impf. 3ms
11	אמר	*qal* waw consec. impf. 3ms
	ראה	*qal* inf. cst.
	פלל	*piel* pf. 1cs
	ראה	*qal* pf. 1cs
12	יצא	*qal* waw consec. impf. 3mp
	חוה	*hishtaphel* waw consec. impf. 3ms
13	לקח	*qal* waw consec. impf. 3ms
	קרב	*piel* waw consec. impf. 3ms
14	שׁלח	*qal* waw consec. impf. 3ms
	שׁית	*qal* waw consec. impf. 3ms
	שׂכל	*piel* pf. 3ms
15	ברך	*piel* waw consec. impf. 3ms
	אמר	*qal* waw consec. impf. 3ms
	הלך	*hithp.* pf. 3cp
	רעה	*qal* ptc. ms
16	גאל	*qal* ptc. ms
	ברך	*piel* juss. 3ms
	קרא	*niph.* juss. 3ms
	רבה	*qal* juss. 3mp
17	ראה	*qal* waw consec. impf. 3ms
	שׁית	*qal* impf. 3ms
	רעע	*qal* waw consec. impf. 3ms
	תפשׂ	*qal* waw consec. impf. 3ms
	שׁית	*qal* inf. cst.
18	אמר	*qal* waw consec. impf. 3ms
	שׂים	*qal* impv. 2ms
19	מאן	*piel* waw consec. impf. 3ms
	אמר	*qal* waw consec. impf. 3ms
	ידע	*qal* pf. 1cs
	ידע	*qal* pf. 1cs
	היה	*qal* impf. 3ms
	גדל	*qal* impf. 3ms
	גדל	*qal* impf. 3ms
	היה	*qal* impf. 3ms
20	ברך	*piel* waw consec. impf. 3ms
	אמר	*qal* inf. cst.

ברך *piel* impf./juss. 3ms

אמר *qal* inf. cst.

שׂים *qal* juss. 3ms

שׂים *qal* waw consec. impf. 3ms

21 אמר *qal* waw consec. impf. 3ms

בוא *qal* ptc. ms

היה *qal* waw consec. pf. 3ms

שׁוב *qal* impf. 2mp

22 נתן *qal* pf. 1cs

לקח *qal* pf. 1cs

CHAPTER 20: JACOB BLESSES HIS SONS (GENESIS 49)

Translation

49:1 Then Jacob called to his sons and said, "Gather together so I can tell you what will happen to you *(encounter you)* in the future. 2 Come together and listen, you sons of Jacob. Listen to Israel your father.

Reuben

3 Reuben, you are my firstborn,
   my strength and the beginning of my vigor,
   preeminent in status, preeminent in might.
4 As uncontrollable as water, may you not have preeminence.
   For you went up to your father's bed;
   then you defiled it. He went up to my couch.

Simeon and Levi

5 Simeon and Levi are brothers.
   Their weapons are instruments of violence.
6 Let not my soul be part of their secret counsel.
   Let not my honor join in their assembly.
   For in their anger they slew men,
   and in their pleasure they hamstrung oxen.
7 Cursed be their anger, for it is fierce,
   and their fury, for it is cruel!
   I will separate them in Jacob
   and scatter them in Israel.

Judah

8 Judah, your brothers will praise you.
   Your hand will grasp *(be on)* the neck of your enemies.
   Your father's sons will bow before you.
9 Judah is a lion's cub.
   For the sake of prey, my son, you rise up.
   He crouches and settles in like a lion,
   and who dares arouse him *(cause him to rise)*?[1]
10 The scepter will not depart from Judah
   nor the ruler's staff from between his feet
   until Shiloh comes,
   and he will have the allegiance of the nations.
11 He binds his donkey to the vine
   and to the tendril his ass's foal.
   He washes his clothing in wine
   and his garment in the blood of grapes.

---

1. This translation assumes a lion has risen to hunt ("from prey," meaning because of prey), has settled in to feed, and now will not be driven off his kill (compare Isa 31:4). Who dares disturb a feeding lion?

12 His eyes are darker than wine
and his teeth are whiter than milk.

Zebulun

13 Zebulun will dwell along the ooasts of the seas,
and he will be a harbor for ships,
and his furthest reach (*flanks*) to Sidon.

Issachar

14 Issachar is a strong donkey
bedded down among the sheepfolds.
15 He saw that a settling place was good
and that the land was pleasant,
and he set his shoulder to the load
and worked (*became*) like a gang of laborers.

Dan

16 Dan will judge his people
as one of the tribes of Israel.
17 May Dan be a serpent along the road,
a viper along the path,
that bites the heel of the horse
so its rider falls backward.
18 I await your salvation, O LORD.

Gad

19 Gad—raiders will raid him,
but he will raid at their heels.

Asher

20 Asher's food will be rich,
and he will supply royal delicacies.

Naphtali

21 Naphtali is a doe unbound (*let loose*).
He offers (*gives*) beautiful words.

Joseph

22 Joseph is a fruitful branch,
a fruitful branch by a well,
with shoots that scale the walls.
23 The archers provoked him and shot at him;
they hated him.

24 But his bow remained firm
   and the strength of his arms agile
   because of the strength (*arms*) of the Mighty One of Jacob,
   and since then the Rock of Israel has protected him.
25 By the God of your father you were helped;
   by the Almighty you were blessed[1]—
   with the blessing of heaven above,
   the blessing of the deep that lies beneath
   and the blessing of breast and womb.
26 The blessings that your father received
   have been greater (*strong*) than the bounty (*blessings*) of the ancient mountains,
   greater than the desirable things of the eternal hills.
   May they be on the head of Joseph
   and on the head of the one set apart among his brothers.

Benjamin
27 Benjamin is as fierce (*tears*) as a wolf.
   In the morning he eats his prey,
   and at evening he divides the spoils."

28 All these became the twelve tribes of Israel. And this is how (*what*) their father spoke to them and blessed them. He blessed each of them according to what their blessing required (*according to his / each man's blessing*). 29 Then he commanded them and said to them, "I am being gathered to my people. Bury me with my fathers in the cave that is in the field of Ephron the Hittite, 30 in the cave that is in the field of Machpelah that faces Mamre in the land of Canaan, the field that Abraham purchased from Ephron the Hittite as a burial plot. 31 There they buried Abraham and his wife Sarah. There they buried Isaac and his wife Rebekah. And there I buried Leah, 32 the field and cave that is in it that were purchased from the sons of Heth." 33 And Jacob finished giving instructions to his sons and drew (*gathered*) his feet back into bed. Then he passed away and was gathered to his people.

---

1. The tense assigned to these imperfects depends on whether Jacob is referring to Joseph's past blessings described in v. 24 (impf. as ongoing past) or anticipating Joseph's future blessings addressed in v. 26 (impf. as future).

Parsing

1	קרא	*qal* waw consec. impf. 3ms
	אמר	*qal* waw consec. impf. 3ms
	אסף	*niph.* impv. 2mp
	ספר	*piel* coh. 1cs
	קרא	*qal* impf. 3ms (קרה)
2	קבץ	*niph.* impv. 2mp
	שׁמע	*qal* impv. 2mp
	שׁמע	*qal* impv. 2mp
4	יתר	*hiph.* juss. 2ms
	עלה	*qal* pf. 2ms
	חלל	*piel* pf. 2ms
	עלה	*qal* pf. 3ms
6	בוא	*qal* juss. 3fs
	יחד	*qal* juss. 3fs
	הרג	*qal* pf. 3cp
	עקר	*piel* pf. 3cp
7	ארר	*qal* pass ptc. ms
	קשׁה	*qal* pf. 3fs
	חלק	*piel* impf. 1cs
	פוץ	*hiph.* impf. 1cs
8	ידה	*hiph.* impf. 3mp
	חוה	*hishtaphel* impf. 3mp
9	עלה	*qal* pf. 2ms
	כרע	*qal* pf. 3ms
	רבץ	*qal* pf. 3ms
	קום	*hiph.* impf. 3ms
10	סור	*qal* impf. 3ms
	בוא	*qal* impf. 3ms
11	אסר	*qal* ptc. ms
	כבס	*piel* pf. 3ms
13	שׁכן	*qal* impf. 3ms
14	רבץ	*qal* ptc. ms
15	ראה	*qal* waw consec. impf. 3ms
	נטה	*qal* waw consec. impf. 3ms
	סבל	*qal* inf. cst.
	היה	*qal* waw consec. impf. 3ms
	עבד	*qal* ptc. ms
16	דין	*qal* impf. 3ms
17	היה	*qal* juss. 3ms
	נשׁך	*qal* ptc. ms
	נפל	*qal* waw consec. impf. 3ms
	רכב	*qal* ptc. ms + 3ms suff.
18	קוה	*piel* pf. 1cs
19	גוד	*qal* impf. 3ms
	גוד	*qal* impf. 3ms
20	נתן	*qal* impf. 3ms
21	שׁלח	*qal* pass ptc. fs
	נתן	*qal* ptc. ms
22	פרה	*qal* ptc. fs
	פרה	*qal* ptc. fs
	צעד	*qal* pf. 3fs
23	מרר	*piel* waw consec. impf. 3mp
	רבב	*qal* pf. 3cp
	שׂטם	*qal* waw consec. impf. 3mp
24	ישׁב	*qal* waw consec. impf. 3fs
	פזז	*qal* waw consec. impf. 3mp
	רעה	*qal* ptc. ms
25	עזר	*qal* impf. 3ms
	ברך	*piel* impf. 3ms
	רבץ	*qal* ptc. fs
26	גבר	*qal* pf. 3cp
	היה	*qal* juss. 3fp
27	טרף	*qal* impf. 3ms
	אכל	*qal* impf. 3ms
	חלק	*piel* impf. 3ms
28	דבר	*piel* pf. 3ms
	ברך	*piel* waw consec. impf. 3ms
	ברך	*piel* pf. 3ms
29	צוה	*piel* waw consec. impf. 3ms
	אמר	*qal* waw consec. impf. 3ms
	אסף	*niph.* ptc. ms
	קבר	*qal* impv. 2mp
30	קנה	*qal* pf. 3ms
31	קבר	*qal* pf. 3cp

קבר   *qal* pf. 3cp   אסף   *qal* waw consec. impf. 3ms

קבר   *qal* pf. 1cs   גוע   *qal* waw consec. impf. 3ms

33   כלה   *piel* waw consec. impf. 3ms   אסף   *niph.* waw consec. impf. 3ms

צוה   *piel* inf. cst.

CHAPTERS 22–23: THE DEATHS OF JACOB AND JOSEPH (GENESIS 50)

Translation

50:1 Then Joseph fell over his father's face and wept over him and kissed him. 2 And Joseph commanded his servants the physicians to embalm his father, and the physicians embalmed Israel. 3 When forty days had passed (*been filled for him*)—for in that amount of time the days of embalming are completed—Egypt wept for him for seventy days.

4 When the days of his mourning passed, Joseph spoke to the house of Pharaoh, saying, "If I have found favor in your eyes, speak in the hearing of Pharaoh saying, 5 'My father made me swear, saying, "Behold, I am dying. In the grave that I dug for myself in the land of Canaan, there you will bury me." And now, let me go up and bury my father and return.'"

6 And Pharaoh said, "Go up and bury your father just as he made you swear." 7 So Joseph went up to bury his father, and also going up with him were all the servants of Pharaoh, the elders of his household and all the elders of the land of Egypt, 8 and all the house of Joseph and his brothers and the house of his father. However, they left their young children and their flocks and herds in the land of Goshen. 9 Chariots and horsemen also went up with him, and the camp was exceedingly large. 10 They came to the threshing floor of Atad, which is on the other side of the Jordan, and they made a very loud and agonizing lamentation there and performed mourning for his father for seven days. 11 Now the Canaanites who lived in the land observed the mourning at the threshing floor of Atad and said, "This is an agonizing grief for the Egyptians." Therefore its name is called (*one calls its name*)[1] Abel-Mitsrayim, located on the other side of the Jordan. 12 So his sons did for him just as he had commanded them. 13 And his sons carried him into the land of Canaan and buried him in the cave of the field of Machpelah, the field that Abraham purchased as a burial plot from Ephron the Hittite, east of (*before*)[2] Mamre.

14 After he had finished burying his father, Joseph returned to Egypt, he and his brothers and all those who went up with him to bury his father. 15 Joseph's brothers were afraid because their father was dead and said, "Perhaps Joseph holds a grudge against us. Surely he will repay us for all the evil that we did to him." 16 So they instructed Joseph, saying, "Your father gave instructions before his death, saying, 17 'Thus you will say to Joseph, "Please forgive the transgression of your brothers and their offense from the evil they have repaid you."' Now please forgive the transgression of the servants of the God of your father." And Joseph wept as they spoke to him. 18 And his brothers even came and fell before him and said, "Behold, we are your servants." 19 But Joseph said to them, "Do not fear. For am I in the place of God? 20 You may have planned evil against me, but God planned it for good in order to work as it is this day toward the preservation of a great nation. 21 And now, do not be afraid. I will support you and your children." And he consoled them and spoke to their hearts.

22 So Joseph lived in Egypt, he and the house of his father, and Joseph lived one hundred ten years. 23 And Joseph saw three generations of children born to Ephraim. In fact (*also*), the sons of Machir, the son of Manasseh, were placed on the knees of Joseph when they were born. 24 And Joseph said to his brothers, "I am about to die (*am dying*). But God will surely visit you and bring you up from this land to the land that he swore to Abraham, Isaac, and Jacob." 25 And Joseph made the sons of Israel swear, saying, "God will surely visit you and you must bring up my bones from here (*from this*)." 26 And Joseph died at the age of one hundred ten years, and they embalmed him and placed him in a coffin in Egypt.

---

1. Impersonal construction ("one calls" = "it is called").
2. Hebrew directions are described from the standpoint of one facing east.

Parsing

1	נפל	*qal* waw consec. impf. 3ms
	בכה	*qal* waw consec. impf. 3ms
	נשק	*qal* waw consec. impf. 3ms
2	צוה	*piel* waw consec. impf. 3ms
	רפא	*qal* ptc. mp
	חנט	*qal* inf. cst.
	חנט	*qal* waw consec. impf. 3mp
	רפא	*qal* ptc. mp
3	מלא	*qal* waw consec. impf. 3mp
	מלא	*qal* impf. 3mp
	בכה	*qal* waw consec. impf. 3mp
4	עבר	*qal* waw consec. impf. 3mp
	דבר	*piel* waw consec. impf. 3ms
	אמר	*qal* inf. cst.
	מצא	*qal* pf. 1cs
	דבר	*piel* impv. 2mp
	אמר	*qal* inf. cst.
5	שׁבע	*hiph.* pf. 3ms + 1cs suff.
	אמר	*qal* inf. cst.
	מות	*qal* ptc. ms
	כרה	*qal* pf. 1cs
	קבר	*qal* impf. 2ms + 1cs suff.
	עלה	*qal* impf./ coh. 1cs
	קבר	*qal* coh. 1cs
	שׁוב	*qal* coh. 1cs
6	אמר	*qal* waw consec. impf. 3ms
	עלה	*qal* impv. 2ms
	קבר	*qal* impv. 2ms
	שׁבע	*hiph.* pf. 3ms + 2ms suff.
7	עלה	*qal* waw consec. impf. 3ms
	קבר	*qal* inf. cst.
	עלה	*qal* waw consec. impf. 3mp
8	עזב	*qal* pf. 3cp
9	עלה	*qal* waw consec. impf. 3ms
	היה	*qal* waw consec. impf. 3ms
10	בוא	*qal* waw consec. impf. 3mp
	ספד	*qal* waw consec. impf. 3mp
	עשׂה	*qal* waw consec. impf. 3ms
11	ראה	*qal* waw consec. impf. 3ms
	ישׁב	*qal* ptc. ms
	אמר	*qal* waw consec. impf. 3mp
	קרא	*qal* pf. 3ms
12	עשׂה	*qal* waw consec. impf. 3mp
	צוה	*piel* pf. 3ms + 3mp suff.
13	נשׂא	*qal* waw consec. impf. 3mp
	קבר	*qal* waw consec. impf. 3mp
	קנה	*qal* pf. 3ms
14	ישׁב	*qal* waw consec. impf. 3ms
	עלה	*qal* ptc. mp
	קבר	*qal* inf. cst.
	קבר	*qal* inf. cst. + 3ms suff.
15	ירא	*qal* waw consec. impf. 3mp
	מות	*qal* pf. 3ms
	אמר	*qal* waw consec. impf. 3mp
	שׂטם	*qal* impf. 3ms + 1cp suff.
	שׁיב	*hiph.* inf. abs.
	שׁיב	*hiph.* impf. 3ms
	גמל	*qal* pf. 1cp
16	צוה	*piel* waw consec. impf. 3mp
	אמר	*qal* inf. cst.
	צוה	*piel* pf. 3ms
	אמר	*qal* inf. cst.
17	אמר	*qal* impf. 2mp
	נשׂא	*qal* impv. 2ms
	גמל	*qal* pf. 3cp + 2ms suff.
	נשׂא	*qal* impv. 2ms
	בכה	*qal* waw consec. impf. 3ms
	דבר	*piel* inf. cst. + 3mp suff.
18	הלך	*qal* waw consec. impf. 3mp
	נפל	*qal* waw consec. impf. 3mp
	אמר	*qal* waw consec. impf. 3mp
19	אמר	*qal* waw consec. impf. 3ms
	ירא	*qal* juss. 2mp
20	חשׁב	*qal* pf. 2mp
	חשׁב	*qal* pf. 3ms + 3fs suff.
	עשׂה	*qal* inf. cst.

	חיה	*hiph.* inf. cst.
21	ירא	*qal* juss. 2mp
	כול	*pilpel* impf. 1cs
	נחם	*piel* waw consec. impf. 3ms
	דבר	*piel* waw consec. impf. 3ms
22	ישׁב	*qal* waw consec. impf. 3ms
	חיה	*qal* waw consec. impf. 3ms
23	ראה	*qal* waw consec. impf. 3ms
	ילד	*pual* pf. 3cp
24	אמר	*qal* waw consec. impf. 3ms
	מות	*qal* ptc. ms
	פקד	*qal* inf. abs.
	פקד	*qal* impf. 3ms
	עלה	*hiph.* waw consec. pf. 3ms
	שׁבע	*niph.* pf. 3ms
25	שׁבע	*hiph.* waw consec. impf. 3ms
	אמר	*qal* inf. cst.
	פקד	*qal* inf. abs.
	פקד	*qal* impf. 3ms
	עלה	*hiph.* waw consec. pf. 2mp
26	מות	*qal* waw consec. impf. 3ms
	חנט	*qal* waw consec. impf. 3mp
	שׂים	*hoph.* waw consec. impf. 3ms (revocalized)

Bibliography

GENESIS

Brueggemann, Walter. *Genesis.* Interpretation, a Bible Commentary for Teaching and Preaching. Atlanta: John Knox Press, 1982.

Hamilton, Victor. *The Book of Genesis.* 2 vols. New International Commentary on the Old Testament. Grand Rapids: Eerdmans, 1990, 1995.

Wenham, Gordan J. *Genesis.* 2 vols. Word Biblical Commentary. Dallas: Word Books, 1987, 1994.

Westermann, Claus. *Genesis.* 3 vols. Translated by John J. Scullion. A Continental Commentary. Minneapolis: Fortress Press, 1994, 1995, 2002.

RUTH

Block, Daniel I. *Judges and Ruth.* New American Commentary. Nashville: Broadman & Holman Publishers, 1999.

Bush, Frederic W. *Ruth, Esther.* Word Biblical Commentary. Dallas: Word Books, 1996.

Campbell, Edward F. *Ruth: A New Translation with Introduction and Commentary.* Anchor Yale Bible. New Haven: Yale University Press, 1975.

Hubbard, Robert L., Jr. *The Book of Ruth.* New International Commentary on the Old Testament. Grand Rapids: Eerdmans, 1989.

JONAH

Allen, Leslie. *The Books of Joel, Obadiah, Jonah, and Micah.* New International Commentary on the Old Testament. Grand Rapids: Eerdmans, 1976.

Sasson, Jack M. *Jonah: A New Translation with Introduction, Commentary, and Interpretation.* Anchor Yale Bible. New Haven: Yale University Press, 1990.

Stuart, Douglas. *Hosea-Jonah.* Word Biblical Commentary. Dallas: Word Books, 1987.

ESTHER

Baldwin, Joyce G. *Esther: An Introduction and Commentary.* Tyndale Old Testament Commentaries. Downers Grove, IL: InterVarsity Press, 1984.

Bush, Frederic W. *Ruth, Esther.* Word Biblical Commentary. Dallas: Word Books, 1996.

Fox, Michael V. *Character and Ideology in the Book of Esther.* 2nd ed. Grand Rapids: Eerdmans, 2001.

Jobes, Karen H. *Esther.* The NIV Application Commentary. Grand Rapids: Zondervan, 1999.

Levenson, Jon D. *Esther: A Commentary.* Old Testament Library. Louisville, KY: Westminster John Knox Press, 1997.

Oral Readings

SUGGESTED READINGS FOR SEMESTER/TERM 1

To promote oral fluency and comprehension students read the Hebrew text of Gen 1:1-5 and Deut 6:4-9 aloud once daily for a total of five days per week. At the end of the term students meet with the instructor to recite one passage from memory and read the other. Memorization encourages students to achieve fluency in at least one passage.

GENESIS 1:1-5

1 בְּרֵאשִׁית בָּרָא אֱלֹהִים אֵת הַשָּׁמַיִם וְאֵת הָאָרֶץ׃ 2 וְהָאָרֶץ הָיְתָה
תֹהוּ וָבֹהוּ וְחֹשֶׁךְ עַל־פְּנֵי תְהוֹם וְרוּחַ אֱלֹהִים מְרַחֶפֶת עַל־פְּנֵי הַמָּיִם׃
3 וַיֹּאמֶר אֱלֹהִים יְהִי־אוֹר וַיְהִי־אוֹר׃ 4 וַיַּרְא אֱלֹהִים אֶת־הָאוֹר כִּי־טוֹב
וַיַּבְדֵּל אֱלֹהִים בֵּין הָאוֹר וּבֵין הַחֹשֶׁךְ׃ 5 וַיִּקְרָא אֱלֹהִים לָאוֹר יוֹם
וְלַחֹשֶׁךְ קָרָא לָיְלָה וַיְהִי־עֶרֶב וַיְהִי־בֹקֶר יוֹם אֶחָד׃

DEUTERONOMY 6:4-9

4 שְׁמַע יִשְׂרָאֵל יְהוָה אֱלֹהֵינוּ יְהוָה אֶחָד׃ 5 וְאָהַבְתָּ אֵת יְהוָה אֱלֹהֶיךָ
בְּכָל־לְבָבְךָ וּבְכָל־נַפְשְׁךָ וּבְכָל־מְאֹדֶךָ׃ 6 וְהָיוּ הַדְּבָרִים הָאֵלֶּה אֲשֶׁר
אָנֹכִי מְצַוְּךָ הַיּוֹם עַל־לְבָבֶךָ׃ 7 וְשִׁנַּנְתָּם לְבָנֶיךָ וְדִבַּרְתָּ בָּם בְּשִׁבְתְּךָ
בְּבֵיתֶךָ וּבְלֶכְתְּךָ בַדֶּרֶךְ וּבְשָׁכְבְּךָ וּבְקוּמֶךָ׃ 8 וּקְשַׁרְתָּם לְאוֹת עַל־יָדֶךָ
וְהָיוּ לְטֹטָפֹת בֵּין עֵינֶיךָ׃ 9 וּכְתַבְתָּם עַל־מְזֻזֹת בֵּיתֶךָ וּבִשְׁעָרֶיךָ׃

SUGGESTED READINGS FOR SEMESTER/TERM 2

During the second term students read a longer biblical passage aloud once daily for a total of five days per week. The following passages have been used by the authors. At the end of the semester students read the passage aloud. Further, at that time the authors ask students to recite the names of the biblical books in the order they appear in the Hebrew Bible.

GENESIS 22:1-14

1 וַֽיְהִ֗י אַחַר֙ הַדְּבָרִ֣ים הָאֵ֔לֶּה וְהָ֣אֱלֹהִ֔ים נִסָּ֖ה אֶת־אַבְרָהָ֑ם וַיֹּ֣אמֶר
אֵלָ֔יו אַבְרָהָ֖ם וַיֹּ֥אמֶר הִנֵּֽנִי׃ 2 וַיֹּ֡אמֶר קַח־נָ֠א אֶת־בִּנְךָ֨ אֶת־יְחִֽידְךָ֤
אֲשֶׁר־אָהַ֙בְתָּ֙ אֶת־יִצְחָ֔ק וְלֶךְ־לְךָ֔ אֶל־אֶ֖רֶץ הַמֹּרִיָּ֑ה וְהַעֲלֵ֤הוּ שָׁם֙
לְעֹלָ֔ה עַ֚ל אַחַ֣ד הֶֽהָרִ֔ים אֲשֶׁ֖ר אֹמַ֥ר אֵלֶֽיךָ׃ 3 וַיַּשְׁכֵּ֨ם אַבְרָהָ֜ם
בַּבֹּ֗קֶר וַֽיַּחֲבֹשׁ֙ אֶת־חֲמֹר֔וֹ וַיִּקַּ֞ח אֶת־שְׁנֵ֤י נְעָרָיו֙ אִתּ֔וֹ וְאֵ֖ת יִצְחָ֣ק
בְּנ֑וֹ וַיְבַקַּע֙ עֲצֵ֣י עֹלָ֔ה וַיָּ֣קָם וַיֵּ֔לֶךְ אֶל־הַמָּק֖וֹם אֲשֶׁר־אָֽמַר־ל֥וֹ
הָאֱלֹהִֽים׃ 4 בַּיּ֣וֹם הַשְּׁלִישִׁ֗י וַיִּשָּׂ֨א אַבְרָהָ֧ם אֶת־עֵינָ֛יו וַיַּ֥רְא
אֶת־הַמָּק֖וֹם מֵרָחֹֽק׃ 5 וַיֹּ֨אמֶר אַבְרָהָ֜ם אֶל־נְעָרָ֗יו שְׁבוּ־לָכֶ֥ם פֹּה֙
עִֽם־הַחֲמ֔וֹר וַאֲנִ֣י וְהַנַּ֔עַר נֵלְכָ֖ה עַד־כֹּ֑ה וְנִֽשְׁתַּחֲוֶ֖ה וְנָשׁ֥וּבָה אֲלֵיכֶֽם׃
6 וַיִּקַּ֨ח אַבְרָהָ֜ם אֶת־עֲצֵ֣י הָעֹלָ֗ה וַיָּ֙שֶׂם֙ עַל־יִצְחָ֣ק בְּנ֔וֹ וַיִּקַּ֣ח
בְּיָד֔וֹ אֶת־הָאֵ֖שׁ וְאֶת־הַֽמַּאֲכֶ֑לֶת וַיֵּלְכ֥וּ שְׁנֵיהֶ֖ם יַחְדָּֽו׃ 7 וַיֹּ֨אמֶר
יִצְחָ֜ק אֶל־אַבְרָהָ֤ם אָבִיו֙ וַיֹּ֣אמֶר אָבִ֔י וַיֹּ֖אמֶר הִנֶּ֣נִּֽי בְנִ֑י וַיֹּ֗אמֶר
הִנֵּ֤ה הָאֵשׁ֙ וְהָ֣עֵצִ֔ים וְאַיֵּ֥ה הַשֶּׂ֖ה לְעֹלָֽה׃ 8 וַיֹּ֙אמֶר֙ אַבְרָהָ֔ם אֱלֹהִ֞ים
יִרְאֶה־לּ֥וֹ הַשֶּׂ֛ה לְעֹלָ֖ה בְּנִ֑י וַיֵּלְכ֥וּ שְׁנֵיהֶ֖ם יַחְדָּֽו׃

⁹וַיָּבֹאוּ אֶל־הַמָּקוֹם אֲשֶׁר אָמַר־לוֹ הָאֱלֹהִים וַיִּבֶן שָׁם אַבְרָהָם

אֶת־הַמִּזְבֵּחַ וַיַּעֲרֹךְ אֶת־הָעֵצִים וַיַּעֲקֹד אֶת־יִצְחָק בְּנוֹ וַיָּשֶׂם אֹתוֹ

עַל־הַמִּזְבֵּחַ מִמַּעַל לָעֵצִים: ¹⁰וַיִּשְׁלַח אַבְרָהָם אֶת־יָדוֹ וַיִּקַּח

אֶת־הַמַּאֲכֶלֶת לִשְׁחֹט אֶת־בְּנוֹ: ¹¹וַיִּקְרָא אֵלָיו מַלְאַךְ יְהוָה

מִן־הַשָּׁמַיִם וַיֹּאמֶר אַבְרָהָם | אַבְרָהָם וַיֹּאמֶר הִנֵּנִי: ¹²וַיֹּאמֶר

אַל־תִּשְׁלַח יָדְךָ אֶל־הַנַּעַר וְאַל־תַּעַשׂ לוֹ מְאוּמָה כִּי | עַתָּה

יָדַעְתִּי כִּי־יְרֵא אֱלֹהִים אַתָּה וְלֹא חָשַׂכְתָּ אֶת־בִּנְךָ אֶת־יְחִידְךָ

מִמֶּנִּי: ¹³וַיִּשָּׂא אַבְרָהָם אֶת־עֵינָיו וַיַּרְא וְהִנֵּה־אַיִל אַחַר נֶאֱחַז

בַּסְּבַךְ בְּקַרְנָיו וַיֵּלֶךְ אַבְרָהָם וַיִּקַּח אֶת־הָאַיִל וַיַּעֲלֵהוּ לְעֹלָה

תַּחַת בְּנוֹ: ¹⁴וַיִּקְרָא אַבְרָהָם שֵׁם־הַמָּקוֹם הַהוּא יְהוָה | יִרְאֶה

אֲשֶׁר יֵאָמֵר הַיּוֹם בְּהַר יְהוָה יֵרָאֶה:

EXODUS 20:1-17[a]

1 וַיְדַבֵּ֣ר אֱלֹהִ֔ים אֵ֛ת כָּל־הַדְּבָרִ֥ים הָאֵ֖לֶּה לֵאמֹֽר׃ ס 2 אָנֹכִ֖י
יְהוָ֣ה אֱלֹהֶ֑יךָ אֲשֶׁ֧ר הוֹצֵאתִ֛יךָ מֵאֶ֥רֶץ מִצְרַ֖יִם מִבֵּ֥ית עֲבָדִֽים׃
3 לֹ֣א יִהְיֶֽה־לְךָ֛ אֱלֹהִ֥ים אֲחֵרִ֖ים עַל־פָּנָֽיַ 4 לֹ֣א תַעֲשֶׂ֨ה־לְךָ֥
פֶ֣סֶל ׀ וְכָל־תְּמוּנָ֡ה אֲשֶׁ֤ר בַּשָּׁמַ֙יִם ׀ מִמַּ֔עַל וַאֲשֶׁ֥ר בָּאָ֖רֶץ מִתָּ֑חַת
וַאֲשֶׁ֥ר בַּמַּ֖יִם ׀ מִתַּ֥חַת לָאָֽרֶץ 5 לֹא־תִשְׁתַּחֲוֶ֥ה לָהֶ֖ם וְלֹ֣א תָעָבְדֵ֑ם
כִּ֣י אָנֹכִ֞י יְהוָ֤ה אֱלֹהֶ֙יךָ֙ אֵ֣ל קַנָּ֔א פֹּ֠קֵד עֲוֺ֨ן אָבֹ֧ת עַל־בָּנִ֛ים עַל־
שִׁלֵּשִׁ֥ים וְעַל־רִבֵּעִ֖ים לְשֹׂנְאָֽי׃ 6 וְעֹ֥שֶׂה חֶ֖סֶד לַאֲלָפִ֑ים לְאֹהֲבַ֖י
וּלְשֹׁמְרֵ֥י מִצְוֺתָֽי׃ ס 7 לֹ֥א תִשָּׂ֛א אֶת־שֵֽׁם־יְהוָ֥ה אֱלֹהֶ֖יךָ
לַשָּׁ֑וְא כִּ֣י לֹ֤א יְנַקֶּה֙ יְהוָ֔ה אֵ֛ת אֲשֶׁר־יִשָּׂ֥א אֶת־שְׁמ֖וֹ לַשָּֽׁוְא׃ פ
8 זָכ֛וֹר אֶת־י֥וֹם הַשַּׁבָּ֖ת לְקַדְּשֽׁוֹ 9 שֵׁ֤שֶׁת יָמִים֙ תַּעֲבֹ֔ד וְעָשִׂ֖יתָ
כָּל־מְלַאכְתֶּֽךָ 10 וְי֙וֹם֙ הַשְּׁבִיעִ֔י שַׁבָּ֖ת ׀ לַיהוָ֣ה אֱלֹהֶ֑יךָ לֹֽא־
תַעֲשֶׂ֣ה כָל־מְלָאכָ֡ה אַתָּ֣ה ׀ וּבִנְךָֽ־וּ֠בִתֶּךָ עַבְדְּךָ֨ וַאֲמָתְךָ֜ וּבְהֶמְתֶּ֗ךָ
וְגֵרְךָ֙ אֲשֶׁ֣ר בִּשְׁעָרֶ֔יךָ 11 כִּ֣י שֵֽׁשֶׁת־יָמִים֩ עָשָׂ֨ה יְהוָ֜ה אֶת־הַשָּׁמַ֣יִם
וְאֶת־הָאָ֗רֶץ אֶת־הַיָּם֙ וְאֶת־כָּל־אֲשֶׁר־בָּ֔ם וַיָּ֖נַח בַּיּ֣וֹם הַשְּׁבִיעִ֑י

a. Exod. 20:1-17 has two sets of accents that, generally speaking, affect whether you hear individual verses or hear ten statements (Ten Commandments). On the section breaks noted by ס and פ see the discussion in *LBH*, Appendix 1 (p. 423).

עַל־כֵּ֗ן בֵּרַ֧ךְ יְהוָ֛ה אֶת־י֥וֹם הַשַּׁבָּ֖ת וַֽיְקַדְּשֵֽׁהוּ׃ ס 12 כַּבֵּ֥ד
אֶת־אָבִ֖יךָ וְאֶת־אִמֶּ֑ךָ לְמַ֙עַן֙ יַאֲרִכ֣וּן יָמֶ֔יךָ עַ֚ל הָאֲדָמָ֔ה אֲשֶׁר־יְהוָ֥ה
אֱלֹהֶ֖יךָ נֹתֵ֥ן לָֽךְ׃ ס 13 לֹ֥א תִּֿרְצָֽח׃ ס 14 לֹ֖א
תִּֿנְאָֽף׃ ס 15 לֹ֖א תִּֿגְנֹֽב׃ ס 16 לֹא־תַעֲנֶ֥ה
בְרֵעֲךָ֖ עֵ֥ד שָֽׁקֶר׃ ס 17 לֹ֥א תַחְמֹ֖ד בֵּ֣ית רֵעֶ֑ךָ
לֹֽא־תַחְמֹ֞ד אֵ֣שֶׁת רֵעֶ֗ךָ וְעַבְדּ֤וֹ וַאֲמָתוֹ֙ וְשׁוֹר֣וֹ וַחֲמֹר֔וֹ וְכֹ֖ל
אֲשֶׁ֥ר לְרֵעֶֽךָ׃